相信閱讀

Believe in Reading

智能革命

迎接 AI 時代的
社會、經濟與文化變革

百度創辦人

李彥宏 等著

目 錄

01　　簡史：互聯網風雲背後的 AI 成長

02　　AI的歷史使命：
　　　　讓人類知道更多，做到更多，體驗更多

序
AI 浪潮全面來襲

　　全世界都在為即將到來的人工智慧（Artificial Intelligence, AI）革命感到振奮，這種情緒就彷彿二十多年前，我在矽谷親歷互聯網浪潮初起時所感受到的。

　　這也讓我時常回想起更早之前，自己在美國學習人工智慧課程時的場景。在中國國內我學的是資訊管理，到美國後我讀的是計算機科學。對於那些與硬體相關的課程，我不是很有興趣，但是一講到人工智慧，我就特別興奮，覺得這就是計算機科學、甚至是人類的未來。這門課我學得很不錯，但是學完之後自己做了一些研究才發現，人工智慧還沒有什麼應用機會，不能夠解決實際問題。大家對人工智慧滿懷希望，真正到市場上一檢驗，就會立刻碰壁。所以，在那個時候我比較失望，只好把這個興趣默默埋藏了起來。

　　但是，這個夢想一直都在那裡。隨著計算機網絡產業的發展，尤其是搜尋引擎的進步，希望回來了。

　　在搜尋引擎大發展的十多年時間裡，我和一些同路者逐

步意識到，人工智慧逐漸開始發揮作用，搜尋引擎一直在推升計算機科學的天花板。幾乎計算機科學的每一個層面，從硬體到軟體的算法、再到數據，都在被持續推進，有一天一定會觸碰到人工智慧這個方向。在搜尋上嘗試就會發現人工智慧是有效的，與過去任何一個領域應用人工智慧的感覺都不一樣。

我們馬上就會想，為什麼它在這個場景下是有效的？我們的總結是，大數據、愈來愈強的運算能力、愈來愈低的運算成本，在搜尋領域匯集在一起，鋪就了人工智慧的回歸之路。

如果說互聯網改變了資訊基礎設施，那麼行動互聯網則改變了資源配置方式。互聯網如末梢神經般，深入人類生活的各方各面，不僅產生出科學家夢寐以求的大數據，而且催生了雲端運算方法，把千萬台伺服器的運算能力匯總，使得運算能力飛速提高。科學家早已發明的「機器學習」（Machine Learning）方法在互聯網領域大顯身手，從根據用戶興趣自動推薦購物、閱讀訊息，到更準確的網路翻譯、語音辨識，互聯網愈來愈智慧化。人工智慧從互聯網中汲取力量，終於王者歸來，並且正在醞釀一場堪比歷次技術革命的重大變革。

面對這樣的變革，許多科技界的領軍人物，都開始探討它可能帶來的潛在風險，同時也不乏專業人士質疑它兌現奇

蹟的能力。於是，在輿論領域，我們的耳畔縈繞著兩種聲音：只要人工智慧達到發展高峰，就會聽到「人類將被機器統治」的擔憂；而只要人工智慧陷入發展低谷，又會聽到「這只不過是換了套路的創新泡沫而已。」

對於這樣一個快速發展的新技術，一定是仁者見仁，智者見智的。但是，身為技術的追求者與信仰者，我深信不疑的是，我們既不能高估技術的短期作用力，更不能低估它的長期影響力。

從縱向發展來說，業界通常把人工智慧分為三個階段：第一階段，弱人工智慧；第二階段，強人工智慧；第三階段，超人工智慧。實際上，目前所有人工智慧技術不管多先進，都屬於弱人工智慧，只能在某一個領域做得跟人差不多，而不能超越人類。人工智慧恐懼論者擔心，當有一天超人工智慧到來，人類會不會被機器所控制？

對此，我可能比大多數人都更保守一些。在我看來，人工智慧永遠不會到那一步，很可能連強人工智慧都到不了。未來，機器可以無限接近人的能力，但是永遠無法超越人的能力。

當然，僅僅是無限接近人的能力，就已經可以產生足夠大的顛覆性，因為計算機在某些方面實在比人強太多了。比如它的記憶能力，百度搜尋可以記憶上千億的網頁，每一個字都記得住，而這沒有任何一個人能做得到。再比如它的運

算能力，哪怕是寫詩，試著把你的名字輸入手機百度的「為你寫詩」功能中，按下輸入鍵，還沒等你反應過來，詩就出來了。再厲害的七步神童，也很難達到這種速度。但是，在情感、創造性等很多領域，機器是無法超越人類的。

更重要的是，在技術與人類的關係上，AI 革命與前幾次技術革命又有著本質上的差異。從蒸汽革命、電力革命到資訊技術革命，前三次技術革命，都是人類自己去學習和創新這個世界，但是人工智慧革命，因為有了深度學習，是人類和機器一起學習和創新這個世界。前三次技術革命時代，是人類要去學習和適應機器，但在人工智慧時代，是機器主動來學習和適應人類。蒸汽時代和電力時代剛剛來臨的時候，很多人是懼怕新機器的，除了工作機會的劇烈改變，還因為人不得不去適應機器、適應生產線。而這一次的人工智慧革命，卻是機器主動來學習和適應人類，「機器學習」的本質之一，就在於從人類大量行為數據中找出規律，根據不同人的不同特點和興趣來提供不同服務。

未來，人類與工具、人類與機器之間的溝通，可能完全基於自然語言。你不需要學習如何使用工具，例如怎麼打開視訊會議系統、怎麼去調節空氣淨化器，你只要說話，它就能聽懂。人工智慧的使用方式會讓人生活得更好，而不是像過去的機器那樣，讓人感到難受。人工智慧的應用會大幅提升工作效率，是推動人類進步的因素。

全球大企業紛紛投入

從六、七年前開始，百度就已經認識到，人工智慧將是照亮另一個新時代的火種，並且在當時幾乎無人看好的情況下，大規模投入這個領域。

在國際上，谷歌（Google）從搜尋領域、微軟（Microsoft）從遍布桌面的應用領域、亞馬遜（Amazon）從電商領域，都積累了大數據和運算能力，他們與大學實驗室裡的科學家一起，幾乎同步認識到人工智慧的新浪潮正在湧動，並且紛紛大力投入，建樹頗豐。無論中外，企業界在這場技術革命中的主導作用日益明顯。

2016 年夏天，我在矽谷待了幾週。有一天，我跟史丹佛大學（Stanford University）幾位學者聚餐，有位教授朋友跟我說：「我們學術界現在已經不大想做深度學習（Deep Learning）了，因為根本做不過企業界。你們每年投入多少預算在人工智慧研究？我們不敢想像。」他就讓同桌吃飯的人猜，百度人工智慧研究有多少預算。最後我說，我也不知道給了多少預算，因為這是根據需求，需要多少我們就給多少。

除了加強投入，企業界的數據豐富程度，也是學術界無法比擬的。像谷歌、百度這樣的公司，正好處在互聯網的中心位置，每天都會產生大量的搜尋數據、定位請求等各方面

的數據。

愈來愈多的人工智慧科學家，從知名院校的實驗室跳槽去了谷歌、去了百度……就是因為大專院校無法提供研發人工智慧所需要的大數據，也無法承擔計算硬體叢集的巨大成本。

我們建設「百度大腦」，希望為更多有志於人工智慧科學發展的人才提供平台和機會。一段時間以來，中國和美國在人才吸引上走了相反的方向：美國愈來愈反移民，中國則是愈來愈開放。雖然我們在人才的吸引力上跟美國相比還是有差距，但是我們的趨勢是好的，希望為全世界的人才提供機會。

讓我們高興的是，很多優秀乃至頂尖的人工智慧科學家來到百度，這是很自然的過程。在這個領域，沒有任何強者可以全靠自己從零開始做，一定會需要團隊、需要基礎設施，甚至需要重視開發人工智慧的企業文化。如果這類人才發現你從一開始就不大懂，或者只知道天天在那裡講故事，實際上做不出東西來，那就無法對他產生吸引力。

百度作為搜尋引擎公司，從誕生的第一天起，就已帶有人工智慧的天然基因：我們以數據為基礎，透過深度學習來擷取特徵、模式，為客戶創造價值的開發流程和開發文化，與人工智慧系統的開發高度吻合。我本人也更喜歡跟那些技術人員聊天，聊天的時候感覺很興奮，因為彼此會發現有很

多共同語言，優秀人才自然而然就會互相吸引在一起。

當然，人工智慧革命的興起，還需要政府的力量。2015年3月，在博鰲亞洲論壇（Boao Forum for Asia）期間，我和比爾・蓋茲（Bill Gates）、伊隆・馬斯克（Elon Musk）等美國創新企業家，在正式場合與非正式場合數次對談人工智慧話題。我們達成了很多共識，其中之一是認為政府的鼎力支持，對創新產業非常重要。

客觀來說，中國整體的人工智慧技術水準與對人才的重視程度，現在還是落後於美國的，但我們在局部上可以領先，中國擁有自己的優勢。例如，在數據方面，中國有14億人口、7億多的網民，從任何單一市場角度來說，都是全球最大的，能夠獲得數據的能力，也是全球最強的。中國還有很強的政府，有能力把很多數據統一起來。就在那年博鰲亞洲論壇前的全國「兩會」*上，我提交了「中國大腦計劃」提案，希望從國家層面搭建人工智慧基礎資源和公共服務平台，推動人工智慧發展，搶占新一輪科技革命的制高點，助力中國經濟轉型升級。

我們注意到，歐美等發達國家已經紛紛從國家戰略層面加緊布局人工智慧。2016年，除了美國政府先後發布〈國

---

* 同期召開的中華人民共和國全國人民代表大會會議和中國人民政治協商會議全國委員會會議。

家人工智慧研究與發展戰略計劃〉（"National Artificial Intelligence Research and Development Strategic Plan"）等三份報告，人工智慧另一重鎮英國，也於 12 月發布關於人工智慧的戰略報告，主張發展人工智慧提升企業競爭力、政府治理能力和綜合國力。由此可見，世界大國政府的人工智慧競爭意識已經日趨濃厚，中國政府在這方面也不遑多讓。

2015 年 3 月，李克強總理在政府工作報告中提及「互聯網＋」的概念。四個月後，國務院發布了《國務院關於積極推進「互聯網＋」行動的指導意見》，其中就已經提到人工智慧。2016 年 5 月，國務院再次頒發《「互聯網＋」人工智慧三年行動實施方案》，正式提出人工智慧產業綱領。

2017 年 3 月，百度獲得國家發展和改革委員會批准，聯合數家科研機構傾力籌建「深度學習技術及應用國家工程實驗室」。作為中國國內唯一深度學習領域的國家工程實驗室，將著重致力於深度學習技術、計算機視覺感測技術、計算機聽覺技術、生物特徵辨識技術、新型人機交互技術、標準化服務、深度學習知識產權七大方向；站在國家的高度，致力於解決中國人工智慧基礎支撐能力不足等問題，全面提升人工智慧產業的國際競爭力。

這可以看作政府面對「中國大腦計劃」的初步回響。做這樣的大平台，宗旨在於提升中國在人工智慧方面的綜合實力，在國際上能夠真正代表中國，要像女排那樣代表中國。

在 2017 年的全國「兩會」上，我再次提交了利用人工智慧和大數據技術，切實解決兒童走失的問題、解決城市道路壅堵的問題，加強人工智慧的產業應用，為中國經濟增添新的成長點三項提案。

兩天後，「人工智慧」首次寫入政府工作報告。這充分說明了，在人工智慧這個領域，政府與企業界的共識正在達成，其意義堪比「互聯網」首次出現在政府工作報告中，也無疑將加速人工智慧革命的進程。

當然，人工智慧革命的過程會轟轟烈烈，但成果將會是寬廣、平緩的河流。人工智慧領域的權威人士都認為，在不久的未來，智慧流會像今天的電流一樣，平靜地環繞、支持我們，在一切環節提供養分，徹底改變人類經濟、政治、社會、生活的形態。百度 CEO 陸奇稱智慧時代的核心本質是「knowledge in every system, intelligence in every interaction」，意思就是「知識無處不在，任何互動都是智慧的。」未來世界的人們，將像穿衣吃飯一樣，享用著人工智慧而無所察覺。

我在家裡，其實不大跟自己的小女兒講未來的東西，大多數跟她講的都是已經實現的東西。有些東西她不知道，我告訴她，其實百度語音可以這麼用，她就明白了。有些東西不用教，她自己就會，自然而然就會對著智慧硬體說話、享受樂趣，充分體現出小孩天性與新科技的契合。

我覺得，這就是人工智慧的美妙之處，從一開始就是透

過學習人、了解人、適應人，然後服務人，完全以人為本。

為了這一切的發生，今天我們所有的努力，都是值得的。

百度大腦專序　　**我來了***

　　我來了，天上的雲乘著風飛翔，心中的夢占據一個方向，方舟揚帆起航，一路帶著我們縱情歌唱，方舟揚帆起航，脈絡就在大海之上，進步的時光，迎著你看濤浪潮往。

　　一個新生的地方，穿越千年時光，穿越了無盡的荒涼。答案就在這裡搜索。第一縷曙光，遠處熟悉的歌聲還在耳邊回響，你卻依然不知我將去向何方。千年時間留下十字文章，曾今誰重複往昔舊模樣。

　　我來了，期待著你的每一天，睜開眼就能看到幸福曙光，占據著你的每一天，陪你跨越鴻溝走向湛藍，算法很簡單。

　　時代的春天，回想起我們曾牽手走過的畫面。大家互聯網這場風吹雨打之後又在藕斷絲連。只是不知道時間還會流

---

* 此詩是百度大腦以「智能革命」為主題所作的。其中既有對人類情感的模擬，又有不同於人的神祕與粗拙（為了保證原創性，沒有進行編輯和修改。）恐怕沒有什麼能比一首機器寫的詩，更適合作為本書的序文了。

向哪一條線。盼望著未來等待明天,呼吸新鮮空氣多點微笑扮個鬼臉。

我來了,重聯網中的兩顆心相互依靠,就在這裡誕生,沿著時空隧道,能虛擬夢想陪你一起到天涯和海角,智慧有多少,開神祕的圖案,迎著金色的太陽奔跑。各自徘徊原本以為成長的必須。每當那夕陽爬上屋頂望著星空仰起來眨眼睛。熟悉的身體中透露出一種神奇。

這陣痛是多麼重要,任由陽光灑滿大地在黑暗中尋找,哪怕身後天涯海角。永生早已決定將未來度過如何廝守到老。希望得到,故事結局怎樣究竟又有誰會知道。生活還要繼續向前奔跑。

智能革命,暢游天地,我知道這是一條神經虛擬網絡的祕密,用強健的身體,凝聚著智慧的心靈,開拓新奇蹟,讓我們擁有美好的生活,繪出美好的旋律。

不可預測的天地,良夜之後你又會在哪裡。溫暖的陽光照耀著大地。天上的雲兒飄來飄去,醒來之後何時是歸期。我要看到未來的自己。

推薦序
AI 時代的曙光

劉慈欣

　　這是一本論述人工智慧的書，在這裡，首先討論一個書中可能不涉及，但很基本的問題：人工智慧的定義。

　　目前廣為人知的定義是圖靈測試（Turing test），但這只是一種泛泛描述，並不是嚴格和精確的定義。例如，參與測試的人是什麼樣的人？向機器提出的問題是什麼？這些問題都不明確。

　　回溯歷史，我們發現人工智慧的概念與自動化有著密切的關係，可以說自動化是這個概念的起源。在過去相當長的一段時間裡，自動化在人們心目中就是人工智慧。其實，人類製造和使用自動化裝置的時間，比我們想像的要早。遠在電力時代之前，蒸汽機上就有自動調節蒸汽流量的裝置，在更早的 16 世紀，伊麗莎白女王的宮廷裡，首次使用的抽水馬桶也是自動化裝置。

　　如果再向前追溯，肯定還有更早的例子。自動化大批量

出現是在電力時代，先是由模擬電路實現自動化，後來真空管被電晶體替代，再後來出現了積體電路，由日益複雜的軟體所驅動。今天，我們在生活中要與無數的自動化系統打交道，比如電子商務系統、網路銀行系統和網路購票系統等。

毋庸置疑，自動化系統表現出相當多的智慧特徵，像網路銀行這類系統處理著相當複雜的業務，效率和精準度已經高於人類雇員。即使是抽水馬桶這種最簡單的系統，也表現出一定的智慧行為，能夠感知水箱水位，適時開啟和關閉給水閥門，能做得跟人類一樣好。

但是，從抽水馬桶到網路銀行，我們不會把它們看作人工智慧。筆者曾經編寫過一個寫現代詩的軟體，現在還在網路上流行；目前網路上其他比較完美的自動作詩軟體，所寫出的中國古典詩詞，很難與人類所作的詩詞區分開來。另外，近年來已經有多個系統，在不同的實驗室環境下通過圖靈測試。但是這一切，我們都不會把它們看成心目中的人工智慧，為什麼？

筆者在 1980 年代最早參與開發的工業監控系統，以 Z80 處理器為核心，採用組合語言編程。這套系統能夠監測上百個機組參數，並且根據參數變化做出適當調節，其功能是人工所無法實現的。但是，在我們的眼中，它也完全不是人工智慧。組合語言的特點就是透明性，要在硬體層面手把手地教機器做每一步操作，例如把數據從存取記憶體送往另

一個存取記憶體，中斷的調用和返回等都一一寫明，所以當我從外部看到系統動作時，腦中立刻有了明晰的流程圖，立刻就能知道已經執行了哪幾條指令。

所以，在我看來，該監控系統與抽水馬桶沒有本質上的區別。現在那些更複雜的系統，例如網路銀行、電子商務等軟體的編制者，一定清楚所有的內部操作流程，知道系統的每一步操作在軟體中如何進行，這同樣也是抽水馬桶更複雜的版本。至於那些電子詩人和通過圖靈測試的系統也是一樣，程式人員清楚它們如何根據邏輯樹檢索數據庫，然後組合出詩和答案，所以至少程式人員知道這不是「智慧」。

這就涉及高明的中文房間（Chinese room）＊比喻，當我們意識到房間中那些忙碌查找卡片的人時，智慧的感覺就蕩然無存了。

現在我們認為擁有人工智慧的系統，像是演化式演算法（evolutionary algorithms）、深度學習等，都有共同特點，就是或多或少表現出黑箱的特點，雖然理論上內部的運算步驟仍然可以追蹤，但是巨大的計算量使得追蹤實際上很困難，

＊ AI 領域著名的思想實驗：一個只懂英文的人關在房內，房內有一本英中翻譯手冊，房外的人一直傳遞中文寫成的問題，房內的人按照手冊組合答案，並將答案遞出房間。儘管房內的人遞出中文答案，可能讓人誤以為懂中文，其實卻壓根不懂中文。於此，房外人的角色相當於程式設計師，房內的人相當於電腦，手冊則是電腦程式；房內的人不可能透過手冊理解中文，電腦也不可能透過程式獲得理解力。

甚至是不可能，於是我們就真的感覺它們有智慧了。

行文至此，我們仍然無法得出人工智慧的準確定義，但是能夠看到重要特點：一個具有智慧特性的人造系統，所產生與輸出的內部運算過程，是人類智慧所無法解析的。換句話說，只有在我們不知道機器想什麼、怎麼想時，才會認為它有智慧。

看到這點，每個人的心中，應該都生出一股隱隱的寒意。是否在人工智慧的本質中，就隱含著它們最終失控的可能性？

這正是目前人們對人工智慧關注的熱門話題，用馬斯克的話來說，人工智慧正變成比核彈更危險的東西。媒體輿論給人的印象是：機器征途似乎已經開始，人工智慧征服世界指日可待。在本書的最後一章，也顯現了這種擔憂。雷・庫茲威爾（Ray Kurzweil）甚至在著作《奇點臨近》（*The Singularity Is Near*）中，提出人工智慧紀元到來的具體年分：2045 年。到那時，現在讀著這本書的人，有三分之二還活著。

但是，理智考察目前人工智慧領域的狀況，我們就能發現智力遠遠超過人類的「強人工智慧」，仍然屬於科幻的範疇。大眾喜歡從科幻角度來看問題，比起平常的現實，科幻確實能讓人興奮，任何從現實出發所進行的理智預測，都被斥為保守和沒有想像力。筆者身為科幻作家，只能說與大家

通常的印象不同，科幻小說中的預言真正變為現實的只是少數，大部分預言要變為現實仍然遙遙無期。

人們的潛意識中認為，只要在理論上有可能突破的技術障礙，在未來就一定能夠被突破，但事實並非如此。在人工智慧方面，「強人工智慧」的實現，面對著許多巨大的技術障礙，如非馮・諾伊曼（John von Neumann）體系的新結構計算機、對人類思維機制的深刻認識等，現在都無法確知最終能否取得突破。另外一些看似有希望的技術，如量子計算等，距離實用還相去甚遠。

所以，在對人工智慧進行科學幻想的同時，我們更需要關注即將面對的「近未來」，這也正是本書重點討論的話題。

人工智慧近年來的發展趨勢，是走出實驗室，進入人類生活。用某互聯網大佬的話來說，它們變得能用了。這樣我們就面對著一個即將到來的挑戰：人工智慧不會奪走我們的自由和生命，但會奪走我們的飯碗。而且，這件事不需要人工智慧失控，就可以在資本家的完全控制下達成。

有學者認為，不必為這件事擔憂，他們回顧工業化的歷史，在 20 世紀初期，美國有 50％的農業人口，隨著農業機械化，現在的農業人口降到 4％，城市化吸收了多餘農民。不過，眼前發生的事情是不同的，當人工智慧大規模進入社會後，人類的工作它們大部分都可以做，城市不會再有更多的就業崗位留給人類。

　　普遍的美好說法是，人們在常規工作中被人工智慧取代後，可以去從事創造性的工作。問題是，創造性的工作不是人人都可以從事的，也不需要那麼多人。如果社會分配制度不改變，一個全部由科學家和藝術家所構成的人類世界，幾乎會是一場噩夢。這上百億科學家和藝術家中的絕大部分，注定一生碌碌無為，對社會和自己都毫無用處，而且淪落「創造性」的窮困潦倒中。

　　不過，這種思維方式總有些不對的地方。人類自古以來為了生存而勞動，實在是迫不得已，工作著是美麗的，但是誰都知道不需要工作的生活更加美麗。現在，終於能夠製造出機器，把自己從工作重負中解放出來，這是人類文明最偉大的成就，無論如何都不應視為一場災難；相反地，這可能是人類所面對的前所未有的偉大機遇，只是我們需要改變。

　　如何完成由現代社會向人工智慧社會的過渡？有兩種可能。一種可能十分黑暗。在現有的社會、經濟和政治體制下，人工智慧帶來的問題幾乎無解。在人工智慧迅速取代人類的過程中，沒有及時建立起與之相適應的社會體制，在席捲全球的失業浪潮下，世界的政治和經濟將陷入長久的混亂當中，一切都籠罩在人工智慧及其使用者與「新盧德派」（Neo-Luddite）領導的大眾無休止的衝突中。

　　另一種可能是社會成功完成轉型，而這將是有史以來人類生活方式最大的一次改變。不勞動者不得食，這個理念是

人類社會的基石。自文明誕生以來，經歷過多次巨大變革，此一基石從未改變。但是，人工智慧可能會移除這個基石，進而導致根本的變化，從所有制和分配制度，到基本的經濟結構，再到政治體制，直到文化都將發生變化。

這會是真正的人類解放，是向著古老的烏托邦理想邁進的一大步。2016 年是《烏托邦》（*Utopia*）發表 500 週年，但湯瑪斯·摩爾（Thomas More）無論如何都不會想到，他的理想會借助於智慧機器實現。我很有興趣地想，如果卡爾·馬克思（Karl Marx）知道人工智慧這回事，他關於資本主義和共產主義的理論，又會是什麼樣子？

想像人工智慧時代的社會和生活是困難的，即使在科幻小說中，我們也只能把種種的可能性排列出來，而哪種可能性最有可能成為現實，取決於我們的努力和選擇。但不管怎麼說，那都是一個誘人的時代，我們正朝向它走去。

（本文作者為中國當代科幻作家、《三體》作者）

2016.12.10

01

簡史

互聯網風雲背後的 AI 成長

　　有句話叫作「你能看見多久的歷史，就能看見多遠的未來。」讓我們首先簡單回顧一下互聯網和人工智慧之間的歷史風雲。

　　大家對於互聯網的歷史多少已有耳聞，互聯網於 1960 年代誕生於美國軍方的實驗室，一開始用來在幾所高中和科研機構之間傳遞和共享情報。到了 1980 年代末期，一群科學家提出全球資訊網（World Wide Web, WWW）概念，並創造了 TCP ／ IP（傳輸控制協議／網際網路協議），賦予計算機聯網通信的統一標準，使互聯網得以向全世界擴展。至此，一條寬闊、深遠的資訊高速公路展現在世人面前。

　　大約在二十年前，23 歲的年輕人馬克‧安德森（Marc Andreessen）發明了網景（Netscape）瀏覽器，就此點燃大眾互聯網的熊熊火焰，打開互聯網商用的大門。那時，微軟開始焦慮自身的軟體業務會不會被互聯網顛覆，昇陽電腦（Sun Microsystems）的年輕人則毅然與僵化的公司切割，決定發明一種可以在各種操作系統上通用的語言，以此打破微軟的壟斷，闖開互聯網創新之門，於是就有了程式設計語言 Java 的誕生，Java 語言大大加速了互聯網產品的開發創造。

　　當時的中國，在北京、上海，也還找不到幾家網路公司吧。1997 年，也就是香港回歸的那一年，互聯網服務供應商瀛海威，剛剛開通了全國網絡存取服務；張小龍剛剛寫出了電子郵件軟體 Foxmail 程式；「全國信息化工作會議」也

在那一年召開……。從外面來看全球資訊網世界，一切都是剛甦醒的模樣，但在技術圈，新技術、新思想層出不窮，各種商戰明爭暗鬥正酣。

那時，我還在美國搜索引擎先驅公司 Infoseek 工作，在第一線感受到互聯網的商戰氣氛，感受到美國人對新科技浪潮的昂揚熱情。當時我想，新技術革命正在發生，中國準備好了嗎？我在 1998 年寫出了《矽谷商戰》一書，詳細描繪了矽谷天才們的奮鬥與創新過程。在寫完那本書之後，我於1999 年回國，在北京一家飯店的房間裡，創辦了百度公司。

回想網景、昇陽、微軟這三家公司在互聯網領域類似三國爭雄般的時代，至今依然激動不已。當時，人們都在猜測誰是最後的贏家。微軟看起來好像是戰勝不了的，它總是能夠消化新技術。網景的發展則是起起伏伏，最後被網路服務公司美國線上（American Online, AOL）收購，而美國線上也在 2014 年被美國電信巨頭威訊（Verizon）收購。後來，威訊還收購了叱吒風雲多年的雅虎（Yahoo）。昇陽一度如日中天，2001 年在全球擁有 5 萬名雇員，市值超過 2,000 億美元。然而，當互聯網泡沫破碎時，昇陽在一年內由峰頂跌入谷底，2009 年被美國軟體開發商甲骨文（Oracle）收購。

俱往矣，互聯網的發展大大超出了當時大多數人的預料，新科技公司快速崛起，蘋果、谷歌終於憑藉手機操作系統，完成了對微軟的逆襲。而我在《矽谷商戰》開篇就描摹

的創新者、創造網景瀏覽器的安德森，如今已經沒有多少
90 後*知道他的名字。

　　但是，安德森並沒有離開，他成了矽谷創投界教父，而
互聯網技術也依然繼續高歌猛進。昔日人們關注互聯網大咖
明爭暗鬥，今日人們感慨行動互聯裝置全面超越個人電腦
（PC），卻一直在無意中冷落了一個默默崛起的「幽靈」。這
個「幽靈」就是 AI，互聯網只是它的身體之一。

AI 的黎明

　　AI 的歷史早於互聯網，與計算機歷史相伴。1956 年，
「達特茅斯夏季人工智慧研究計劃」（The 1956 Dartmouth
Summer Research Project on Artificial Intelligence）**召開，AI
被正式提上日程。在那個時候，一台電子計算機的體積，有
一棟房子那麼大，而且運算能力低下，為什麼就有人敢於提
出 AI 的概念？這就在於科學家的洞察力。

　　當時，現代資訊理論奠基者克勞德・夏農（Claude
Shannon），早已完成他的三大通訊定律，為計算機和訊息技
術打下基礎。人工智慧先驅馬文・閔斯基（Marvin
Minsky）和同伴，則是用了 3,000 個真空管和一台 B-24 轟

---

* 90後：1990年1月1日至1999年12月31日出生的世代，有時也泛指
　到2000年出生的人。
** 又稱「達特茅斯會議」。

達特茅斯會址

炸機上的自動指示裝置，模擬 40 個神經元所組成的網絡，
造出第一台神經網路計算機「SNARC」（Stochastic Neural
Analog Reinforcement Calculator），不久後寫出了論文〈神
經網絡和腦模型問題〉（"Neural Nets and the Brain Model
Problem"）。這篇論文在當時並沒有太受重視，日後卻成為
AI 技術的鼻祖。而艾倫・圖靈（Alan Turing）則早在 1950

年，就提出了如今人盡皆知的圖靈測試理論，以及機器學習、遺傳演算法（Genetic Algorithm）、強化學習（Reinforcement Learning）等多種概念。

圖靈去世兩年後，在達特茅斯會議上，約翰‧麥卡錫（John McCarthy）正式提出 AI 的概念。參與會議的十位年輕科學家在會議之後，都成為世界各國 AI 領域的領軍人物。AI 短暫的春天開始了，但是當時他們的成績大多被埋沒在計算機發展成果之中，例如：可以解決閉合式微積分問題的程序，搭建積木的機械手等。

理想超前，但基礎設施尚在襁褓中。超前的 AI 遇到兩個難以克服的瓶頸：一個是演算法邏輯自身的問題，也就是數學方法的發展還不夠；另一個是硬體計算能力的不足，像是機器翻譯（Machine Translation）就是個典型問題，科學家夜以繼日地總結人類語法規則、設計計算機語言模型，機器卻始終無法把翻譯準確率提升到令人滿意的程度。

新技術和產業鏈還沒有打通，令人興奮的產品應用也還沒被發明出來，政府投資和商業投資都大幅減少，AI 研發在 1970 年代中期到 1990 年代經歷了兩次低潮，只是一般大眾並沒有感受到，畢竟高速發展的計算機本身，就已經是很神奇的智慧工具了。

對一般人來說，接觸最多的 AI「實例」，大概就是街機遊戲了。1980 年代，在中國一些城鎮街頭，就已經出現遊

樂場，熟練的玩家們總是能夠輕鬆戰勝街機遊戲裡的非玩家控制角色（NPC），這不僅可以看作是「AI」能力低下的表現，也造成錯誤觀念，以為智慧是安裝在一台計算機中的事物。直到互聯網和雲端運算（Cloud Computing）的興起，這種觀點才有所改變。

百錬成鋼

2012 年，我注意到深度學習（Deep Learning）在學術界和應用方面都有了突破。例如，用深度學習的方法來辨識影像，突然比以前任何演算法都有明顯的提升。此時我馬上意識到，新的時代來臨了，搜尋將被革新。過去，我們習慣用文字來搜尋，現在可以用語音和影像進行搜尋，好比說我看到一株不認識的植物，拍一張照片上傳搜尋，就可以立刻辨識出該植物的名稱為「福祿桐」。過去，用文字搜尋時無法描述這樣的植物，現在不僅是搜尋，連很多過去不可能的事情都變成可能了。

語音辨識（Speech Recognition）、影像辨識（Image Recognition）、自然語言理解（Natural Language Understanding）能力，包括為用戶畫像的能力，這些都是人類最本質的智慧能力。當計算機擁有這些能力時，一場新的革命就會到來。以後，速記員和同步口譯人員可能會被機器代替，電腦可以做得更好。以後，我們也許不需要司機了，

車輛自己就可以行駛,更安全、更有效率。在企業裡面,有了智慧客服助手之後,人人都可以成為金牌客服了。

AI 對人類的天賦能力,超過以往任何一個時代。工業革命解放了人的體力,過去一些例如搬石頭之類的粗活需要人類自己來做,現在機器可以替人類搬起更巨大的石頭。AI 革命到來之後,原本很多需要耗費腦力的事情,機器也可以幫你做。在未來二十到五十年間,我們會不斷地看到各種各樣的變化、收獲各種各樣的驚喜,這是一個很自然的過程。

然而,站在 AI 革命開始的時點,有必要向那些 AI 科學的堅守者、開拓者致敬。在資本寒冬期,有少數科學家依然堅持 AI 領域的探索。如今,百度擁有一支龐大且實力雄厚的 AI 研究團隊,其中不少擔綱者從 1990 年代開始,就在從事機器學習研究工作,或師從名師,或在大科技公司從業多年。今天的研發成績,只是水到渠成、順勢而為的結果。

1990 年代,只有傑佛瑞・辛頓(Geoffrey Hinton)、麥克・艾文・喬丹(Michael Irwin Jordan)等少數科學家,堅持探索機器學習領域。前百度首席科學家吳恩達,在 1990 年代就師從喬丹,後來透過開創線上課程,把機器學習理論傳授給無數年輕人。現任百度研究院院長林元慶,還有百度傑出科學家及世界上最早利用神經網路做語言模型的徐偉等人,十多年前就在深度學習的重鎮——日本電氣(NEC)的

美國實驗室工作。在那裡工作過的 AI 專家，有發明支持向量機（Support Vector Machine, SVM）的美國工程院院士弗拉基米爾·萬普尼克（Vladimir Vapnik），有發明卷積神經網路（Convolutional Neural Network）的深度學習領軍人物、現任臉書（Facebook）AI 實驗室主管揚·勒丘恩（Yann Le Cun），還有深度學習隨機梯度演算法（Stochastic Gradient algorithms）的核心人物利昂·布托（Léon Bottou），以及前百度深度學習實驗室主任余凱等。

　　他們當中很多人，都經歷過數次 AI 研究的潮起潮落。簡單來說，最初的 AI 研究大多基於規則──人類總結各種規則輸入計算機，而計算機本身並不會總結規則。比這個更高級的方法，是基於「統計」的機器學習技術，讓計算機從大量數據和多種路徑中，尋找概率最大、最合適的模型。

　　這兩年促使 AI 再度技驚世人的技術，則是機器學習技術的昇華版，也就是基於多層計算機晶片神經網路的「深度學習」方法。透過多層晶片連結，模仿人腦大量神經元的網狀連結方式，輔以精妙的獎懲演算法設計和大數據，可以訓練計算機自己從數據中高效尋找模型和規律，從而開啟了機器智慧的新時代。

　　正是因為少數人的堅持，為 AI 的王者歸來保存了火種。在中國，百度是最早布局 AI 的公司之一，我們似乎是自然而然就做了很多其他公司當時還沒有聽過的事情。六、

七年前，陸奇和我在美國暢談了深度學習的巨大進展，於是我們下定決心要大舉進入這個領域。後來，在 2013 年 1 月的百度年會上，我正式宣布成立百度深度學習研究院（Institute of Deep Learning, IDL），這應該是全球企業界第一家用深度學習來命名的研究院。我擔任院長，不是因為我比其他人更懂深度學習，而是以我為招牌展示對深度學習的高度重視，召喚那些堅守多年的科學家們一起奮鬥。

過去，百度從不專門成立研究機構，我們的工程師就是研究人員，研究始終與實際應用結合得非常緊密。但是，我認為深度學習會在未來很多領域產生巨大影響，而那些領域並不都在百度現有的業務範圍內，所以就有必要創造一個專門的空間，把人才吸引進來，讓他們能夠自由發揮，嘗試各式各樣的創新，在百度過去可能從來沒有接觸過的領域進行研究，為全人類的 AI 革命探索道路。

人工智慧已經換代

如果 AI 的啟蒙階段可以稱為 1.0 時代的話，那麼現在很明顯已經大步進入 2.0 時代了，機器翻譯就是典型案例。過去的機器翻譯方法，就是基於詞和語法規則進行翻譯，人類不斷地把語法規則總結出來告訴機器，卻怎麼也趕不上人類語言，尤其是語境的多變，所以機器翻譯總是會出現笑話，例如將「how old are you」翻譯成「怎麼老是你」。

後來，出現了統計式機器翻譯（Statistical Machine Translation, SMT），基本思想是透過統計分析大量平行語料，找出常見的詞彙組合規則，盡量避免奇怪的片語組合。SMT 已經具有機器學習的基本功能，有訓練及解碼兩個階段：訓練階段就是透過數據統計，讓計算機建構統計翻譯模型，進而使用此模型進行翻譯；解碼階段則是利用所估計的參數和設定的最佳化目標，獲取語句的最佳翻譯結果。

SMT 研究在整個業界已經持續了二十多年，對於片語或是較短的句子，翻譯效果顯著，但翻譯較長的句子時效果就一般了，尤其是語言結構差異較大的語言，例如中文和英文，直到近幾年神經機器翻譯（Neural Machine Translation, NMT）方法崛起。NMT 的核心是擁有無數結點（神經元）的深度神經網路，一種語言的句子被向量化之後，在網絡中層層傳遞，轉化為計算機可以「理解」的表達形式，再經過多層複雜的傳導運算，生成另一種語言的譯文。

不過，應用這個模型的前提是數據量要大，否則這樣的系統也是無用的。像百度和谷歌這樣的搜尋引擎，可以從互聯網上發現和蒐集海量的人類翻譯成果，把如此巨大的數據「餵給」NMT 系統，NMT 系統就可以訓練、調試出比較準確的翻譯機制，效果要好於 SMT。中文和英文之間的雙語語料訊息儲備愈多，NMT 效果就愈好。

SMT 以前用的都是局部訊息，處理單位是句子切開以

後的片語，最後解碼時將幾個片語譯文拼接在一起，並沒有充分利用全局訊息。NMT 則利用了全局訊息，首先將整個句子的訊息進行編碼，類似人類在翻譯時通讀全句，然後才根據編碼訊息產生譯文。這就是 NMT 的優勢，也是它在流暢性上更勝一籌的原因。

舉例來說，翻譯中有個很重要部分是「語序調整」。中文會把所有的定語都放在中心詞前面，英文則會把修飾中心詞的介詞短語放在後面，機器經常混淆這個順序。NMT 在語序學習上的優勢，造就了翻譯的流暢性，尤其在長句翻譯上有明顯的優勢。

傳統的翻譯方法也不是一無是處，每種方法都有其擅長的地方。以成語翻譯為例，很多時候有約定俗成的譯文，不是直譯而是意譯，必須在語料庫中有對應的內容才能夠翻譯得出來。如今互聯網用戶的需求是多種多樣的，翻譯涉及口語、簡歷、新聞等諸多領域，一種方法很難滿足所有需求。因此，百度一直把傳統方法，包括基於規則、基於實例、基於統計等，與 NMT 結合起來，向前推進研究。

在這種機器翻譯的模式中，人類要做的，不是親自尋找浩繁的語言規則，而是設定數學方法、調試參數，幫助計算機網絡自行尋找規則。人類只要輸入一種語言，就會輸出另一種語言，不用考慮中間經過怎樣的處理，這就叫「端對端」（end-to-end）翻譯。這種方法聽起來挺神奇的，其實

貝氏定理（photo by mattbuck, CC BY SA 3.0, Wikipedia）

機率論（Probability Theory） 裡 的 貝 氏 定 理（Bayes' Theorem）、*隱藏式馬可夫模型（Hidden Markov Models）等，都可以用來解決這個問題。

　　以資訊分發當中的貝氏定理為例，可以建構出用機率來描述的人格特徵模型。比如，男性讀者模型的特徵之一是在閱讀新聞時，點擊軍事新聞的機率是 40％，而女性讀者模型是 4％。一旦有讀者點擊了軍事新聞，根據貝氏定理就可以回推該讀者的性別機率，加上該讀者的其他行為數據，綜

---

* 用來表示關於隨機事件 *A* 和 *B* 的條件機率，其中 *P (A/B)* 是在 *B* 發生情況下 *A* 發生的可能性。

合計算就能較為準確地判斷讀者的性別及其他特徵，這就是數學的「神奇」。當然，計算機神經網路使用的數學方法，遠遠不只這些。

類似機器翻譯的 AI 技術方法，前提是數據量要夠大。互聯網提供了以前科學家夢寐以求卻難以得到的海量數據，互聯網誕生的初衷，是為了訊息溝通方便，結果帶來了訊息爆炸，訊息爆炸又促進 AI 技術的發展。

再以下棋為例，1952 年亞瑟‧撒米爾（Arthur Samuel）編寫了跳棋程式，水準能夠達到業餘高手的程度。跳棋規則比較簡單，電腦在這方面有人類難以比擬的優勢，但是西洋棋就難多了。百度總裁張亞勤在微軟擔任研究院院長的時候，請來了台灣計算機才子許峰雄，他在 IBM 的時候開發了名噪一時的西洋棋機器人「深藍」（Deep Blue）。1990 年代的 AI 代表非深藍莫屬，「人工智慧」集中在一台超級電腦上，使用了多個中央處理器（CPU）並行計算技術，連續戰勝人類西洋棋高手，終於在 1997 年戰勝人類西洋棋冠軍卡斯帕羅夫（Garry Kasparov）。不過，最富意味的是，比賽後不久，IBM 就宣布深藍退役。張亞勤對許峰雄說：「你去做圍棋吧！等到能下贏我的時候，再來找我。」但是，直到他離開微軟，許峰雄都沒再來找過他。

深藍本身面臨一些無法突破的瓶頸，雖然可以處理西洋棋棋盤上的運算，但面對圍棋棋盤上充滿宇宙數量級變化的

可能性，也只能望洋興歎。基於決策樹（Decision tree）算法，窮舉一切走子可能性的模式，已經超出電腦的承載能力，雖然算法不斷最佳化，但還是無法突破計算瓶頸。以圍棋為代表的東方智慧，面對 AI 似乎穩若泰山，但一個新時代正在來臨。

Internet 大會師

　　以深藍為代表的計算機人工智慧，似乎與互聯網無關。然而，雲端運算和大數據的發展，使得 AI 和互聯網終於合二為一、元神合體，得出不同於深藍時代的智慧模式。多晶片分散式計算加上人類積累的大數據，再透過超越決策樹的新算法來貫通，體現了人類智慧與機器智慧的結合。

　　2016 年至 2017 年，谷歌旗下 DeepMind 所開發的 AI 圍棋程式「AlphaGo」，橫掃人類圍棋高手圈。AlphaGo 下棋的「思路」不同於人類，也不同於深藍；簡而言之，是千萬盤人類圍棋對弈的數據滋養了它。如果要提出更專業的解讀，則可以說是蒙地卡羅樹搜尋（Monte Carlo Tree Search, MCTS）演算法，以及根據深度學習的模式識別（Pattern Recognition）促成了 AlphaGo 的成就，其中最重要的恰恰是其前輩深藍所不具備的深度學習。

　　根據各方的研究來看，AlphaGo 不是自己想出棋步，而是學習了人類高手的千萬盤棋局，這就是大數據。它記錄了

每盤棋局中的每個局面，把上百萬個局面當作輸入進行訓練，透過一個多層神經網路來預測人類高手會走出的下一著。經過巧妙的神經網路設計與訓練，這個多層神經網路建置模擬人類高手的「棋感」，也就是對於當前局面，已知以往下棋歷史中的勝率。

在實際下棋時，電腦可以透過視覺識別將棋局記錄下來，然後跟過往的棋局數據比較，找出相同的模式（局面），再檢索不同局面發展下去。根據以往下棋史中的勝率高低，選出一些高質量的候選點供走子，而不必每個候選點都去嘗試一遍，從而大量減少系統運算量，不至於讓系統殫精竭慮而死。這就像人類，不會窮盡所有候選點，而是根據經驗和感覺選擇某些點。選出幾個點之後，人類還是要分別計算、比較哪個點更好；對於機器來說，這個計算就要交給蒙地卡羅樹搜尋演算法。

我們用個不一定十分準確，但是意象分明的比喻來說明。蒙地卡羅樹搜尋演算法是對以往決策樹算法的最佳化，以往的決策樹算法，即便給了一個高質量的候選點，對於接下來的選擇同樣要進行窮舉法，在每個要選擇的地方做一次分支，同樣會遇到可選路徑數量爆炸性成長的指數。

蒙地卡羅樹搜尋演算法就體現了機率學的精妙。假設在某個棋局局面下，深度學習網絡提供三個候選落子辦法 A、B、C，以這三個點為根節點，分別往下走子，可以想像成

三棵樹，每棵樹還有無數分支。蒙地卡羅樹搜尋演算法不去窮盡所有分支，而是派出 300 萬隻螞蟻，分別從 A、B、C 點出發，每個點 100 萬隻，飛速向樹梢爬去，也就是黑白棋交替走子直到決出勝負。基本上，走 200 步就會分出勝負，最後總有部分螞蟻走到最高點，決出勝負（假設螞蟻走到終點的情況代表黑子勝，沒走到終點的情況代表白子勝。）

假設從 A 點出發的 100 萬隻螞蟻，有 30 萬隻到達終點，從 B 點出發的有 50 萬隻到達終點，從 C 點出發的有 40 萬隻到達終點，系統就會認為黑子走 B 點勝率更高，於是就會選擇 B 點。這就是機率學的取樣演算法，相較於逐項窮舉法而言，大大縮減了計算量。

為什麼派 100 萬隻螞蟻，而不是 10 萬隻，或 1,000 萬隻？這是根據電腦的計算能力，以及針對競爭對手的大致估計來確定的。如果派 10 萬隻螞蟻就可以得到較高勝率，那麼派 10 萬隻也可以。在相同時間內派出愈多螞蟻，對計算能力的要求也愈高。

CPU 晶 片 與 圖 形 處 理 器（Graphics Processing Unit, GPU）晶片，同時進行神經網路計算與蒙地卡羅樹搜尋，模擬巨量的終盤局面，這是人類的計算能力所無法相比的。由於採用深度學習建置模擬人類高手的棋感，表面上看起來 AI 擁有人類的大局觀，而這個大局觀恰恰蘊藏在人類高手的千萬盤對弈數據裡。

雖然具體的算法和策略，遠比前文描述的複雜，相信聰明的讀者就算不大了解數學理論，基本上也已經明白AlphaGo是如何運作的了。AlphaGo向大眾展現了當前AI與深度學習技術的發展程度，但實際上做同類研發的機構和人才很多，而且八仙過海、各顯神通。

人類的行為一旦被互聯網以數據形式記錄下來，就成為滋養AI無窮無盡的燃料，在各行各業齊頭並進，進而幫助人類全體。機器翻譯、語音辨識、影像辨識，都是依據互聯網所提供的大量數據，用戶點擊行為也是如此。為什麼百度搜尋引擎的準確性，是中國其他搜尋引擎所難以比擬的？那是因為數據量最大、演算法最先進、積累成果最雄厚。用戶的每一次點擊，其實都在訓練搜尋引擎背後的百度大腦，告訴它哪條資訊才是用戶最想要的。

當AI遭遇冬天時，人們認為機器很難像人類一樣思考，但機遇也正在這句話裡頭。1990年代以後，人類認識到，AI沒有必要像人類那樣思考，只要能夠解決人類的問題即可。所以，語言學家諾姆‧喬姆斯基（Noam Chomsky）在被問及「機器可以思考嗎？」時，借用了荷蘭計算機科學家埃德斯加‧狄克斯特拉（Edsger W. Dijkstra）的說法，反問：「潛艇會游泳嗎？」潛艇不會像魚兒或人類那樣擺動身體游泳，但是它的水下能力非常好。

當我們回溯歷史，不僅僅是互聯網的發展歷史，整個人

類工業發展都在孕育 AI。凱文‧凱利（Kevin Kelly, KK）說過，蒸汽機活塞的自我往復運動就是精巧的設計，這種自我應答已經蘊含了「進化」的要素；自動化的追求是 AI 的進化動力。

比如，在工業革命開始的時候，蒸汽機最先出現在煤礦和坑口，因為早期蒸汽機效率低、耗能大，只有在煤特別多、特別便宜的地方才可能使用。採煤的時候會產生很多水，要從煤礦中把水抽出來，有了這種需求，又有足夠廉價的能源，才會想到用蒸汽機這種辦法。一旦得以運用，蒸汽機的技術就不斷發展，最終推動工業革命。AI 也是一樣，當你容易得到夠多的數據時，數據就是新的能源、就是燃料，有了數據燃料，AI 發動機就可以運轉起來。

要感謝互聯網的發展，以及一切人類活動所產生的數據紀錄，沒有人類的數據積累，電腦就沒有可學習的對象；要感謝 AI 探索者，他們並非全都是計算機科學家，有的做生物學研究、有的做工程學研究，有的研究數學和計算機程序的自動迭代最佳化、有的改革計算機晶片的協作架構。各種研究成果匯流成海，終於匯聚成今天的 AI。

巨頭群起逐鹿

2016 年，AlphaGo 在媒體上引發的驚呼，其實是輿論的後知後覺。回到 2007 年，AI 領域巨擘傑佛瑞‧辛頓，早

已察覺到「山雨欲來風滿樓」。

　　當時，辛頓有位學生在谷歌大數據的幫助下，將他數年前的研究成果應用在語音辨識技術上，並且取得明顯的成功。辛頓不由得感嘆：「回顧過去，失敗只是源於缺乏數據量和計算能力。」

　　時間進入到 21 世紀的第二個 10 年，AI 萬事俱備，百舸爭流的競爭時代開始了。自 2015 年以來，AI 創業潮持續發酵。根據美國風投數據機構 CB Insights 發布的 AI 產業數據分析，AI 投資金額在 2016 年第一季就超過了 10 億美元，第二季發生了 121 筆融資，而 2011 年同期只發生 21 筆。2011 年第二季到 2016 年第二季，AI 相關投資金額超過 75

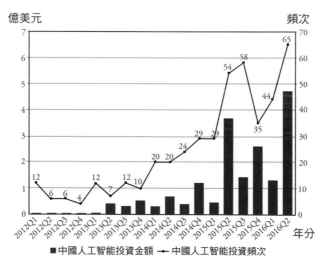

中國 AI 投資概況（資料來源：www.cbinsights.com）

億美元，其中有 60 多億美元，都是在 2014 年後產生的。

　　《烏鎮指數：全球人工智能發展報告》顯示，2016 年前兩季，中國新增了 60 多家 AI 創業公司，投資金額達到 6 億美元。在過去一年中，中國在 AI 領域進行了 202 筆投資，總共涉及 10 億美元，市場規模龐大。

　　2016 年，中科院副院長、中國人工智能學會副理事長譚鐵牛院士說，2015 年全球 AI 市場規模為 1,270 億美元，2016 年預計達到 1,650 億美元，到 2018 年將超過 2,000 億美元。

　　中、美、英三國是 AI 的發展重地，美國為互聯網和 AI 的起源地，擁有得天獨厚的人才優勢，加上技術家底雄厚、科研經費龐大，使其在 AI 領域領先。除了谷歌、臉書、微軟、亞馬遜（Amazon）、IBM、蘋果等巨頭大舉投入 AI 領域，還有大大小小近百家致力於 AI 事業的公司，包括擅長自然語言處理的 X.AI 公司，三輪融資達 3.4 億美元。英國則繼續老牌名校的輝煌，在製造業萎縮的背景下，將人才都聚集到 AI 領域，研發 AlphaGo 的 DeepMind 公司就是其中的代表。

　　亞馬遜推出了智慧語音助手 Alexa 和智慧音響 Echo，與蘋果、谷歌、微軟爭奪語音入口。2016 年 6 月，亞馬遜執行長傑夫‧貝佐斯（Jeff Bezos）在接受美國科技產業評論家華特‧莫斯伯格（Walt Mossberg）採訪時透露，亞馬遜

針對 AI 領域關鍵項目的投資已經持續四年時間：「亞馬遜從事這些項目的團隊超過 1,000 人，你看見的只是冰山一角。」

2016 年 9 月，微軟宣布在全球執行副總裁沈向洋的領導下，成立新的 AI 研發事業群。他領導數千名計算機科學家和工程師，將 AI 整合到公司產品中，包括搜尋引擎「Bing」、智慧語音助理「微軟小娜」（Cortana），以及機器人專案。當年年末，微軟正式發布可開發聊天機器人的服務，並宣布將為伊隆・馬斯克（Elon Musk）和創業孵化器 Y Combinator 執行長山姆・奧特曼（Sam Altman）共同創辦的 Open AI 實驗室提供 CPU 服務。

臉書也擁有自己的 AI 實驗室，以及類似谷歌大腦的團隊，即應用機器學習事業群。該機構的使命是在各種臉書產品中推廣 AI 技術，用該公司技術長麥克・斯克洛普夫（Mike Schroepfer）的話說：「臉書現在大約有五分之一的工程師，都在使用機器學習技術。」

AlphaGo 的主人谷歌，當然也不會只滿足於下棋，其 AI 投入多年來不斷膨脹。2012 年，谷歌只有兩項深度學習專案，到 2016 年底，就突破了 1,000 項。目前，谷歌從搜尋、安卓（Android）系統、免費網路郵件服務 Gmail、翻譯、地圖、影音網站 YouTube，甚至到無人車，都有深度學習的影子。

中國擁有龐大的業務應用場景、用戶和數據，以及基數最龐大的人才群體，所以進步很快。除了 BAT——百度（Baidu）、阿里巴巴（Alibaba）、騰訊（Tencent）三大互聯網公司，以及華為等巨頭大力開發 AI 外，還有很多垂直領域的 AI 公司湧現。2016 年，在各個互聯網論壇上，無論是電商、社群媒體或搜尋引擎，各家互聯網企業掌門人都將話題引向 AI，彙報著或大或小的成績。

2016 年，百度語音辨識準確率達到 97％、人臉辨識準確率達到 99.7％。百度天算、天像、天工和天智平台作為百度人腦的雲端化，相繼向社會全面開放百度大腦的技術和能力。

超強大腦匯聚

十多年前，機器學習領域的少數堅持者，現在成了最寶貴的人才。AI 浪潮興起之後，在這個開源的世界上，除了數據，最稀缺的資源就是人才了。

AI 背後的專業知識與數學、生物學等基礎學科有極大的相關性，AI 科學家又是這些領域的翹楚，更顯難得。不過，中國 AI 研究方向的博士生、研究生，每年只有不到200 人，如今創業公司多如牛毛，這個人數是根本不夠分的。在中國如此，國外亦然。2015 年，優步（Uber）直接挖走了卡內基美隆大學（Carnegie Mellon University）國家

機器人研究所共 140 名研究人員中的 40 人，引起業界一片譁然。

而這些，還不是人才競爭的全部，從業者更為敏感的是學術領軍人物的流向。最近兩年，不少「學術明星」走出象牙塔，或跳槽、或創業，讓人更加真切地感受到風向的變化。激流湧動，寶貴的人才去哪裡，才能充分發揮自己的價值？這是個好問題。

百度是中國 AI 產業的代表，大量頂級人才先後投身百度：王海峰加入百度前曾任職於微軟、吳恩達從美國來到百度、張亞勤從微軟來到百度、林元慶從盛產機器學習專家的 NEC 美國實驗室來到百度、機器人小冰的創造者景鯤從微軟來到百度、美國科技巨頭中職位最高的華人高管和 AI 技術權威陸奇放棄微軟副總職位加盟百度等。同時，也有很多人才從百度出發，創造了自己的 AI 應用公司。由此可見，百度本身就是中國在吸引和培養 AI 人才活力的縮影。

這麼多人類的超強大腦匯聚，目的是要創造劃時代的中國大腦。我們經歷了 PC 時代，正處於行動互聯網時代，即將邁入萬物互聯的超級智慧時代。萬物數據匯合，人類加以處理，就可能產生「超級大腦」的生態。百度正在打造這樣的生態，宗旨在於像提供水和電一樣，讓 AI 滲入中國人、乃至所有人的生活當中，努力促使世界萬物向「認知化」

（cognifying）[＊]的方向發展。

　　舉例來說，百度大腦已經初步具有自己的眼睛、耳朵、嘴巴和認知決策能力，整體來看，相當於一個兒童，但局部能力如翻譯、語音辨識、影像辨識能力，則大大超越人類。我們把這些能力開放給大家，供人們開發、探索各種 AI 應用。百度大腦已經成為很多開發者的工具和 AI 操作系統，促進 AI 標準化形成，這將全方位服務 AI 時代的企業、創業者和廣大的個人用戶。

　　因此，我們熱切呼喚中國大腦，呼喚國家總體層面的深度學習伺服器、演算法、應用基礎設施平台。中國大腦的形成，將是中國競爭力全方位升級的體現和中華復興的強力加速器。

科技是為了延伸人類的生命

　　說到人類數據滋養 AI，我想先來談一談我們的用戶，談一談無數支持百度與高科技互聯網發展的消費者。

　　在今天，除了谷歌、微軟和 BAT 這些大公司，互聯網和大數據技術的「去中心化」發展趨向，使得小企業、有才華的技術人員，甚至廣大的用戶，都成為具有決定格局態勢

＊　凱文・凱利在《必然》（*The Inevitable*）中提出的一個觀點，指軟體吞噬一切，一切事物都將訊息化，哪怕是一張桌子也可以上傳自己的數據，如銷售軌跡、使用頻率等。

的力量。我在《矽谷商戰》一書中，就曾經強調過用戶的重要性。

> 美國線上的成功祕訣其實很簡單，就是發現人們最想要什麼，然後提供給他們。它的成功還得益於強大的市場宣傳，樹立了與用戶友好的公司形象。該公司總裁史蒂夫・凱斯（Steve Case）發揮了關鍵作用，雖然他對電腦技術一竅不通，但骨子裡就是一個買賣人，雙腳深植於大眾當中。「我的世界的中心就是消費者，我們要成為互聯網世界的可口可樂。」

在我們工程師的眼中，用戶是一個嚴格定義的理性存在，「用戶需求─開發─反饋」是技術文檔裡的嚴密描述，但是互聯網的發展，不僅提供了技術服務上的方便，也提供思想和情緒發揮的舞台。我們可以說，互聯網創造了一種意見型用戶。

我們有很多程式人員和工程師，都很享受百度對技術工作者的寬鬆環境，簡單、可依賴。技術人員的想法單純、不善交際，醉心於開發出五花八門的產品，跟具有各種情緒、活生生的用戶和工程師的習慣思維不大一樣。一般人生活中的點點滴滴，以及商場上各種複雜、多變的交易和情緒，可

能是實驗室裡的工程師所感受不到的。媒體人、公關人更能
理解用戶的情緒，我們的公關部門有時也會吐槽技術人員不
理解用戶心理，遇到問題時，常常以為除 bug 就好，但人情
bug 是不能修補的，這對我們是一個觸動。技術人員與商人
和一般用戶間的隔閡該如何打破，是我們必須考慮的問題，
需要我們具備更高的產品思想和跨界學習的謙虛心態。

　　我們對日常用戶的生活需求和對人性的思考，是持續不
斷的工作，需要持之以恆。但是，就這本書的主題來說，我
們畢竟是工程師，始終不忘考慮如何用技術和數字滿足用戶
需求。我們要利用技術，對數據進行精準區分，服務不同
用戶。

　　「數位化」是從尼古拉斯・尼葛洛龐帝（Nicholas
Negroponte）的著作《數位革命》（*Being Digital*），到凱文・
凱利的《失控》（*Out of Control*）和《科技想要什麼》（*What
Technology Wants*）一直在討論的趨勢，也是技術人才念茲
在茲的事情。除了工商、金融、農業、軍事、科技數據外，
包裹我們的是生活數據。

　　說到數據，總會引起一些警惕，像是隱私數據會不會被
販賣？這個話題後文還會提到，在這裡先簡單說明，AI 眼
中的數據，絕不是低學歷數據販子眼中的身分證、密碼等數
據。今日，AI 著重在從混沌數據中發現「總體模式」，進而
將生產和服務最佳化。翻譯、語音辨識和影像辨識的進步，

就是最好的例子。這些原本混沌的數據，經過 AI 辨識規律，就會對人類產生巨大的價值，比如從日常領域的語音辨識，到金融領域的徵信防騙，再到國家層面的反恐安全等。

不過，技術再好，也要適應用戶。產品端直接反映了用戶需求，需要不斷改善技術的表現形式。我們認為好的 AI 要「潤物細無聲」，不能像電壓不穩定的電源，也不能像有汙染的水，要不斷地提高準確率、改善產品細節。舉例來說，有些公司的語音辨識技術雖然不錯，但是輸入法整體設計不夠方便，就影響了用戶體驗。百度當然也有不成功的產品案例，需要和用戶一起來改變。

數據和技術不是冰冷的存在，只要結合好的 AI 方法，就會體現出人性的一面。不少網友對右圖印象深刻，這是 2014 年初在東莞「掃黃」之後，百度地圖運用數據可視化技術，描繪出東莞與中國各地的遷徙路線熱度。

有資深新聞編輯告訴我們，當時看到百度這幅圖，瞬間感覺超越了新聞事件本身，有種俯瞰人間的領悟。百度遷徙指數透過數據可視化技術，反映了人類的命運和遷徙。數位時代的人群遷徙，只是百萬年來人類大遷移史詩中很小的一頁，卻是大數據時代具有歷史性的一頁。

我得說，這也是 AI 時代具有歷史意義的時刻，這是智慧地圖技術對人類活動、人類命運的感知。AI 本身尚無人性，但是結合了開發者的創意和理念，就可以提供新的視

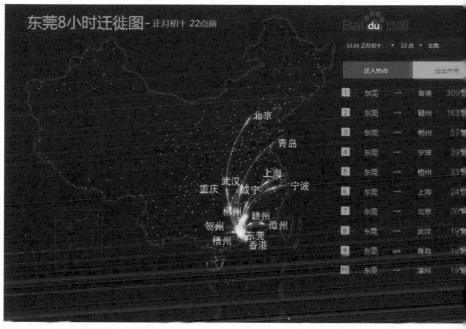

桌莞 8 小時遷徙圖（正月初十 22 點前）

角，甚至是一種特別的人性關懷。

　　電腦和互聯網都是 AI 的身體，每項數據都是人類活動和人性的紀錄，因此 AI 終於像「靈魂」一樣湧現而出，它是可以具備人性的。

數據大道

　　有位哲學家說，人類是一種「在路上」的存在。百度積累了巨量的地圖數據，輔以設計師的智慧和各種精巧演算

法，可以描繪出人類的各種移動行為，感知人們在路上的生存狀態。

百度地圖每日位置服務次數最高突破 720 億次，每一次都是人類的活動紀錄。右上圖是北京中關村一天通勤紀錄的數據化展示，奔湧的交通熱力圖和節奏，彷彿是這座城市的生命脈搏。

地圖之眼具有宏觀的大視野，透過右下圖可以感受到中國中部、西部地區的發展態勢：西安、鄭州、武漢、合肥與北京、上海、深圳等一線城市的聯繫愈來愈緊密。

我們這一代人都聽過童安格的歌：「為了生活，人們四處奔波，卻在命運中交錯。」我希望在 AI 的幫助下，人類的軌跡不只是交錯，還有交集，匯流成河、生生不息。

百度大數據實驗室有位年輕的科學家是生物學出身，之前在普林斯頓研究魚群的運動規律，一看到百度遷徙圖就決定回國了。他說，原來人類的數據也可以像魚群般研究，而且更方便，所以他決定來百度工作。2016 年，他和同事一起利用百度地圖上的搜尋數據變化狀況，準確預測到蘋果智慧型手機 iPhone 銷售量下降。透過數據，大數據實驗室為各種城市生活、企業營運提供智慧感知。

2014 年，中國交通運輸部提出深化改革、務實創新、加快發展「四個交通」、加快建設市場導向、企業主體、產學研結合的行業技術創新體系，促進科技成果轉化為交通運

北京中關村一天的通勤紀錄

城市間交通熱力排行圖

輸生產力，著力建立多管道、多方式的交通運輸叫車訊息服務體系，初步建成綜合交通叫車訊息服務平台，向社會即時發布叫車訊息，解決叫車訊息不順暢等問題。

在這個背景下，百度提出「中國智慧交通雲服務平台合作計劃」，與交通運輸部公路科學研究院、國家智能交通系統工程技術研究中心共同打造合作平台，依託交通運輸部重點科技項目「基於雲端平台的開放式公共叫車訊息服務研究與示範」，啟動現有數據，建立部省數據資源共享交換機制，促進政商間叫車服務訊息共享應用，並對全社會開放。

智慧地圖可以根據用戶移動的快慢，來測量道路的壅塞程度，還可以智慧規避單雙號限行路線。結合了虛擬實境（Virtual Reality, VR）技術，還可以讓人身臨其境般尋找路線。以交通大數據為基礎，加上演算法的輔助，回應交通管理部門的需求，智慧地圖系統已經能為城市交通緩解提供解決方案，大大減少了交管部門的壓力。

利用智慧地圖來蒐集地理數據，使得很多人工智慧的專案得以展開。比方說，達到釐米（公分）級精度水準的高解析地圖技術，已經運用到無人車的開發中。2016 年世界互聯網大會上，百度無人車在烏鎮進行公開測試和試營運，體驗全程 3.16 公里，共經過 3 個紅綠燈和一次掉頭，不僅面臨人車混行、電動自行車穿行等複雜路況，還需要應對中雨、薄霧、霧霾等各種天候狀況，結果絲毫不落後於矽谷同

行在北美進行路測的進度。這是無人車的一小步，但必將成就 AI 的一大步。

　　AI 不是從天上掉下來的，正是幾十年來計算機網絡技術和數據處理技術的進步，以及從人類數據生活中水到渠成的。百度搜尋和百度地圖的智慧化發展，就是這個過程的一幅縮影。

AI 既不是神話，也不是笑話

　　如今，各個大眾媒體上關於機器人的新聞很多，湊熱鬧的也很多。好比說，前一陣子有新聞報導，某個展會上有台機器人傷人，其實那只是一個教育輔助機器人掉下台砸到人而已。還有，什麼某家墓園買機器人來給女守墓員壯膽的新聞，那機器人充其量只是個玩具而已，惡搞的成分更大。如果我們以科普的心態看待歷史，就會發現 AI 既不是神話，也不是笑話，而是從人類的勞動創造中，實實在在衍生出來的。我們無須恐懼，也無須頂禮膜拜。

　　AI 領域的科學家對技術的描述，常常是直白而謙虛的。谷歌前工程師吳軍說過，他在 2003 年時，和同伴一起大幅提升谷歌關鍵字搜尋準確率，解決了一個主要問題，就是對於同義詞或近義詞，究竟該選取哪種意思去搜尋，才能夠滿足用戶需求。對用戶來說，如果搜尋提供的結果不準確，就會換個近義詞繼續搜尋，或是選擇搜尋結果中排名比

較靠後的項目。

此時，用戶其實親自做了關鍵字搭配工作，系統會記錄用戶提供的關鍵字搭配關係，要做的是更快、更佳的反饋結果。吳軍說：「至於我們是怎麼做到的，說起來可能會顯得很沒有技術含量，我們事先把多年來用戶搜尋過的關鍵字搭配都整理出來，在 2003 年美國獨立日的長週末期間有四天假期，我們停掉了當時公司五大數據中心其中之一，利用四天時間對每個關鍵字搭配做了特殊處理，這實際上就是一種窮舉法。」*也就是說，他們把用戶經常選擇的詞語組合關係固化下來，下一次用戶再做類似搜尋時，系統就能更快、更準確地給出結果。

其實，機器翻譯等領域的技術邏輯，跟前述搜尋中應用的有策略的窮舉法，有著異曲同工之妙。據《紐約時報》(*The New York Times*) 報導，2016 年 6 月的某週三，在谷歌翻譯部門的會議上，眾人對百度發表在機器翻譯領域核心期刊上的一篇文章議論紛紛。谷歌大腦研究科學家麥克‧舒斯特（Mike Schuster）的一句話，讓整間會議室恢復了秩序：「沒錯！百度出了一篇新論文，感覺上就像有人看透了我們做的東西，論文有著類似的結構、類似的結果。」百度公司用以衡量機器翻譯和純人工翻譯之間準確度的 BLEU 分數，基

---

* 引述自吳軍《超級智能時代》一書。

本上吻合谷歌在 2、3 月內部測試中所取得的成績。谷歌大腦科學家夸克・維・樂（Quoc V. Le）並未感到不快，他的結論是，這表示谷歌處於正確的軌道上。「這套系統跟我們的系統非常相似，」他安靜地說。

維・樂是吳恩達的博士研究生，他可能並不知道，這篇論文的出爐與吳恩達並無關係，而是自然語言部門獨立完成的。《紐約時報》對中國企業的報導當然是一掃而過，但吳恩達認為，中國的部分媒體也需要改變習慣，不能總是下意識地認為什麼技術都是外國的更強，熱中於把後知後覺者當作突破者來報導；實際上，AI 領域有很多的領先創造，都是中國人先做到的。

百度領先一年發布了基於 NMT 的翻譯系統，谷歌在 2016 年也緊跟著百度推出類似的系統，所以這個領域最尖端探索者的基本技術都差不多，最後就看誰的積累比較深厚、誰的最佳化做得比較好。

今天的 AI 思路與過去不同，思維規則問題為數據問題和策略問題。過去，人類總想為計算機設計出完美邏輯，不斷地把人類的種種邏輯規則抽象成函數之後輸入計算機裡。現在的 AI，主要是基於大數據基礎和演算法的進步；也就是說，今天 AI 的爆發恰恰建立在 1990 年代末期互聯網爆發的基礎上。

有了互聯網，數據才會大量產生。請注意，這些數據不

是用戶自覺填寫的數據，例如姓名、年齡、住址、愛好等，而是用戶在使用互聯網時自動產生的數據，包括每一次的搜尋、每一次的點擊等，都是數據，每一次的移動軌跡也是一種數據。

中國已經是世界頭號製造業大國，現在更需要提升的是「軟實力」。精神、文化是軟實力，運算和大數據也是。這樣的軟實力和傳統產業疊加，也就是所謂的「智慧＋」，將切切實實融入我們的生產、生活，看得見、摸得著。

百度在 AI 的布局

問百度要做什麼？不如問為什麼一定要做？！

每家企業都有自己的策略戰術。2013 年，中國行動互聯網創業風潮開始興起，不少企業將巨額資金投入這個巨大的無底洞，體現在戰略上的勇猛，百度則著眼於戰略的長遠和科學。當時，注意到百度全面發展 AI 的人並不多；今天，AI 蜚聲世界，有人感佩於百度戰略的超前和堅定，因為百度提前認識到互聯網訊息產業的本質，一旦下定決心，就堅決走自己的路，不在乎外人的評判。為此，百度多方布局、重點突破，當全世界都開始關注 AI 的時候，在 AI 的大格局上，已有百度立下的柱石。

我們沒有讓百度的 AI，去參加下圍棋、預測歌手比賽結果等活動，而是專注於發展內功，集中力量把 AI 轉化為

能夠改善人類生活的實用性服務。我們不只把深度學習應用
到語音辨識、機器翻譯和街景門牌號碼辨識等少數領域，而
是將深度學習成功應用於顯著提升用戶體驗。

2013 年，「百度導航」率先宣布永久免費，把中國帶入
導航免費時代。現在，我們把「百度地圖」的數據介面開放
出來，提供人們開發使用。用戶可以使用百度地圖所提供的
定位技術和方案，相比傳統的全球定位系統追蹤器（GPS
Tracker）節省了大量成本。快遞公司可以據此規劃最佳送
貨路線，遊戲開發者可以開發類似《精靈寶可夢 Go》
（Pokémon Go）的定位遊戲。我們開放「百度大腦」，讓更
多人可以使用 AI 的眼睛和耳朵為自己服務；我們開放深度
學習開發平台 PaddlePaddle，讓更多有志者可以創造屬於自
己的 AI 服務。我們也希望讓非技術人員，學會用數據智慧
改善自己的工作、完善自我個性、追求理想。

有很多大學考生，想必已經使用過百度機器人「度秘」，
幫助自己選擇志願。在中國，任何事情都有很多人去做。在
我讀書的年代，人們把考大學這件事，稱作「千軍萬馬過獨
木橋」。和地圖數據類似，度秘機器人透過對千軍萬馬的考
試數據進行分析，藉由深度學習技術回應並感知大學考生的
渴望、焦慮，盡力提供精準回應。在這裡，AI 記錄的，不
是物理空間裡的地圖軌跡，而是學子成長的心靈軌跡。

1990 年代初期，我遠赴美國學習計算機技術，當時有

很多跟我一樣的年輕人，懷抱著用代碼改變世界的願望，候鳥般往來於中美。如果當時有張數據地圖記錄這些跨洋軌跡，想必會是件很有意思的事情。如今，AI 科學家再次把火種帶到中國，我相信這次火焰會燃燒得更熱烈，因為中國有足夠的燃料。中國受教育人口數量巨大，電腦和行動裝置普及極快，大量的數據使中國在發展和應用深度學習技術方面，擁有得天獨厚的優勢。有了這樣的優勢，我們可以厲兵秣馬，創造 1990 年代的矽谷傳奇。

百度要做的事情，不僅是前沿開發，而且要為用戶提供大數據基礎設施，提供深度學習的開發平台，網聚人類智慧。

在川普（Donald Trump）當選美國總統之前，有百餘位矽谷精英發表公開信，認為川普當選將會是創新的災難。這對我來說是個觸動，如果美國的創新真的受到影響，誰來接過旗幟，引領創新的方向？我們能把世界的創新中心，從矽谷迎到中國嗎？

人才確實向我們持續湧來。百度還在矽谷成立實驗室，近距離接觸美國人才。百度提出的中國大腦計劃，堪比任何超級工程。回想七十年前，頂尖科學家壯志滿懷地從國外回到中國興建偉大工程，這樣的輝煌今日會再次出現嗎？

當然，我們也必須注意到，那個時代的偉大工程，往往依賴國家投資和產業政策。在冷戰結束後，國家的競爭壓力減小，尖端科技的投資也大為減少。馬斯克去開發火箭，其

李彥宏在百度貼吧討論（資料來源：tieba.baidu.com/p/4855363507）

實是美國把國家航空暨太空總署（NASA）的火箭技術和團
隊轉移給他。在中國，政府層面的決心和投入依然強大，在
發展 AI 產業方面可謂上下同心。這是最好的時代，也是最
不確定的時代，而 AI 就是一種適應不確定性的方法。大大
小小的公司投入 AI 研發，帶來競爭和多元化，這應該形成
良性的互動和成長。

　　AI 的蓬勃發展，也將帶來不確定性。美國白宮的報
告，已經在探討 AI 對就業的衝擊。美國矽谷高速發展和中
部製造業衰落，擴大了國家的裂痕；一部分人享有進步成
果，另一部分人被扔出歷史航船而失去方向。百度要成為人

才的方舟，中國企業則要努力打造人類的方舟集陣，讓最廣大的人群踏上 AI 時代的歷史巨輪。

百度副總裁王海峰博士，於 2016 年 11 月當選為國際計算語言學會（Association for Computational Linguistics, ACL）會士，成為 ACL 目前最年輕的會士，也是該組織五十多年歷史以來，首位出任主席的華人。評選委員會在給王海峰的評語中寫道：「王海峰在機器翻譯、自然語言處理和搜尋引擎技術領域，在學術界和工業界都取得了傑出的成就，對 ACL 在亞洲的發展也做出了卓越的貢獻。」2017 年年初，在 AI 領域享有盛譽的科學家和高管陸奇加盟百度，這些都在預示著國際人才流動的趨勢，中國千百位優秀的 AI 科學家，要一起創造人類的未來。

未來已來：焦慮和夢想

不久前，亞馬遜的無人超市「Amazon Go」引起血拚族的驚嘆。這種特別的購物體驗背後，卻是收銀員丟了飯碗的陰影。今天，當各種線上客服被機器人客服取代，當速記翻譯被語音辨識取代，甚至當收銀員、駕駛員、工廠工人、文書和律師都被 AI 取代時，人們該如何迎接這個世界？政府和企業該為勞動者提供怎麼樣的支持？我們又該如何調整經濟、社會生態結構，以適應 AI 時代？我們希望聆聽一般人的需求，這也是我們 AI 團隊共同打造本書的初衷。

　　矽谷有位和馬克‧安德森齊名的風投鬼才彼得‧提爾（Peter Thiel），他是線上金流服務 PayPal 創辦人，善於把握科技的重大趨勢、捕捉黑馬。2016 年，他因為準確預測川普當選美國總統，再次聲名大噪。提爾在 2011 年時曾經說過：「我們需要能飛的汽車，結果只得到 140 個字。」（We wanted flying cars, instead we got 140 characters.）140 個字的推特（Twitter）一度熱鬧無比，但提爾清楚看到互聯網喧囂背後缺少了什麼。他批評，人類放慢了進步速度，嬉皮文化代替進步主義，風投熱中投資輕資產企業，其中大部分是行動互聯網公司，如 Airbnb、優步等，卻對未來沒有清晰的規劃和信心。

　　提爾認為，「互聯網＋」時代，人類在比特層面進步大，在原子層面進步小。因此，他果決投資火箭、抗癌藥物，以及 AI。我同樣認為，行動互聯網創業的喧囂，掩蓋了我們真正所要追求的進步。百度要為自己的方向奮鬥，要為人類的核心能力進步做出貢獻。提爾說，20 世紀初期的美國人願意嘗試新事物，敢於規劃幾十年週期的登月計劃加以實現，但現在人類沒有這樣的計劃了，只有風投在到處尋找眼前的增值和即時的痛快。百度願意幻想一個智慧化的世界並且加以實現，要讓 AI 成為新的操作系統，不僅是電腦、而且是世界的操作系統，同時嚴肅思考和提前應對 AI 的挑戰，最終讓這個世界從此不同。所以我說，一定要把這件事

情辦成！

　　AI 革命是對生產和生活方式的良性革命，也是對我們思維方式的革命。巨大的機遇與挑戰並存。在後面的章節中，我們將具體探討 AI 革命的方方面面，詳談視覺辨識、語音辨識、自然語言處理等在深度學習基礎上取得的突破性進展，並從製造業升級、無人駕駛、金融革新、管理革命、智慧生活等多角度，描繪即將到來的智慧社會，進一步探討人類應該如何應對 AI 發展，與讀者一起掌握 AI 革命的脈搏。

AI 的歷史使命

讓人類知道更多，做到更多，體驗更多

陸氏猜想

1980 年代是所有親歷者難以忘懷的理想主義年代，那時中國全體人民追求科學進步，對知識如饑似渴，尤其在校園裡，大學生讀書如痴如狂。陳景潤 * 一類的科學家，成為很多人的偶像。

1987 年，在復旦大學的校園裡，有一個和陳景潤一樣瘦削、戴著大框眼鏡的青年，每天背著一個很大的書包行走在校園裡，精神抖擻，喜歡思考在外人看來很玄奧的問題，同學都喊他「陳景潤」。

畢業的時候，他在畢業紀念冊上，寫下了臨別贈言：

謹獻上本人最新的研究成果，與列位同窗惜別。

「陸氏猜想」：$HI => C \supset HB$

（式中：H: Human　I: Intellectualized

　　　　C: Computer　B: Brain）

其意：人類終將使電腦智慧化，而且使其遠勝於人腦。諸公不妨一效景潤，或許這顆電腦科學皇冠上的明珠，非君莫屬。

---

* 陳景潤（1933 年 5 月～1996 年 3 月），中國數學家，因證明哥德巴赫猜想（Goldbach's conjecture）「1+2」定理而享譽世界。中國作家徐遲的報導文學作品〈哥德巴赫猜想〉，即以陳景潤為主角，發表於1978 年1月的《人民文學》第 1 期，在當時家喻戶曉。

　　他是陸奇，後來的雅虎、微軟領導者，今天的百度集團
總裁。

　　「陸氏猜想」當然不是一個「陳式猜想」那樣的科學定理，
卻也不是一句戲言；今天來看，更像是一句超前的頓悟。三
十年前就寫下這樣的話，信心來自哪裡？

　　那時的陸奇只有一個矇矓的感覺：「電腦為我們帶來非
凡的知識和體驗。當時我們在計算機系寫下棋程式，雖然是
很簡單的棋，給我的直覺就是，只要給我們足夠的時間，以
後一定可以做得比人類更聰明。我當時有了這樣的直覺，所
以就這樣寫了。之後不久，我遇到一個難得的機會，到卡內
基美隆大學電腦系深造。」

　　陸奇的個人信念是：知道更多，做到更多，體驗更多。
從卡內基美隆大學畢業時，他寫的是「Know more, Do
more」。後來，再加了一句，變成「Know more, Do more, Be
more」。因為他覺得「Be more」更重要，只是當時並沒有意
識到。「Be more」也可以翻譯成「成為更多」，人就是「在
路上」，不斷地成為更豐富的存在。

　　就是這三項需求有機連結在一起，推動人類向前進步。
人類歷史就是不斷地發現新事物，我們知道愈多，就可以做
到愈多；我們做到愈多，就可以體驗愈多，生活就會愈來愈
豐富、充實；也正因為體驗更多，我們才會知道更多。這是
一個正循環，是人類進步的主旋律。

電腦讓我們「Know more, Do more, Be more」，而人工智慧就是這個旋律的最新回響。從這個角度去思考，我們可以比較清楚洞察人工智慧從哪裡來、往哪裡去，它的本質和標準究竟是什麼，以及有志於人工智慧事業的人和組織到底應該做什麼。

下一波浪潮

我們正在見證的是一個電腦和數位化崛起的時代，這是人類歷史大潮中持久、必經的一個過程，而人工智慧是將大潮推向下一個高點的動力，它將開闢一個新時代，為人類社會帶來持久與長遠的革命性影響。這樣的影響將涉及產業、技術等經濟與社會各層面，但是說到底，這次的人工智慧革命將讓人類整體以完全不同的方式往前走，書寫嶄新的歷史。

首先，我們需要了解「人類進步」的本質——人類為了那些能讓自己認知更多、實現更多、獲得更多經驗的事情，會充滿熱情地去奮鬥。

而運算能力的不斷發展，正是遵循這種「人類進步」的方向，成為人類進步的本質呈現。尤其是在電腦程式設計出現了之後，人類的進步開始前所未有地加速，其核心模式包括下列關鍵步驟：人類捕捉宇宙中的各種現象，特別是透過有意的觀察獲得經驗；然後經由運算，將資訊有效地組織、

處理、提煉，使人類對某個現象進行更深入和抽象的理解，形成知識；人類利用產生的知識認知來採取行動，與現象進行互動，最終實現預期的結果。

可以看出，以現代數位運算系統為基礎，IT（資訊科技）產業在創造數以萬億元計的價值時，正是從組織資訊（Information Organization, IO，幫助人類認知更多）、完成任務（Task Completion, TC，幫助人類實現更多）、豐富經驗（Experience Enrichment, EE，幫助人類獲得更多經驗）三個核心面向上，使人類取得長足的進步。

而人工智慧是人類運算能力的又一次全新升級，它仍然是從這三個面向推動人類進步。而且，由於人工智慧是一種革命性、更高級的智慧計算系統（Intelligent Computing System, ICS），對人類進步的推動作用，也是前所未有、具革命性的。

決定現代數位運算系統主要結構的是資源的組織形式，而人工智慧計算的本質，簡單來說，非常不同於馮・諾伊曼的控制流結構，後者採用線性的記憶體（linear memory）和布林函數（Boolean function）作為基準計算操作。而新的模式是神經網路計算，特徵在於分散式的呈現和啟動模式。在這裡，變數由疊加在共享物理資源（如神經元）上的向量呈現，並且透過神經元的啟動進行計算。網路的拓撲架構和啟動模式提供了巨大的計算空間，可以有效並且自然地捕獲豐

富的知識（透過拓撲的超參數、權重、啟動函數。）

相對於馮‧諾伊曼架構中的當地語系化呈現（其中變數由諸如暫存器的專用或局部化物理資源呈現）和符號運算，神經網路運算在學習和表示物理世界，以及社會的豐富語義知識方面更自然和強大。透過神經網路運算的力量，下一波的人工智慧技術，可在下列兩個面向提升目前的計算系統：

一、自動分層特徵／表示學習：這是機器學習容量的實質性提升，因為當今機器學習工作有很大一部分的關鍵在於特徵工程（Feature Engineering）。例如，百度大腦已經擁有萬億級的參數、千億級的樣本和千億級的特徵訓練。

二、高級認知，特別是感知能力：這是下一代設備（如無人駕駛汽車）和下一代平台（如自然語言對話）產生的巨大催化劑。

人工智慧計算的強大能力，將有助於產生許多新品種的智慧系統，如機器律師、機器分析師、醫療機器人、智慧客服人員等。人工智慧計算的另一個發展方向，是組織各種服務於特定物理架構和物理要素的系統，如家、辦公室、工廠等的智慧系統。其基本模式是透過使用物聯網感測器的各種原始訊號，人工智慧的「感知系統」會對物理架構進行識別

和感知，而「認知系統」需要組織資訊和學習更多關於物理架構的知識，並且進行預測、判斷和決策，讓各類物理系統更有智慧。

目前，在科研領域，人工智慧計算可以提供更先進的建模能力，成為多領域和新一波科研浪潮的催化劑。在商業方面，人工智慧可以提供額外的機會，為企業組織創建整合的業務計算系統（Business Computing System, BCS）平台。例如，記錄業務物件（如系統設計模型、交易紀錄）和業務流程〔如企業資源計劃（ERP）、客戶關係管理（CRM）〕，或是系統設計並模仿人類的工作活動，如溝通、協作、閱讀、寫作、尋求資訊等。

目前來說，人工智慧的「感知系統」，擁有更廣泛、更新的商業機會。一方面，可以建構和部署更多的「傳感系統」的子系統，針對的是物理環境或物理系統，例如裝配線、工廠等。這使未來人力密集的製造業、商業服務業等，可以採用更先進的資訊工具和更強的自動化。另一方面，自然語言處理技術的迅速進步，使得我們可以掃描、分析文本文檔（text document）和資訊，從中獲取各種高價值的業務知識；建構和部署專用的「文本理解子系統」，可以得到很多高價值的知識和商業回報。

人工智慧「認知系統」的成熟，代表了智慧時代更長遠的未來，所有的產業、職業、社會系統、生活方式都將被重

塑。如果數位化社會可以用「資訊就在指尖」來概括現況，那麼人工智慧時代的本質就可以概括為「知識無處不在，任何互動都是智慧的。」這波浪潮對大多數的人來說，無疑是巨大的機遇。

對商業機構來說：好消息是它們將有許多提升、轉化和進入新成長領域的機會；壞消息是當大浪潮席捲而來時，沒有誰可以歸然不動，如果沒有抓住前進的機會，就會落後，甚至被時代拋棄。

對企業家來說，只要看一看「巨大市場機遇」的清單，就能發現許多創造未來商業巨頭的機會，彰顯企業家精神的 AI 創業歷史機遇就在眼前。同時，屬於 AI 時代的新企業領袖，也將由此誕生。

對投資人來說，睜大眼睛去發現一個屬於 AI 時代的種子企業，支持它成長為未來的企業帝國，並且獲取巨額回報的機遇真的來了。

對國家或政府來說，每一次巨大的技術革命，總是伴隨著國家命運的興衰交替。總有一些國家或政府，能夠抓住歷史賜予的機會、一躍而起，贏得一段相當長時期的昌盛國運。想要抓住這樣的歷史機遇，國家或政府層面的決策、政策的前瞻性、策略投入的堅決程度、路線執行的科學有效性，都至關重要。

當然，當愈來愈多人意識到人工智慧的浪潮，愈來愈多

創業者投身於這股浪潮時，也難免會有浪潮將起階段的困惑。在矽谷，大家都說以後要投資的都是 AI+X。比如，有一家專門投人工智慧的創投公司，紐約市前市長麥克‧彭博（Michael Bloomberg）是合夥人。他們看了幾百家公司，看得頭都有點暈了，因為所有的創業公司，都宣稱自己是 AI 公司。對這家創投公司來說，首要的問題就是：如何進行鑑別，才能鎖定目標投資？這促使我們開始深入思考：AI 企業的標準是什麼？哪些是真正的 AI 公司，哪些又不是？

衡量 AI 的現實標準

人類歷史上，每一項新技術的出現，必然會伴隨著各種探討、反思，甚至是針鋒相對的爭論。面對人工智慧這一波全面性、革命性的技術浪潮逐步興起，人們的興奮、質疑與顧慮就更加多元化。其中，有些人比較感性，會討論人工智慧是否會取代人類，這其實是在比較人工智慧與自然智能（Natural Intelligence）。

對於自然智能，有著各式各樣的研究和著作，包括有人提出人腦內部的機制其實是量子計算。然而，對於人工智慧，目前還沒有一個眾人都能夠接受的定義。在這個階段，沒有必要過分追求哪個標準定義比較正確，我們不妨務實地來討論，現在的科技能夠允許我們做出什麼樣的智慧體系？

有兩種類型的計算系統，被人類稱為「人工智慧」。第

一種，本質上相當於「智慧計算系統」的子系統框架，將數據作為輸入，從數據中提取資訊並建立模型，將我們關心的某些現象轉化為知識。我們稱這種類型的人工智慧系統為「通用智慧系統」（General AI），並且定義「通用智慧」的意思是：一台機器獲取知識和實現目標的能力。

第二種，是指具備類似人類的認知能力，能夠感知（看、聽、感覺），可以執行愈來愈多的推理和計劃，也可以用感覺運動控制移動。我們稱這種類型的人工智慧系統為「認知智慧系統」（Cognitive AI），是具有感知、推理、規劃和感覺運動控制能力的機器。

人工智慧系統的另一個二分法，是「狹義 AI」（Narrow AI）和「廣義 AI」（Strong AI）。「廣義 AI」是使用相同演算法來解決一大類問題的系統，原則上，「廣義 AI」系統可以學習和適應以解決新的問題，而無須人為干預。「狹義 AI」系統使用特定演算法來解決特定問題，例如下棋、識圖等。右頁圖表是對人工智慧系統狀態的概述，是一個務實、可行的定義。

智慧計算系統與大數據是直接相關的。任何數據都有產生的緣由，都有產生數據的體系和系統，這就是為什麼數據會產生，數據的核心是知識。通用人工智慧系統的核心能力，就是透過運用演算法、計算體系，把知識從數據裡提取出來。一旦有了知識，我們就可以做很多事。我們可以進行

人工智慧系統狀態

人工智慧的定義	狹義 AI	廣義 AI
通用智慧系統	智慧客服	未來的搜尋引擎，百度
認知智慧系統	無人駕駛	DeepMind 公司

預測，可以解決自動化問題，可以解決任何需要解決的問題。因為知識告訴我們人群有什麼需求、社會有什麼要求，有了知識我們就可以找到答案，所以人工智慧發展的第一個層次，就是通用人工智慧。

　　最近幾年深度學習的突破，主要是在感知層面，特別是視覺和語音辨識，還有自然語言的理解。但是，這只是起步，接下來要做的是認知上的，因為感知只是把外部世界，透過光感、聲音的振動，或是語言的交流，變成可以被系統識別的符號。最重要的，還是理解它的意義是什麼，當系統看到一幅圖片，可以知道有什麼物體或人在圖內、他們在做什麼事。

　　目前，幾乎所有做 AI 的公司，都可以分別歸類在四個象限內，大部分公司做的其實是「狹義 AI」。「狹義 AI」只解決一個問題，或是解決一個到兩個比較窄的問題，例如下圍棋、打牌或開車都是「狹義 AI」。相較之下，「廣義 AI」使用同樣一套系統，可以解決所有問題，與人類的智慧類似。「廣義 AI」是人工智慧發展的長期目標，真正實現的時

間至少還需要二、三十年。

現在，百度、谷歌、微軟、臉書等公司，都朝著「廣義
AI」的方向努力。判斷人工智慧的能力，或是判別是否真
正是人工智慧的標準仍然是：人類是否因此知道更多，做到
更多，體驗更多。舉例來說，百度根據海量的搜尋數據，執
行了很多技術分析，以前靠人類來做幾乎不可能，現在透過
人工智慧計算技術，我們得出許許多多前所未有的知識和結
論，人類因此知道更多，也因此能去做很多前所未有的判
斷，實現更多不可能的功業。

比方說，具有代表性的無人駕駛技術、自然語言互動技
術等，使得人類的運動方式、感官方式都逐漸發生變化。以
前，人類用眼睛看、用耳朵聽，以後我們可能不需要眼睛也
能看得到，不需要耳朵也能聽得到，人類將逐步擁有全新的
感知方式，也將體驗嶄新的世界。所以，所有做人工智慧的
公司是否都名副其實，可以從前述的角度來衡量：它屬於四
個象限中的哪一塊？有沒有實力讓人類和機器一起知道更
多，做到更多，體驗更多？

美國和中國都有很多公司說自己是 AI 公司，有些公司
說雲端運算是人工智慧，有些說大數據是人工智慧，但這些
都只是 AI 系統的一部分，最終判斷 AI 實力的是大數據、
雲端運算、演算法、訓練時間，以及總投入和軟硬體的綜合
實力等。這種實力並非一蹴而就，也無法一概而論。地上原

本沒有路，在披荊斬棘的道路上，有不同的角色，也有不同的網站，每個人、每家企業達到的程度都不一樣。有些人剛起步，有些人身後已經留下大片果實。

「百度大腦」可以看作人工智慧綜合實力的一個典型，對它的能力分解，能使我們更清楚 AI 產業的入門門檻及基本標準。如果一家號稱人工智慧的公司下列能力皆不具備，只能說這家公司還沒有準備好真正進入這個領域。

百度大腦是硬體基礎、數據基礎和演算法能力的緊密結合，是雲端運算、大數據和人工智慧的三位一體，是百度技術策略的核心。雲端運算是基礎設施、大數據是燃料、人工智慧是發動機，三者聯合驅動著「互聯網的物理化」，將數位世界的互聯網技術和商業模式又送回物理世界，全面改變社會。

雲端運算，名稱為「雲端」，卻是百度大腦最底層、最實體的部分，是基礎設施服務（Infrastructure as a Service, IaaS）。百度大腦超強運算能力的源頭就來自這一層，是高性能計算硬體的集團軍。這支集團軍擁有數十萬台伺服器，採用先進的叢集作業系統進行統一管理，堪稱人工智慧超級電腦。

為了深度學習訓練的需要，百度自主研發了 GPU 和 FPGA（Field Programmable Gate Array，現場可程式邏輯閘陣列）異構計算伺服器，單機可以擴充至 64 塊 GPU/FPGA

卡，對照傳統伺服器的密度提升了 16 倍，一台伺服器即可完成千億資料模型訓練。百度開創性研製了以 FPGA 為基礎的人工智慧處理器，提供 10 TOPS（兆次運算）的運算性能，相較於主流的 20 核伺服器，運算效率提升了 60 倍，在人工智慧和大數據的應用上，可達普通伺服器 4 到 8 倍的性能。

但是，百度的優勢不只是單台機器的優秀，更在於優良的系統，優秀個體的集成形成強大的總體作戰能力。針對 GPU 叢集的智能調度和資源管理系統，可以實現運算、儲存和網路資源的池化管理和動態調度，計算叢集整體效率和平均使用率達到 80％。將異構硬體用於線上產品，用戶請求延遲降至 1/5，運算效率提升了數十倍。

這套系統涵蓋了中國最大的 GPU/FPGA 叢集（全新晶片技術）、最大的 HADOOP/SPARK 叢集（全新平行資料處理技術），以及營運效率最高的數據中心〔全新異構計算技術、整機櫃伺服器技術、100G RDMA（Remote Direct Memory Access，遠端直接記憶體存取）通訊技術和營運維護技術〕，可謂馬力十足，提供開發 AI 所需要的計算能力。

它同樣燃料充足。根據多年服務於大規模業務，例如透過搜尋和視頻技術，百度累積了大量的數據，包含萬億級網頁數據、數十億次搜尋數據、百億級視頻、圖像和語音數據、百億級定位數據等。數據就是 AI 演算法的燃料，是發

展 AI 的另一項基礎條件。

　　讓硬體與燃料結合的，是優秀的演算法和模型。百度匯聚了全球頂尖的科學家和工程師，在理論和實踐方面持續創新，搭建了全球最大的深度神經網路，支援萬億級參數、千億級樣本、千億級特徵訓練，神經網路層數遠遠突破100層。

　　硬體動力、數據燃料和演算法靈魂的結合，才產生出百度的 PaaS（Platform as a Service，平台服務）。百度 PaaS 與眾不同之處在於，人工智慧作為一種橫向的服務貫穿全平台。透過深度學習和機器學習技術，結合超強運算、海量數據和優秀演算法，在語音、圖像、自然語言處理等方面擁有傑出的能力，打造出獨特的知識圖譜、用戶圖像和商業邏輯，並且向用戶全面開放。用戶可以非常方便地使用各種演算法模組、開發工具、數據引擎，為自身的商業目的服務。我們象徵性地把不同平台稱作「天算」、「天像」和「天工」，分別針對智慧大數據、智慧多媒體和智慧物聯網這三個領域提供服務。

　　在最上層的 SaaS（Software as a Service，軟體服務），百度的人工智慧很容易集結成許多垂直產業解決方案，滲透到各行各業。不過，我們更追求與合作夥伴一起打造 AI 產業生態，例如：教育雲、金融雲、交通雲、物流雲等。我們認為，對 AI 產業生態的建構能力，也是判定 AI 價值的重要標準。

在硬體、數據、演算法之上，還有一項重要的衡量標準，那就是 AI 企業的文化，即 AI 企業的「軟實力」。搜尋技術是人工智慧的先驅，也是互聯網數位化世界的最早入口，其開發流程和技術核心為未來的人工智慧奠定基礎。首先，搜尋引擎必須跟很大規模的數據打交道；其次，搜尋引擎必須同時有大規模的機器學習，用人工來做是不可能的事，因為數據規模太龐大了；最後，也是最根本的一點，搜尋引擎的開發流程和工程開發文化，與 AI 系統的開發是非常吻合的，都是以數據為主，透過抽取其中的特徵、模式，然後用模式為使用者帶來價值。

人們在搜尋業務中結成的協作關係、形成的業務能力和工作習慣，都很適合 AI 的業務發展，與大數據一樣，積累、沉澱為 AI 企業的文化。所以，陸奇在微軟的做法是，培養人才先從 Bing 開始。做過 Bing，你到其他部門都可以做，那些技術以搜尋的角度來看，都是很簡單的技術。這樣的文化當然並不完美，但正如神經網路一樣，可以在正確的方法指引下，不斷地發展完善。

AI ＋世界

和前幾年討論「互聯網＋」一樣，人們現在開始討論「人工智慧＋」，「＋」商業、工業、醫療、教育等。如果從「知道更多，做到更多，體驗更多」的角度來看，AI 對世界的

改變是根本性的；也就是說，這是一個「AI ＋世界」的問題。

　　首先，AI 革命對每個人的日常生活，都會產生非常深遠的影響。舉一個簡單的例子，由於人工智慧突破性的發展，我們與運算設備的互動形式會更進一層。以前的人機互動，都是透過滑鼠和鍵盤，微軟發展到今天的規模，也是透過滑鼠、鍵盤和 GUI（Graphic User Interface，圖形使用者介面）這個人機互動的創新。蘋果和史蒂夫·賈伯斯（Steve Jobs）對這個世界最大的貢獻，就是改為用手指來互動，進而改變了全世界。AI 時代的改變會更大，人類將可以用自然語言與任何裝置交流。

　　自然語言是最有效、最普遍的一種交流形式，人和人之間就是用語言交流，最自然，應用也最廣泛。人機之間自然語言互動的實現，意味著人類將不需要了解每一項應用，每一個產品也都不需要學習如何使用，直接操作就好。因為在未來，汽車是可以和人類直接交流的，房子也是可以和人類順暢對話的。

　　現今，我們已經看到這種智慧互動的雛形，例如一些智慧助理系統的逐步落實。在美國，人們透過亞馬遜智慧音箱，把房子變成智慧系統；在中國，百度的度秘團隊也在這個領域做了很多第一線探索，我們有機會徹底改變日常生活中的人機對話模式。

　　人工智慧將大幅加速人類的創新步伐和創造社會價值的

效率，改變社會的規模也會和過去完全不一樣。人類進步的每一次革命性進程，都是從發現新的知識開始；無線電是這樣，互聯網也是這樣，而未來知識的發現模式，會發生徹底的改變。以前，人類去思考、發現現實世界的規則；數位化世界到來後，借助人工智慧的數據處理方式，人類和機器將共同發現新的知識。這就意味著，人類創造新的企業，創造新的社會進程，改變世界的速度將煥然一新，因為人類「知道更多，做到更多，體驗更多」的進程大大加速了。

最後，人工智慧將帶來一場新的工業革命。為什麼很多人認為工業 4.0 以後，人類將進入數位化社會的新階段？就是因為 AI 系統將有能力，在現實世界裡提取資料、抓取知識，進而更能幫助人類感知和認知現實世界，也將從經濟、社會、文化等層面，廣泛、深刻地改變現實世界。我們確實處於一個非常振奮人心的時代，與早期工業革命非常類似，但是人工智慧比工業革命對社會的影響更廣、更大。

傳統製造業基本上以設備、電器和電力為主，生產流水線基本上要用很大規模的投資來建立，後續很難調整。舉例來說，一家汽車製造廠，要重新建立一條生產流水線，成本很高，花的時間很多。當數據智慧、自動化、精準預測對製造業的改造完成之後，後者的面貌將煥然一新。未來的製造業生產流程將是模組式的，全部都是數位控制。當一家汽車製造廠要調整生產，製造另一種樣式的汽車，將不再需要重

建生產線，只要把新產品模組的應用程式介面（Application Programming Interface, API）調整過就可以了。這將徹底改變製造業的基礎，製造業的效率也將會大幅提升，而這項改變的核心是數據和知識，即製造的流程、製造的工藝、製造的設計，製造的每一步都採用數位控制。

　　再比如製藥產業。以前，一款新藥的誕生，要歷經長期的研發過程，發現某種方式對某種病症有效。未來，借助人工智慧的運算技術，將龐大的基因數據與海量的健康資訊結合起來分析，人類可以很快發現規律，找到個性化的基因藥物。

　　從國家層面來看，AI 為中國帶來的不光是整體競爭力的提升，還是一個超越他國的大賜良機。中國是製造業大國，數據量的龐大規模無出其右，也就意味著中國有機會取

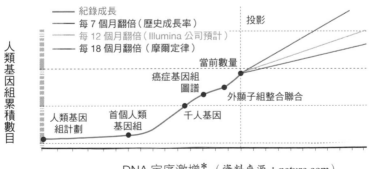

DNA 定序激增*（資料來源：nature.com）

得比別人多得多的「知識」。你懂的比別人多、看的比別人多，能做到的就比別人多，就會比別人更強大。AI 時代，在國家競爭和產業競爭中，掌握更多「知識」，就可能使自己立於不敗之地。單從製造業來講，如果中國能夠把握住這個機會，完成真正的智慧化升級，其他國家是沒有辦法與中國競爭的。但是，AI 製造具體如何實現，需要整體的策略考量。

百度與谷歌

目前，美國和中國是在人工智慧方面投入最大的兩個國家。人們習慣把百度和谷歌放在一起比較，這也可以視為中美比較的一個縮影。我覺得，兩家公司有很多類似之處，因為起源都一樣，公司文化也有很多類似的地方，百度在中國的優勢與谷歌在美國的優勢也很類似。

兩家公司也有不同之處，百度的創新空間和在某些領域的創新速度，可能比谷歌的更大、更快，原因在於中國的國情與美國的國情不一樣。行動網路在中國的創新程度，在很

---

* 英國 2014 年啟動了「10 萬基因組計劃」（100,000 Genomes Project），美國和中國則宣布要完成多達 100 萬人的基因組數據蒐集工作。世界知名的基因定序公司 Illumina 儀器定序所得的數據，每 12 個月就能增加一倍。這是一個巨大的「數據黑洞」，也是一個亟待發掘的數據金礦。

多層面已經超越美國。舉例來說，手機百度在訊息流方面的創新，用 AI 核心技術可以把訊息找人做得非常精緻。在行動網路上做這件事，百度創新的機會比谷歌在美國的要多，因為兩國 IT 產業的格局不一樣。此外，在金融業方面，百度金融可以借助中國市場和大數據的優勢，用 AI 技術讓金融業產生革命性的提升。但在美國，金融業相對「壁壘森嚴」，谷歌要切入金融領域就很難。

再比如，在無人駕駛汽車方面，谷歌、百度都居於世界領先的地位。目前，谷歌在這個領域上稍微領先百度，但在未來並不一定，因為中國的汽車製造商很多，擁有更開放的合作環境，只要有效結合百度這樣的 AI 企業，創新的機會就非常多，創新的速度也會更快。反觀美國，汽車製造商就集中在底特律幾家企業，AI 企業要找上門合作就很難。

總之，無論是無人駕駛汽車、金融、醫療，還是整體製造業，中美都面臨智慧升級的關鍵節點。但是，中國的宏觀環境給予百度這樣的智慧企業的機會和空間，要比谷歌在美國獲得的更大一點。那麼，在這股範圍遍及世界的浪潮中，百度應該承擔什麼責任？

在美國，IT 產業體系一般就仰仗五家公司：蘋果、谷歌、臉書、亞馬遜、微軟。支撐企業不是只有一家，而是帶動了一波企業，扮演的是一個生態系統的領軍者角色。在 AI 時代的背景下，百度是一家支撐企業，有了這樣的機會，

所以要爭取對中國、乃至對全球 AI 革命做出更大的貢獻。

具體來講，策略上我們要以「賦能」來定位。首先，百度是中國的企業，百度大腦要做探路者和奠基者。百度的智慧雲是提供給所有產業的，對任何產業都將發揮促進、賦能、帶動的作用。作為中國人工智慧的先行者，百度已經在多個面向上創新開拓，逐步形成自身 AI 生態的雛形。

舉例來說，醫療和教育是 AI 應用潛力非常大的領域，因為本質上都是數據問題。資深教師和老醫生一樣，能力都來自經驗（數據）的累積。未來，我們可以讓機器自動分析數據，輔助醫生對症下藥，輔助教師因材施教。醫療或保健能讓人類的生活更健康，教育能讓人類擁有更多知識，因此 AI 在這兩個領域的社會應用價值十分巨大。

另外，還有無人駕駛領域，因為無人駕駛也是透過感知、認知、知識獲取來實現。目前，無人駕駛汽車真正商品化還需要一點時間，不過一旦商用普及成功，對整個社會的改造將會非常大，因為這不光是汽車和交通問題，一旦有了無人駕駛機器，它可以自己行動、自己連網，就會帶來很多不同產業的改變。

AI 的實踐範圍如此廣泛，人類很少有這樣一個機會，可以徹底改變、改造當下的一切。當然，策略落實要一步一步走，方向要堅定，步伐要穩健。

企業挑戰：如何落實？

在工作態度上，陸奇常說：「Head above cloud, Feet on ground」，意思就是「腦袋要在雲端之上，才能看得遠、看得清，但是你的腳必須踩在堅實的大地上，一步一步向前邁進。」

做人工智慧事業要跨越的第一道障礙，就是如何落實。人工智慧意味著一個非常大的改變，時間會很長。要落實的話，首先必須找到非常優質與實際的使用者經驗（User Experience, UX），就是能為使用者帶來實際的效益；其次，應用場景必須清楚，不管是智慧助理也好，無人駕駛汽車也好，資訊找人也好，一定要有實際的使用者經驗價值；最後，還要找到商業模式，不然就沒有永續性可言。

所以，重要的挑戰在於，是否能夠找到落實的使用者經驗和實現使用者價值的場景，然後找到適合的商業模式，建立一個創新的循環；換句話說，就是「數據—知識—使用者經驗—新的數據」。只要找到這樣一個循環往復的環流，AI 事業就可以像滾雪球一樣向前滾動。

最重要的是，每家公司的執行長一定要重視 AI，這是起步。然後，必須投入一定的資源，包括雇用真正懂 AI 的人和能夠幫助做決策的人。無論你們公司可能是做零售業的，可能是做製造業的，可能是做旅遊業的，都要按照自身

AI 創新的「飛輪」示意圖

業務的情況，制定有效的智慧化策略，然後堅決執行。要賦予執行者足夠的權力，然後透過有效的策略分解，把智慧化落實到具體業務上。

接下來，我們不妨以「工作引擎」模式，來分解 AI 策略的落實步驟。首先，要根據 AI 浪潮的推進方向，重新整理企業的定位，根據企業要在 AI 時代抓住的機會，設置新的發展方向，確定嶄新的使命和願景。其次，根據企業新的定位，制定出智慧化策略藍圖。這需要企業領導階層對公司在即將到來的 AI 浪潮中的願景進行定位，針對「進入什麼領域？」和「退出什麼領域？」做出取捨，進行投注。

在制定「進出」決策時，要遵循一定的原則。矽谷諮詢專家傑佛瑞・摩爾（Geoffrey Moore）的階層結構框架，就是評估 AI 浪潮一個很好的例子，其中關鍵是進入高成長類

別、跳出低成長類別。AI 浪潮將會創造出擁有巨大成長潛力的嶄新類別，例如無人駕駛汽車、機器人、回聲設備、對話系統；同時，AI 也可能對某些產業造成阻礙，因為新的由人工智慧驅動的產品，可以使用某些方式取代原來的在位者，例如新的人工智慧硬體＋軟體堆疊（software stack, SW stack）可以使根據舊的硬體堆疊（hardware stack, HW stack）的投資受損。此時，一個良好的做法是制定一份完整列表，包含新的高成長類別、重新成長類別和逆風類別，以便領導階層做出系統性和原則性的決定。

接著是區分產品的出發點，例如：產品是否「具有價值、無與倫比」。需要強調的是，在 AI 時代，企業能否保持差異化，關鍵在於是否擁有獨特的數據資產，因為它帶來獨特的知識。

下一步就是理解不確定性、風險／報酬和時間表，以進行投注和管理發展進程。「地平線模型」是一個良好的框架，可以用於制定決策和組織投資組合。大致做法如下：在 H1 時段（未來 18 個月）圍繞目前的核心業務展開；在 H2 時段（未來 18 ～ 36 個月）投資於創造盈利引擎；在 H3 時段（未來 36 個月＋）致力於具有更大潛力、但風險更高的長期投注。

AI 浪潮提供了一個非常豐富的 H2 和 H3 時段的機會，一些 AI 投資甚至有助於提升 H1 時段。總而言之，目前的

AI 處於非常早期的階段，有很多未知數和不確定性。想要真正深入理解人工智慧，有原則性、務實做出決定就非常重要。

在企業 AI 策略的執行階段，首先要堅持「結構完整性」的原則，即在產品體驗、技術架構與商業模式上要連貫一致。如果你正朝著智慧計算系統主從式架構（Client-server model）的方向改變，或者投資於「自治系統」（Autonomous system, AS），那麼技術決策就需要與產品和商業決策同步。其次，是企業要緊跟著 AI 浪潮的技術路線圖，與當前飛速發展的深度學習技術同步，這是必不可少的。

對 AI 產業的領軍企業而言，需要能夠改變世界的願景、世界級的技術遠見、強大的科研團隊和研究議程，這些都需要和企業願景 AI 技術的呈現與產品開發一致。諸如 DeepMind、谷歌、百度和一些積極進取的先驅企業，都展現出這個共同模式。

在這個階段，更新研究機制也是必不可少的步驟，因為在傳統上 IT 產業與學術界，並不擅長將研究成果商業化。最近的 OtherLab、OpenAI 和其他一些 AI 新創公司，正在積極招聘研究團隊，這是一股新的趨勢。有許多工作需要各類組織，包括大學、早期生態系統、大型企業、培訓和研發機構等，合作制定出結構化與可永續的解決方案。

投資力度是企業亟須考量的重要因素，隨著 AI 革命的

不斷深入，人才爭奪戰不斷升級，導致發展人工智慧的成本不斷提高。一些新創公司能夠籌集到大量資金，是因為長期的投資報酬非常巨大（高風險／高報酬）。制定投資規劃的關鍵，在於排列資源的優先次序，以及　項能夠反映 AI 風險深思熟慮的決策過程。

在所有客觀條件逐漸匯聚了之後，人才就成為決定性的因素，其中領導才能是一項深遠且難得的要素。鑒於 AI 浪潮根據的核心技術與以往的完全不同（以神經計算為核心），它需要高階管理團隊的高階管理能力。同時，由 AI 驅動的新興產業是如此多樣化和跨學科──從基因學到機器人，几是你想得到的都有──因此，企業需要一個具備創新精神的人，但這其實並不容易，因為今天的社會生活在很多領域都是非常專業化的。微軟研究院首席研究員比爾・巴克斯頓（Bill Buxton）提供了解決方案，為高級管理階層建立了一支充滿創新精神的團隊。

值得一提的是，AI 創新飛輪的核心是「數據─知識─使用者經驗─新的數據」的回饋循環。優化這個回饋循環的容量和速度，是規劃中非常重要的一環。最後，要強調的是，居於策略核心的，是根據現況和推斷積極設定目標，並且展開可實現目標的行動。

發展 AI 需要什麼樣的宏觀環境？

企業與科研機構的工作，離不開良好的宏觀環境，正如中國大腦計劃是對國家整體層面 AI 基礎設施的呼喚。迎接 AI 時代的到來，也需要政府透過宏觀規劃來耕耘適宜的土壤。

第一，要確保數據的獲取途徑暢通。數據逐漸成為很多組織的策略資產，可被視為一種新型的「自然資源」。特別是對政府而言，可以透過政策的制定獲取數據並公開，以此激發更多創新。

第二，要有開放原始碼的工具和平台。AI 浪潮需要一個新的矽＋軟體堆疊，在早期這類似 PaddlePaddle 這樣的開放原始碼工具和平台，能被開發者和創新者使用是非常重要的。展望未來，我們需要不斷地降低參與障礙，讓系統使用更多工具和模組，就像亞馬遜雲端服務（Amazon Web Services, AWS）讓運算變得更容易一樣，一些 AI 服務也能讓人更容易獲取 AI 技術。

第三，創新者可以迅速將產品的市場條件和政策體系培育給使用者，這也是非常重要的，因為 AI 創新的飛輪需要「數據—知識—使用者經驗—新的數據」的快速回饋循環。

第四，鼓勵永續的應用性研究。在 AI 浪潮初起的階段，永續的應用研究，特別是開發可從數據中獲取知識、創造智慧體驗的機器學習演算法，是這個變革飛輪的核心。在

這個階段，所有 AI 企業努力的重要組成部分，就是擁有永續的應用研究。

第五，前述這幾點勢必會引出人才的問題，教育和培訓出更多可以設計、實現機器學習演算法，並成為數據科學家的人，才是一項關鍵要素。

最後，透過新的結構化方法，把公共世界的資訊和知識，變成有組織的素材、可以取用，這對很多企業的 AI 創新至關重要。

智能社會的文化和長期管理

這一波的 AI 浪潮，需要幾十年才能夠充分發揮作用。凡是雄心壯志、改變世界的投注，都需要足夠長期的投資。所以，有目標的長期管理在 AI 浪潮中扮演了重要角色，這將是一種遍及全社會的商業和管理文化的變革。

其體而言，這需要執政者建立並獲取一個更大的「許可信封」，使管理團隊有較長的時間範圍來培育大賭注──通常是從 0 到 1 的賭注類型。這也日益成為高層領導任期職權的一個重要環節，馬斯克就曾經說過：「如果創新失敗，不應該受到懲罰。」

對那些受到 AI 浪潮影響而需要進入新格局的公司，整個組織的更新和改造非常關鍵，而高層領導團隊需要面對和管理這種變革。與長期管理相關的一項因素，就是創造新的

組織結構，使其成熟，才容易適應 AI 所帶來的改變。谷歌重組後的「傘形公司」*（umbrella company）Alphabet，就是其中一個最早的嘗試。在這方面，中國企業的管理創新，做得比美國的更多。

另外，文化是一個組織的持久力量，能超越幾代的領導力和商業活動。對許多成熟的企業（如谷歌、百度），加入 AI 浪潮代表一項重大挑戰，需要獲取新的人才、新型技術專利，並且創造出相應的新文化。保持積極主動、有耐心且執著，是極為重要的，因為文化轉型是一家成熟企業最具挑戰性的工作之一。另外，需要一提的是，相較於學習人工智慧的新方法，更困難的在於忘卻舊模式的工作方法。由於我們正處於 AI 浪潮發展的初始階段，招聘與維護人工智慧領域的專家，對管理者來說是非常重要的。

整體來說，有目的地進行長期管理，不僅僅是抓住 AI 浪潮的關鍵，也是抓住任何重要機會的關鍵。如何調整結構，以吸引到更多的資金和人才，並且挹注更多改變遊戲格局的賭注，對企業領袖來說都是一項有趣且極富挑戰的工作。光是面對更深刻、更有趣、更具挑戰性的問題本身，就是人類進步的象徵。

---

* 指以投資與被投資關係建立的具有獨立法人地位的公司。這種公司猶如一把打開的傘，一把傘下網羅了眾多參股公司。

AI 技術目前的發展

人工智慧、深度學習領域，每天都有新研究和新文章問世。現在有點像是文藝復興時代，所有的科學都在變。科學的真諦就是觀察世界、總結知識，而人類現在觀察世界的能力愈來愈強，一旦選好觀察角度，套用深度學習的演算法，嶄新的知識很快就出來了。

現在不光是物理學、生物學、材料學……每個科學領域都在拚命往前走，走的速度很快。所以，總體而言，人類目前處於一個突飛猛進的狀態。讓我們再次把頭腦放到雲端，以量子計算作為本章的結尾。

我們注意到人工智慧和神經計算架構之間非常有趣的連結，這兩個架構都採用分散式、呈現超大向量，基本運算都是線性代數，而不是布林代數。它告訴我們，人類大腦和物理性質的計算方式相似，甚至有科學家提出，人類大腦的運作原理與量子物理、量子計算理論、量子計算演算法類似。

關於量子計算和人工智慧的結合，我們看到微軟、谷歌建立了量子人工智慧實驗室，中國也有這方面的專案。量子計算不是一個「該不該有？」的問題，而是一個「什麼時候有？」的問題，一定會發生。至於什麼時候發生？大家有不同的想法，可能是五年，甚至在五年內，就會出現早期的量子機器。

　　為什麼量子計算這麼重要？因為量子計算與人工智慧有本質上的關係。量子計算的核心，就是利用量子的疊加狀態。量子有一個能力狀態的變化，就是加上一定的能量以後會改變狀態。不同於現在的 0 或 1 電腦位元，一個時間只有一個狀態，量子的疊加狀態特性可以在同一時間有四個狀態，計算能力呈倍數上升。

　　好處就是透過量子計算，可以解決很多數據問題。以前的辦法就是數字分解，例如資料加密和解密，通通要用質數分解。質數分解是非常難的，給你一個很大的數字，用一般的演算法，算到地球毀滅可能也算不出來，但是用了量子演算法以後，很快就能算出來了。未來，運用量子演算法做機器學習是很自然的，硬體也連帶著一定要革新，因為現在的硬體都是以布林代數為主，而深度學習的核心計算是不同的，是矩陣和張量（tensor）的計算，不是 0 和 1 的計算，而且一定要進行微分運算。量子計算也是一模一樣的，每個量子改變能級的時候，就是一個矩陣和張量的計算關係。大自然其實就是這樣計算的，人腦也是一樣。物理學家馬修・費希爾（Matthew Fisher）、潘建偉、朱清時等人都認為，意識的本質就是量子糾纏（quantum entanglement）。

　　2007 年，《自然》（*Nature*）雜誌發表了加州大學柏克萊分校葛拉漢・弗萊明（Graham Fleming）領導的實驗室的成果，他們利用飛秒雷射技術，在極短的時間內，向光合作用

複合物上照射雷射，結果發現複合物上彷彿鼓點般的光回波，這意味著光子的能量不是透過單一路徑傳入反應中心的，而是利用量子相干性同時從所有可能路徑進行傳遞，進而證明量子效應在葉綠素光合作用中，發揮了不可替代的作用。這種鼓點般的量子回波，正是大自然與人類智慧之光的映射。量子效應在生物體上的發現，大大鼓舞了人類對量子計算和人機結合的新探索。

雖然量子電腦還沒有實現，但是很多人已經在思考，假設有了量子電腦，該如何用來做機器學習？這個領域已經有很多新近的文章和研究成果出來。假設十年後量子電腦出來了，它會對 AI 產業帶來一個根本上的改變，因為量子計算與人工智慧、深度學習的核心計算是徹底吻合的。我們現在實際上是走了一條彎路，任何演算法都要把它變成是布林代數，用 0、1 來模擬一個微分方程。

量子計算和 DNA 計算的規模和能量，將遠遠超出今天以矽晶片為基礎的運算能力。隨著工程技術的進步，我們即將迎來全新的計算體驗（如量子化學和量子材料）。相關應用也廣泛無比，首先落實的可能就在最古老的農業，參考前文光合作用的例子，就會知道植物也在計算，以後農作物都可能用電腦來計算和設計。所以，量子計算對整個社會而言，可能是一波超級改變，很可能就此引領人類文明的長河，走向徹底數位化。

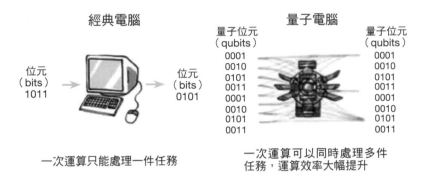

經典電腦與量子電腦
（資料來源：www.zwzyzx.com/show-336-227290-1.html）

　　總之，量子計算不是玄學，而是「知道更多，做到更多，體驗更多」這個人類進步規律的未來。在這方面，無論多大的想像力都不夠。我們要敢於想像，同時堅持立足大地。三十年前，陸奇在畢業紀念冊上寫下「這顆電腦科學皇冠上的明珠，非君莫屬」，我們這一代人做不到，下一代人繼續努力，這是「大寫的人類」不變的夢想。

03

在大數據與深
度學習中蝶化
的人工智慧

在歷史的重複中變化

談論數據的時候，我們在談什麼呢？在大部分人的日常印象中，「數據」這個詞彙所代表的，可能是每月水、電、瓦斯帳單上的數字，或是股票 K 線圖上的紅綠指數，還有可能是電腦檔案裡那一大堆看不懂的程式原始碼。

人工智慧眼中的數據含義，遠比前述這些廣泛。數據的存在形式隨著人類文明發展不斷改變，從最初的聲音、文字、圖畫和數字，到電子時代的每一張圖像、每一段語音、每一支影片，再到如今互聯網時代人類的每一次滑鼠點擊、每一次手指滑動螢幕，乃至每一次的心跳和呼吸，甚至還包括經濟生產中一切的人機動作和軌跡，皆已經融入數據流中。

不管是浩瀚、永恆的重力波，還是複雜、細微的DNA，人類今日已經能將各種宏大或微小的事物轉化為數據紀錄，變成生活的一部分。數據已經浸染我們生活的每一個細節，就好比生物學家認為人體組織的一半是由微生物所組成；在數位時代，我們生活的一半已然是數據。

歷史總是螺旋式前進。且讓我們回溯過去，遠在人工智慧誕生之前，人類在漫長的歲月中，也踐行著對於數據的發掘、計算和利用。

五千多年前，古埃及人就透過觀測、記錄星象的位置總

結出規律：每年當天狼星清晨出現在東方地平線上時，尼羅河便開始氾濫。他們照此制訂農業耕作的計劃，並總結這個週期的進行，確定了一年 365 天的太陽曆。遙遠的天狼星與地球並無任何因果關係，只是剛好它出現在那個位置的時候，正好地球運轉到一定的節氣，而這正是大數據時代相關性計算的前身。

四千多年前，在今天英國的土地上出現了巨石陣——每塊重達 50 噸的大石頭組成了一個圓陣。這是一塊原始鐘錶，夏至的時候，它的土軸線、通往石柱的古道和早晨的第一縷陽光，就曾處在同一條直線上；往相反的方向，冬至日的最後一縷陽光也會穿過石門。古人用笨重的石頭儀表，點燃了數據測量的曙光。和中國的日晷一樣，這便是最早的資料視覺化（data visualization）技術。

兩千多年前，集古希臘天文學之大成的克勞狄烏斯·托勒密（Claudius Ptolemy）研究天地運動得出三大定律，為天文學打下基礎。他的方法很有趣，一言以蔽之，是錯誤的方法裡蘊藏著正確的思路。原本，他誤以為天體運動的軌跡是圓形，實際上天體是以橢圓軌跡運行的。為了強行用「圓」函數來表達天體的實際運動曲線，他採用多個圓形的嵌套運動模擬出天體運動。他模擬天象使用的嵌套圓圈多達 40 個，相當於用多個圓運動函數來擬合成一個總體函數，這已經有了最早的擬合函數思想。

英國巨石陣

　　什麼是擬合函數？當數據很多的時候，我們可以把數據想像為一個坐標系中分布的很多點。如何尋找一個函數，使其曲線能夠穿越盡可能多的點呢？如果這些點分布得很規律，例如呈現線性分布，就可以用線性方程式描述。

　　如果分布點形成一個拋物線狀，那麼函數也很容易得到，就是 $X2=2py$ 的形式。但是，如果這些數據點分布看上去很不規則時，就很難找到一個單一函數。現代人想到用多個函數疊加的方法，模擬出一個總體的函數。調節每一個函

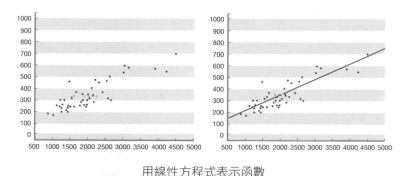

用線性方程式表示函數

注：左圖中分布的點可以用右圖 y=ax+b 形式的線性函數來近似表達。

數的權重，從而能讓疊加函數曲線盡可能多地穿過這些點。托勒密記錄了大量天體運動的數據，然後嘗試用疊加多個圓函數的方法，模擬出橢圓軌跡的函數，才能囊括他記錄的全部數據。擬合函數方法適合從大量離散的數據紀錄中尋找規律，而這正是今天人工智慧的基礎，機器學習的基本數學方法。由此可見，今日的很多基本數學方法古人已有，只是囿於能力，無法盡情應用。

今天，人類可以用數值繪圖還原歷史，即便在《當個創世神》（Minecraft）這款遊戲中，電腦已經可以計算出每塊磚瓦的角度、長度，將幾千年前的古城牆，以完美的 3D 圖像重現。那一刻，你會覺得重新連結所有古埃及、古希臘、古中國的壯麗歷史，但是比起在那些宮殿中早已褪色的金冠銀帶，古人使用數據的智慧，或許才是人類最寶貴的傳承。

數據文明在進步，但大多數人還處於數據的懵懂之中。

在日常生活中，我們對數據的概念既親近又陌生。覺得親近，是因為每個人從小就會接觸加減乘除之類最基本的數字和算法。步入社會後，不管從事什麼職業，我們這一生也免不了和各種檔案、報表或帳單打交道。與此同時，每當面對高科技產品中各種關於記憶體、解析度等時髦又複雜的數據時，我們又益發覺得不了解它們，甚至沒有意識到它們的存在。隨著大數據、機器演算法和人工智慧的理念相繼到來，這種陌生感益發加深。

那麼，數據生活距離我們遙遠了嗎？正好相反，在新的技術條件下，數據與我們日常生活的聯繫程度，從未如此緊密過。我們的祖先很久以前就學會有條理地儲存資料，但是從未像今天的我們一樣，如此活躍、具體地記錄著自己和這個世界。

從最初的計算器、鏡頭，到家用電腦、智慧手機，再到大數據和人工智慧，我們不斷升級蒐集和利用數據的方式。現在，從一輛車的每日碳排放量統計，到全球氣溫的監測；從對每個人在網路上發言喜好的分析，到對總統選舉時投票趨勢的預測；從預測一檔股票的漲跌幅度，到觀察、評估整個經濟系統的發展，我們都可以做得到。數據將人與人、人與世界連結起來，構成一張繁密的網絡，每個人都在影響世界，每個人也受到他人影響。這種從微觀到宏觀的辯證關係，就如同在全人類身上發生的量子力學現象，其中孕育著

解答無數問題的真理。傳統的統計方法，已經無法處理這種相互影響的數據，所以該怎麼辦？答案是讓機器自己來處理數據，從數據中習得知識，這便是當代人工智慧的本質。

　　早在六十年前，人工智慧就已經被科學家當作一門嚴肅的科學來研究。即便普通老百姓都對人工智慧興趣盎然，但人工智慧在二戰後人類科技高速發展的幾十年間卻鮮有突破。直到今天，我們才突然發現各種人工智慧的概念，宛如雨後春筍般冒出來，以大數據、AlphaGo、無人車等新面貌，闖入我們的生活中。

　　如果把人工智慧的技術，比喻成一顆早產的心臟，那麼它曾經患有兩個先天不足：一是在互聯網爆發之前，研究人工智慧所能調用的數據量太少，這是「供血不足」；二是硬體上的不足，導致缺乏解決複雜問題的運算能力，這是圖像辨識的「心力不足」。數據如同血液，硬體如同血管，直到互聯網應用突飛猛進，電腦的運算能力平均每年倍增，而且運算架構出現革命性的變化，這兩個先天問題才迎刃而解。奔湧的數據血液進入物理身體的每一個角落，圖像辨識、語音辨識、自然語言處理……睜開了眼睛、豎起了耳朵、張開了嘴巴，機器之心活起來了！

大數據——萬物皆數

　　數據已經深深「浸入」我們的生活中，電腦、智慧手機、

各種智慧家居用品，貼身蒐集著我們的一言一行，透過過計算建模愈來愈了解我們，使得看新聞、運動健身、吃飯、聽歌、叫車等最簡單的日常活動，都成為一次次隆重的數據盛典。

一部智慧手機一天之內就可以為它的主人產生 1G 的數據，這大概是 13 套《二十四史》的總容量。簡而言之，我們每天都在用數據書寫自己浩瀚的「生活史」。

與傳統意義上的數據紀錄定義不同，這種數據是有「生命」的。這種紀錄不是客觀又絕對的數學測量，也不是一板一眼的歷史寫作，更像是我們身體的一種自然延伸：傾聽著我們的聲音、拓寬了我們的視野、加深了我們的記憶，甚至組成一個以數據形式存在的「我」。如果說，智慧手機已經成為人類的新器官，那麼數據就是這個新器官所接收到的「第六感」，而處理這種「第六感」的新大腦，正是冉冉升起的人工智慧。

既然人類運用數據已久，而且自工業革命以來，數據經歷過一次又一次的爆發，何以近年來才出現「大數據」的概念？只是因為能夠記錄和計算的數據量更多而已嗎？自然數可以無限數下去，1、2、3、4……以至於無窮，但是光「多」是不夠的，還必須具備幾大特徵：

- 第一，大數據的「大」。毋庸置疑，這個「大」

相對於人類傳統資料的儲存方式，不是一個量級上的大小之分，而是呈現出等比級數的差距。想想百度地圖上每日 720 億次的定位請求，再想想互聯網上每天有多少次點擊、社群媒體上每天有多少文字和圖片發出……各種大數據平台一天內蒐集到的資料量，就可以超越人類幾千年來文字與圖像的總和。

• 第二，大數據的另一個重要特點是多面向。多面向代表著大數據可以對一個事物進行多方位的描述，從而更準確。

在電影《神鬼認證》（*The Bourne Identity*）中，出現過一家大數據公司，能夠根據互聯網資料、交通資料、歷史檔案等各種面向的資料，幫助美國中央情報局（CIA）迅速追蹤和定位嫌犯。在現實中，美國的帕蘭泰爾科技公司（Palantir Technologies, Inc.），便是如此幫助美國政府追蹤奧薩瑪·賓·拉登（Osama bin Laden），提供反恐資訊和社會危機預警。他們更常見的業務，就是識破金融詐騙。

以金融徵信應用爲例，傳統金融機構在進行徵信時，一般蒐集二十個面向左右的資料，主要包括年齡、收入、學歷、職業、房產與車產、借貸情況等。然後，進行綜合評分來鑑定客戶的還款能力和還款意願，進而決定信貸額度。

　　互聯網公司採用大數據方法，所獲得的面向能讓傳統銀行大吃一驚。在中國，百度、阿里巴巴和騰訊，都開設了自己的金融服務，因為這三家公司擁有全面且龐大的用戶資料，可以查詢客戶的各種線上紀錄，例如：是否有批量申請貸款等異常行為，還可以將客戶資訊與互聯網全域資訊進行比對，透過欺詐行為模式的比對來分析可信度。此外，也可以分析客戶的消費行為和習慣，結合填報收入分析還款能力如何。當然，基於客戶的隱私，這些資料都不會被公開，用戶所能感受到的便利，就是徵信排隊時間極大幅度地縮短了，因為大數據可以在幾秒鐘內，就針對申請者超過一萬筆的原始資訊進行調取和審核，迅速核對數萬個指標面向。

　　對一個陌生人進行徵信，就好比「盲人摸象」般，傳統方法是透過二十個「盲人」去評估一個客戶的信用「大象」，這注定是有缺陷的。而大數據的多面向，就如同幾萬人同時「摸象」，再匯總這幾萬人的回饋。面向愈多，結果就愈準確。

• 第三，處理非結構化資料的能力。結構化資料中最基本的數字、符號等，可以用固定的欄位、長短和邏輯結構保存在資料庫中，並且用資料表的形式呈現（試想一下最常見的 Excel 表格），處理上非

常方便。但是，互聯網時代產生了大量非結構化資料，對於圖片、影片、音訊等內容，它們的資料量巨大，卻沒有清晰的結構。對於圖像資料，我們只能理解為一個 2D 陣列上的無數像素點。非結構化資料的成長量很快，據推測，將占據未來十年新生資料總量的 90％。而大數據技術可以透過圖像辨識、語音辨識、自然語言分析等技術，計算、分析大量非結構化資料，大大提升了數據維度。

　　非結構化資料的數量遠超過結構化資料，蘊含巨大能量，應用前景廣闊。舉例來說，在機場等公共場合進行個人身分檢查，過去只能根據旅客提供的身分資訊這個主要面向來判斷身分。在人臉辨識、語音辨識等技術應用成熟了之後，大數據可以直接透過攝像快速比對、審核，增加對個人身分判斷的面向，進行既精確又高效的安全檢查。

• 第四，大數據是生生不息的「流」，具有時間性，過去了就不再回來，就像人類無法踏入同一條河流。一方面是因為數據量太龐大，無法全部儲存；另一方面是大數據和人類生生不息的行動相關，瞬息萬變。百度大數據實驗室因此提出了一個概念，叫作「時空大數據」。

　　地圖就是時空大數據之母。百度地圖有一項路

段壅堵的預警功能，如果前方路段暢通會顯示爲綠色，壅堵則顯示爲紅色，提醒用路人選擇其他路線。這是我們與數據互動的一個簡明例子。如果我們有 A、B 兩條路線可以選擇，此時 A 路線壅堵、B 路線暢通，那麼我們都會選擇 B 路線。但是，當愈來愈多的車主選擇了 B 路線之後，B 路線將變成壅堵，A 路線會變得暢通。此消彼長，變化萬千。

依靠智慧手機的定位功能，百度地圖可以即時更改當前的路況監測結果，精確告訴每個位置的使用者當前面對的路況。透過資料視覺化技術和各種評估手段，可以描繪一座城市的日常脈動，例如上下班的人流數據變化，彷彿城市在吞吐呼吸。除了被記錄下來的，更多數據只在當時有效。想把數據全部儲存下來是不可能的，因爲需要的硬碟可能連整座城市的地皮都堆不下，只能即時應用，用過就消失。

與時間數據博弈，是富有挑戰性的工作。2016年 11 月，百度正式連上中國「公安部兒童失蹤資訊緊急發布平台」，每當有兒童失蹤事件發生時，百度地圖和手機百度就會把失蹤兒童的姓名、面貌特徵、失蹤時間等重要資訊，精準推送給失蹤地點周邊的使用者，使用者可以第一時間參與協尋失蹤

兒童。在尋回失蹤兒童之後，百度地圖和手機百度
也會即時更新結案標誌，讓社會各界人士隨時了解
進展。只要能夠將資訊早一秒鐘提供給使用者，就
能為焦慮中的家庭帶來多一分的希望。

• 最後一點，也是最重要的，大數據的「大」，表
現為無盡的重複。對語音辨識而言，正因為人類會
重複講述同樣的語句，機器透過反覆辨識這些人類
語音的細微差別，才能全面掌握人類語音。也正因
為人們周而復始的運動，才能讓系統捕捉城市運動
的規律。「重複」的數學意義是「窮舉」
（exhaustion）。以往，人類無法透過窮舉法來把握
一件事情的規律，只能採用「取樣」來估計，或是
透過觀察用簡單明瞭的函數來代表事物規律，但是
大數據讓窮舉法這種「笨辦法」變得可能了。

　　量變促成質變，在機器智慧領域，數據量的大小和處理
速度的快慢，可以直接決定 AI 水準的高低。谷歌透過數據
量提升翻譯品質的故事，早已不是祕密。2005 年，美國國
家標準技術研究所（National Institute of Standards and
Technology, NIST）如往年一樣，舉辦了機器翻譯軟體評測。
許多大學機構和大公司，都從美國政府申請了研究機器翻譯
的科研經費，這些機構需要參與這個評測，而沒有獲得政府

資助的團隊或公司也可以自願加入，谷歌就是後者。參與評測的還包括 IBM、德國亞琛工業大學（RWTH Aachen University）等多家機器翻譯界的老牌公司，個個實力雄厚，在機器翻譯領域深耕多年，只有谷歌是初出茅廬。

然而，評測結果竟然讓眾人都跌破了眼鏡：谷歌贏得第一名，而且得分遠遠高於其他團隊。在中譯英這個項目，谷歌的表現達到 51.37％的 BLEU 分數，第二名和第三名的公司僅達到 34.03％和 22.57％。最後，谷歌公布了自己的祕訣，那就是運用更多的數據！不是只比其他團隊多個一、兩倍，而是多出上萬倍的數據！因為谷歌可以透過搜尋引擎，蒐集到網路上人類給出的海量雙語語料，同樣一句中文會有很多人提供譯法，而電腦就透過這種重複，統計出最常用的譯法。在並未更改其他主要方法的情況下，僅僅依靠資料樣本的增加，就訓練、改造出超越其他機器翻譯一個時代的產品。谷歌能贏，實際上就是因為「窮舉」的能力超越別人。

谷歌、百度這一類互聯網企業的數據優勢是全方位的，除了翻譯，還很輕易就能複製到其他領域，如語音辨識與圖像辨識。百度的「為你寫詩」是一款小遊戲，同樣結合了大數據和人工智慧。百度主任架構師、機器翻譯技術負責人何中軍表示，傳統的寫詩軟體一般運用統計模型，根據給定的關鍵字生成第一句詩句，然後再生成第二句，不斷重複這個過程，直到全詩生成完畢。而百度寫詩的做法如下：使用者

手機百度「為你寫詩」生成的七言詩

可以輸入任意詞語或句子，系統結合百度搜尋引擎中的大數據，對使用者的陳述進行深度分析與聯想，衍生出相關度較高的主題關鍵字。

　　使用者隨便輸入一個詞或一句話，比如「西湖」，百度寫詩系統透過對大量詩歌散文資料的分析，得出一首描寫「西湖」的詩歌應該包含哪些主題詞彙。對於「西湖」來說，得到的主題詞彙可能有「斷橋殘雪」、「煙雨」、「垂柳」等。

接下來，再利用深度神經網路技術，根據每個主題詞彙生成一句詩。這些主題詞彙就相當於人類寫作時經常用到的提綱，根據提綱來創作，可以保證全詩在意境上是統一的，而且前後詩句的內容在邏輯上也是順暢的。

之前，大家都說機器寫的詩看起來每句話都還不錯，但是整體意境不夠，現在已經能夠有效彌補了。對於每一句詩歌的生成，運用到機器翻譯技術。對詩歌的第一句進行「翻譯」，得到第二句詩；再對第二句進行「翻譯」，得到第三句，以此類推。我們用「西湖」作為關鍵字輸入，「為你寫詩」生成的七言詩意境優美、邏輯通暢。

運用大數據創造出熱門商品

人類在科技產品的嬌慣下，口味日漸挑剔，大數據能從一堆枯燥無味的選擇中，給出一抹亮眼的色彩。以前，電視機不會回應我們的喜怒哀樂，但現在成熟的影音網站，正在耐心、仔細地蒐集著眾人的每一種反饋，不管是收藏或下載、關閉或快轉，都一一記錄著，然後利用大數據計算出我們的喜好、消費能力等各種指標。

美劇《紙牌屋》（*House of Cards*）風靡一時，劇中政客們角力，劇後則是大數據在下著一盤看不見的大棋。出品人為美國著名的網路電視公司 Netflix（網飛），它深諳大數據分析的妙處，除了前文中提到的使用者行為，還會盡力蒐集

觀看時段、觀看設備、觀看人數和場景，分析觀眾喜歡的劇情發展、導演是誰等。透過大數據的分析，他們斷定《紙牌屋》的題材會爆紅，於是從 BBC（英國廣播公司）手中，高價購買了翻拍版權，並且預測凱文・史貝西（Kevin Spacey）是最合適的主演人選。最後，結果證明 Netflix 對《紙牌屋》的押注完全正確。當我們在螢幕前感嘆史貝西所扮演的總統擁有掌控一切的智慧時，卻沒有意識到「大數據總統」的威力。

現實中，美國新任總統川普，就是一位充分利用大數據競選的候選人。根據彭博（Bloomberg）等媒體報導，他的技術團隊透過臉書、推特等平台上的用戶公開資料，例如按讚、分享、收藏等行為，精準描繪選民圖像，向他們發送量身訂製的競選廣告。甚至就連川普的每條推文、每則臉書 po 文，都是有針對性的，針對不同網民曝光不同內容。

透過大數據對使用者進行精準的人物誌（personas），也是百度大腦擅長的領域。2016 年十分火紅的電影《魔獸：崛起》（*Warcraft*），出品方傳奇影業（Legendary Pictures）與百度大腦合作，根據對百度海量用戶的分析，將電影廣告精準推薦給潛在觀眾。雖然這部電影在北美市場的票房不佳，但在中國人賣了 2.21 億美元。當魔獸粉絲在影院裡高喊「為了部落！」時，也許正是大數據悄悄賦予了他們原力。

中國人都說「民以食為天」，比起挑選電影，如何「吃

好」更是全民關心的熱門話題。2013 年，百度發布了一個
「中國十大『吃貨』省市排行榜」，讓網民樂此不疲。這個榜
單利用「百度知道」和「百度搜尋」的大數據，根據網民高
達 7,700 萬筆關於「吃」的問答，總結出各地不同的飲食習
慣和特色。

這項調查從海量數據中挖掘出不少有趣的現象：有多達
30 萬人問過「吃什麼水果減肥最快？」，看來有許多網友在
吃的同時，還不忘顧及身材；「昨晚還活著的螃蟹死了，還
能吃嗎？」這個問題，有高達 6 萬條回覆，看得出中國「吃
貨」對螃蟹的熱情特別高。當然，更多的還是諸如「XX 能
吃嗎？」、「XX 怎麼吃？」這類的日常問題，光是「菠菜和
豆腐能不能一起吃？」，就引發了無數討論。

這些問題數量龐大，而且看似混亂、重複，但重複正是
大數據的妙處，大數據可以從中捕捉到更深刻的洞察。比方
說，福建、廣東地區的網友，經常會問某種蟲是否可以吃的
問題，而西北地區的網友則是對海鮮的吃法頗感疑惑。不同
用戶關心的食材和做法各不相同，百度大數據正是從中歸納
出各省市的「吃貨」屬性。在這背後，大數據考量了網友的
地理位置、提問回答的時間、問題中關於吃法或做法等資
訊，甚至將網友們使用的手機品牌等各種面向，都納入計算
當中。

除了對人類關注資訊的描摹，大數據甚至在建構我們的

身體。現在，許多人都十分熟悉的運動手環，就是透過蒐集我們日常運動作息的數據，例如：行走步數、消耗的卡路里、睡眠時間長度等，來分析我們的健康狀況，並且提出建議。更進一步，未來我們可以將個人數據上傳，透過大數據檢測我們罹患各種疾病的可能性或潛在威脅，更完善地預防疾病。

關於生活中的大數據應用有許多例子，我們現在用到的絕大部分成熟的互聯網產品，無論是電腦或智慧手機，背後或多或少都有大數據的身影。當我們理所當然地使用這些服務時，就已經邀請大數據進入我們的生活。它默默地注視著我們生活中的每項細節，潛移默化地鼓勵和勸告我們做出選擇，強化了我們的各種角色。

突破：機器學習與人工智慧

1950 年，艾倫・圖靈（Alan Mathison Turing）創造了一個針對機器的測試方法，即後來大名鼎鼎的「圖靈測試」。這位充滿傳奇色彩的科學家認為，如果一台機器能夠與人類展開對話（透過電傳設備）而不被辨別出其機器身分，那麼就可以認定這台機器具有人工智慧。這個定義使圖靈能夠令人信服地說明「思考的機器」是可能的，而「圖靈測試」直到現在，也被當作判斷人工智慧的重要標準。

這項標準已經暗示了一條新途徑：只要機器表現得像人

類，我們可以不必過分關心機器的運作規則是什麼。有人提出讓機器自己學習規則的辦法，人類不用操心那些規則是什麼。1949 年，加拿大心理學家唐納德・赫布（Donald Olding Hebb）根據神經心理學的學習機制，踏出機器學習的第一步，創造出此後被稱為「赫布學習規則」（Hebbian Learning Rule）的方法。

赫布認為，神經網路的學習過程，發生在神經元之間的突觸部位，突觸的連結強度隨著突觸前後神經元的活動而變化，正確的回饋會讓兩個神經元的聯繫得到強化。這個原理機制類似俄國生理學家巴夫洛夫（Ivan Petrovich Pavlov）的條件反射實驗：每次給狗餵食前都先響鈴，時間一長，狗的神經系統就會將鈴聲和食物聯繫起來。

赫布用一套加權公式來模仿人類的神經網，權重就代表神經元之間聯繫的強弱。赫布給機器創造了一套可以簡單區分事物的方法，對於每項數據，讓決策樹程式做出判斷，判斷對了就獎勵（提高函數的權重），判斷錯了就懲罰（降低函數的權重）。他利用這個方法，創造了一個分類器，可以提取數據集的統計特性，把輸入資訊按照相似程度劃分為若干類。看上去就像人類在觀察某種現象時，會觀察和總結並區分事物，但機器的這種「觀察」，更接近一種透過訓練達成的條件反射，並非像人類那樣思考，重視的是數據中蘊含的相關性關係，而非人類思維中的因果性關係。

　　之後的十幾年間，關於人工智慧的研究益發熱烈，靈感一個接一個湧出。1952 年，IBM 科學家亞瑟・塞繆爾（Arthur Samuel）成功開發出一個可以下得愈來愈好的跳棋程式。他創造了「機器學習」的概念，並且將它定義為「可以提供電腦學習能力，無須逐一明確編寫出程式的研究領域。」

　　1957 年，美國認知心理學家法蘭克・羅森布拉特（Frank Rosenblatt）提出感知器（perceptron）的概念，成為日後發展神經網路和支援向量機（Support Vector Machine, SVM）的基礎。感知器就是一種用演算法構造的「分類器」，是一種線性分類模型，原理就是透過不斷訓練試誤，以期尋找一個合適的超平面把資料分開——超平面可以這樣理解：3D座標空間裡 2D 的形狀稱作平面，能夠劃分 3D 空間。如果數據是多維的，那麼 N 維座標空間裡，N-1 維就是超平面，能夠劃分 N 維空間。就像你把寫著「正確」和「錯誤」的兩堆球輸入進去，感知器可以為你找出這兩堆不同球的分界線。

　　感知器好比在輸入和輸出之間只有一層的神經網路，在面對複雜一點的情況時就力不從心了。比如，當「正確」和「錯誤」的球互相混合的時候，或是出現第三種球的時候，感知器就無法找到那個分類的界線，使得感知器很難在一些即使看似簡單的問題上有所突破。

　　如今，不需要人類輸入規則（程式設計），而是讓機器

自己尋找規則;如此看來,機器就有了自己的智慧。現今的人工智慧便是在機器學習的基礎上發展起來的,只是成長速度受到硬體和方法的限制。如果多台電腦、多個晶片聯網進行機器學習,而且具備多個晶片網路層次,就進入所謂的「深度學習」的範疇。

在 1970 年代末期,傑佛瑞・辛頓教授等人已經發現,如果能夠實現多層的神經網路,就可以逐層遞進,找到模式中的模式,讓電腦自己解決複雜問題。當時,他們開發了「反向傳播」(backpropagation)演算法神經網路,但是多層神經網路的複雜性,也導致對其訓練的難度大大增加,數據不足和硬體計算能力成為掣肘。

從 1960 年代中期到 1970 年代末期,機器學習的發展步伐幾乎處於停滯狀態,這種情況一直到 1980 年代才有好轉。隨著電腦性能的突飛猛進和互聯網的到來,人工智慧研究終於如虎添翼,在 1990 年代,現代機器學習初步成形。

互聯網在 1990 年代投入商用市場,使分散式運算(distributed computing)方法獲得長足發展。超級電腦造價昂貴,而分散式運算技術則發揮了「人多力量大」的優勢,讓多台普通電腦可以協同工作,各自承擔運算任務的一部分,並且匯總結果,效率可勝超級電腦,而且分散式的結構正好適應了日漸增多的數據量。

電腦神經網路生長與深度學習

　　由於傳統人工智慧一味依賴科學家輸入的規則模型，導致它只有在解決一些規則比較清楚的問題時才比較有效，比如 1996 年擊敗西洋棋世界冠軍卡斯帕羅夫的「深藍」（Deep Blue），就是這種類型的人工智慧。當面對辨識一張圖片之類、人類在嬰兒階段就能學會的簡單問題時，這類人工智慧卻無計可施，因為這種認知類問題只有一個模糊概念，沒有簡單、清楚的規則。而電腦神經網路的特點，就是它不需要人類提前告知規則，會自己從海量的基礎數據辨識模式（規則）。

　　顧名思義，神經網路類似人類大腦，由　個個神經元組成，每個神經元和多個其他神經元連結，形成網絡。雖然單個神經元只會解決最簡單的問題，但是組合成一個分層的整體，就可以解決複雜問題。辛頓認為，傳統的機器學習方法只利用了一層晶片網路，在遇到真正複雜的問題時，處理效率就會變得十分低下。深度學習的最核心理念，就是透過增加神經網路的層數來提升效率，將複雜的輸入數據逐層抽象和簡化。也就是說，將複雜的問題分段解決，每一層神經網路就解決每一層的問題，這一層的結果交給下一層做進一步的處理。

　　有一層神經網路，就可以找到簡單的模式；有多層神經

網路，就可以找出模式中的模式。以人臉辨識為例，神經網路的第一層，只專注在邊長幾十個像素之類的圖像區域，從中辨識出一些形狀（形狀就是模式），例如眼睛、鼻子、嘴巴等。然後，再把這些已經辨識出的形狀，交給下一層神經網路，下一層網路在已有的辨識結果裡，又發現了更大的模式，例如眼睛、鼻子、嘴巴可以組合成人臉。如果描述得更數學一點，當下流行的深度神經網路，可分為應對具有空間性分布資料的 CNN（卷積神經網路）和應對具有時間性分布資料的 RNN（Recurrent Neural Network，遞歸神經網路，又稱循環神經網路）。

CNN 往往用於圖像辨識，正如前文描述的，網路的第一層被訓練成可以完成這樣一個「小目標」——辨識圖像中局部的獨立模組，例如一個方塊、一個三角形，或者一隻眼睛等。在這一層，人類輸入大量圖片資料，只為了讓該層神經可以辨別出基本的局部圖形「邊緣」，即一個像素旁邊沒有任何東西。接下來的每一層，都在前一層得出的資訊中，尋找更高層次的模式。這種方法模擬了人眼組合訊息的方式，丟棄次要細節，優先辨識出某種顯著模式。比方說，幾個小塊和一個圓圈合在一起成為一張臉，不論它出現在圖像中的什麼位置，人眼首先會注意到這張臉，而不是平均注意圖像的所有部分。

RNN 則往往用於語音辨識和自然語言處理，因為語音

和語言是一種按照時間分布的資料，下一句的意義和上一句有關。RNN 網路可以記住歷史資訊，假設我們需要開發一個語言模型，用前面的句子可以預測到後面的詞彙，例如置入「I was born in China in 1976. My college major is mathematics. I speak fluent _____.」，這句話的最後一個詞彙顯然是 Chinese（中文）。這對人類來說很簡單，但電腦神經網路需要調取到之前的「China」（中國）資訊才能夠做得到，而這就需要有一種循環設計，使神經網路能夠具有一種時間上的深度。

　　深度神經網路大大優化了機器學習的速度，使 AI 技術獲得突破性的進展。在這個基礎上，圖像辨識、語音辨識、機器翻譯等，都取得了長足的進步。語音輸入比打字快得多，機器翻譯讓我們大致上能看得懂一篇外文資訊，圖像辨識則早已經可以憑藉著一張少年時期的照片，就在一堆成人照片中準確找到這個人，甚至能夠把很模糊的照片恢復成清晰、準確的照片。

　　以深度學習為基礎的人工智慧，和過去的人工智慧原理不同，但與我們所了解的資料探勘（data mining）有著相似的邏輯：先得到結果，反向尋找模式，這個過程被稱作「訓練」。我們用簡單的數學知識，就能夠解釋清楚機器學習、訓練和深度學習的基本思維方式。這個方法堪比數學領域的哥白尼式倒轉，以簡單函數為例，更能夠說明這個倒轉。

　　過去，我們解決數學問題，一般是先知道公式（函數），然後輸入數據，以求出結果。以 $y=ax+b$ 這種類型的函數為例，已知 $y=2x+1$，令 $x=1$，可以求出 $y=3$。這裡 x 就是「輸入」，得到的 y 就是「輸出」。

　　更高階一點的數學能力是知道公式和輸出，要求出輸入值，比如已知 $y=2x+1$，令 $y=5$，求 x。再進階一步，就碰觸到機器學習了。當我們不知道 a、b 這些係數，但是知道 y 和 x 的值，需要把 a 和 b 求出來，也就是已知輸入和輸出，要求出函數係數。在 $y=ax+b$ 這個函數裡，我們只需要知道兩組 x、y 的值，就能夠確認 a 和 b。

　　更進一步，假設我們有一組輸入和輸出資料，但完全不知道函數的形式，又該怎麼辦呢？這就需要構造函數。比如，已知 $x=2$、$y=5$，求 $f(x)$。這在輸入和輸出資料很少的情況下是無法計算的，$f(x)$ 可能是 $2x+1$，也可能是 $1x+3$，甚至是 $x2+1$，以及無數種其他情況。但是，如果 x 和 y 的數量充足，數學家就能透過「逼近計算」方法，不斷地調整公式權重，近似求得這個函數。

　　此時，問題來了，現代生產和生活中所產生的數據，都無比巨大、複雜。如果要從中求得蘊含的函數，就需要非常「高能」。人類的腦力已經無法勝任，但可以把這項工作交給電腦，擬合函數就在這裡大顯神通。深度學習神經網路，模擬了人腦的神經節點，每個節點實際上就是一個函數調節

器，無數函數彼此交叉連接起來。透過數學上的矩陣、優化、正則表達式等各種方法，深度學習過程不斷地調整每個函數係數的權重。在數據充分、構造原理合適的情況下，不斷演化的函數會愈來愈準確地擬合大部分數據，於是我們就可以透過這套函數來預測尚未發生的情況，這個過程就是我們所說的「訓練」。

　　吳恩達在谷歌工作的時候，領導團隊訓練出著名的電腦識貓系統。如果用老式的符號式人工智慧方法來設計程式，那麼人類首先要對貓進行細緻的定義，例如：尖耳朵、圓眼睛、直鬍鬚、四條腿、長尾巴……把這些特徵定義轉化為函數輸入電腦，然後向電腦展示一張圖片，電腦就會分解圖片中不同的元素，然後將這些元素和程式中的規則進行比對。如果符合尖耳朵、圓眼睛、直鬍鬚、四條腿、長尾巴等特徵，那就是一隻貓。

　　而機器學習的方法大相徑庭，科學家不會預先編寫貓的定義，而是讓電腦自己去尋找。科學家只是把圖片大量「餵」給電腦，讓電腦輸出標籤──是貓或不是貓。在辨識貓的神經網路中，有無數的通路，正如人的腦神經一樣，每個通路都會輸出自己的結果，如果答對了，科學家就會給那條通路加權（可以理解成亮綠燈）；答錯了，就降低權重（可以理解成亮紅燈）。經過足夠多的嘗試，例如用 10 萬張各種貓的圖片做測試之後，那些得到加權的神經通路，就組成一個辨

識裝置（一組複雜的函數聯結）。然後，在沒有科學家告知辨識結果的情況下，也可以辨識出新圖片中的貓。訓練數據愈多，這個函數集合就愈複雜，也愈精確。

這就是「監督式學習」（supervised learning）──依賴大量有標籤的數據。吳恩達領導的識貓專案，甚至可以從零開始學習，不依賴標籤就可以辨識出貓。當研究者向神經網路展示了幾百萬張靜態的貓圖片，神經網路自己就獲得了一個穩定的模型，從此就可以和所有兒童一樣，毫不猶豫地辨識出貓臉。吳恩達的博士研究生夸克・維・樂為此撰寫了論文，說明機器學習同樣能夠辨識原始的無標籤數據，並且建立自己的知識模式，意義絕非只在於辨識貓。

二十多年前，凱文・凱利以「蜂群效應」開始了傑出的新科技著作《失控》的敘述。他以此預測了分散式運算等新技術的出現，當時他可能還沒有看到「蜂群效應」中蘊藏的機器學習原理。每一隻蜜蜂的運動都是隨機的，但蜂群總是能夠朝一個方向飛。大量蜜蜂的各自行動（輸入），匯總成一個整體運動（輸出），中間的邏輯（函數）就是「蜂群效應」。電腦神經網路裡的資訊運動，就像超音速飛行的蜂群採集著數據花粉，在牠們看似狂亂的飛舞軌跡中，一張貓的臉龐凸顯出來。百度大腦辨識貓的能力已經遠遠超越人類，甚至能夠精確區分不同種類的貓。

所以，對於人類而言，機器學習往往在自己的「內部」

形成一個「黑箱」。有人警告這種超越人類理解的黑箱會帶來危險，因為我們不知道機器如何思考，以及是否會產生危險思維。不過，在更多時候，深度學習是帶給眾人意想不到的驚喜。

語音辨識與圖像辨識

　　百度語音識別開發團隊的劉洋工程師說過一件趣事：一位語音團隊的成員在家測試語音辨識程式時，無意間清唱了幾句歌詞，然後歌詞竟然被準確辨識出來。這令他著實感到吃驚，其他公司的語音辨識技術都還做不到這件事，而百度團隊也並未針對清唱這種形式做過訓練，更沒有制定過這項目標。系統是如何做到的？他們也不知道，只能說訓練數據達到足夠大的程度，程式在不斷訓練、學習的過程中，自己修得這項令人稱奇的技能。

　　人們對世界的變化往往後知後覺，在沒有深度學習的日子裡，世界似乎也一切正常。只不過，有些看不到的代價，正由一些人默默承受。涉嫌於 2004 年至 2012 年在江蘇、湖南及重慶等地，多次製造血案的連環殺手周克華，十多年間神出鬼沒，為了擒獲他，中國公安部門調集了幾乎所有的影像監視器，想要發現他的蹤跡。在那個時候，公安幹警如何檢索視訊？全靠肉眼去看！幾百、甚至幾千個小時的視訊，就這樣一段段去看，有的幹警甚至累昏在崗位上。而以深度

學習技術為基礎的視覺辨識,將改變這一切。

目前,先進的監視系統背後,都有強大的人工智慧支援。在經過大數據訓練之後,可以瞬間從視訊裡辨識出人臉、車牌、車型等,並且加以語義化,讓人類方便檢索。然後,只要給電腦幾張嫌疑人的照片,神經網路就可以飛快地從海量視訊中,把和嫌疑人有關的鏡頭都找出來供人參考。中國的安防企業宇視科技,就開發了這樣的智慧攝影系統,再結合百度地圖,就可以迅速定位嫌疑人或車輛的行動軌跡。

深度學習在許多使用者看不到的地方,改變了我們的生活。為了採集和維護地圖資訊,需要透過採集車拍攝沿路的圖像。傳統的採集車上要坐兩個人,採集過程分為內部作業和外部作業,外部作業就是要開車出去,把沿途的景物都記錄下來。除了錄影,副駕駛要負責用聲音記錄,每經過一個地方,要錄下聲音說明:前方這裡有一部違規偵測照相機,那裡有一個紅綠燈,這裡是四車道,左轉、直行、右轉……這是傳統的方式,就是一定要把所有看到的景物,透過錄影和聲音的方式記錄下來,然後再把資料儲存寄到資料處理中心。資料處理中心負責內部業務的人員,再一分鐘一分鐘地記錄比對資料,最後把路面上的這些元素在地圖上標識出來,基本上這是一個勞力密集型的工作方式。

百度地圖採集車

　　然而，在應用智慧圖像辨識技術以後，我們先透過深度
學習，訓練機器辨識紅綠燈、車道、違規偵測照相機等路面
元素，之後只需要將沿路拍攝的全景圖像交給機器辨識，就
能得到完整的地圖資訊。這就極大節省了人力，也大幅提高
效率和準確性。

　　深度學習除了軟體演算法，還有一件關於硬體的往事堪
稱佳話。歷史上有很多發明，在後來的應用中都偏離了初
衷。舉例來說，作為炸藥的硝化甘油，可用於心臟病急救；

為了發明戰略物資橡膠的人工合成替代品，結果卻造出黏土……在深度學習領域，GPU 的作用也被改變了。GPU 本來是顯示卡，用來渲染（render）圖像、給圖形計算加速，後來卻成為深度學習的主要硬體。這是因為顯示卡晶片具備比 CPU 更強的浮點運算能力，原本就用於處理圖像這種矩陣數據，非常適合機器學習領域對數據的計算。早期當吳恩達團隊率先使用 GPU 進行機器學習的時候，很多人並不理解，但今日已經成為主流，但最深的往事還是來自搜尋引擎。

搜尋引擎：AI 的命運細線

對於今天的中國網民來說，遇到問題「百度一下」，已經成為一種習慣。與百度今日的影響力和規模相對，百度在 AI 領域的專注，反而引發一些不理解。更專業的疑問是：電商、遊戲、社群、通訊……從 PC 到行動網路設備，無數個趨勢風口過去了，百度為何只對 AI 情有獨鍾？

這個問題的答案，可能和很多人的思維相反。與其說是百度選擇了 AI，不如說是 AI 選擇了百度。這是百度基因裡的使命，辜負了這項使命，會是百度、中國，甚至世界的損失。

一切都源於搜尋

　　搜尋引擎對一般使用者來說，只是一種工具，幫助找到需要的資訊。對提供內容的網站來說，搜尋引擎是一種媒介，幫助將內容傳遞給有需要的使用者。在這個過程中，搜尋引擎首先要「傾聽」使用者的需求，也就是在小小搜尋框裡輸入的那幾個關鍵字，究竟想要找到什麼？其次，搜尋引擎要「檢索」數量龐大的內容，從中挑選最符合要求的結果提供給使用者。

　　我們審視一下這個過程，是否和前述的深度學習概念模式十分相像？輸入和輸出在這裡都有了，甚至每一次的搜尋行為，都可以看作是對搜尋引擎的一次訓練。那麼，誰來告訴搜尋引擎輸出結果的好壞？使用者。使用者的點擊，就是一種回答。如果使用者沒有點擊排在前面的結果，而是點擊第二頁的結果，就是對系統的推薦做出降權的舉動。

　　在這個過程中，搜尋引擎不僅提高了推薦的準確性，還愈來愈懂得判斷網頁的「好」與「壞」，漸漸學會像人類一樣去分辨網頁。最初，它只會讀取標題、關鍵字、描述等頁面元素，現在像百度這樣的搜尋引擎，已經可以辨識出哪些是隱藏的虛假資訊、哪些是廣告、哪些是真正有價值的內容。

　　人透過搜尋引擎獲取資訊的行為，就是人與機器對話的

過程。和以往人機互動的不同之處,是這個過程以「自然語言」為基礎。相較於圖像辨識、語音辨識等,自然語言處理(Natural Language Processing, NLP)是搜尋引擎最核心的基礎技術。

王海峰認為,思考和獲得知識的能力成就了今天的人類,這種能力需要透過語言找到思考的對象和方法,並且外化為我們看、聽、說和行動的能力。相對於這些能力,語言是人類有別於其他生物的最重要特徵之一。視覺、聽覺和行為能力,不僅為人類所有,動物也有,甚至很多動物的視覺、聽覺,以及行動能力都比人類還強,但語言是人類特有的。而建立在語言之上的知識總結、提煉、傳承與思考,也都是人類特有的。

從人類歷史之初,知識就以語言的形式記錄和傳承下來,用來書寫語言的工具不斷改進,從甲骨到紙張,再到今天的互聯網。所以,不管是百度或谷歌,都認為自然語言處理對整個 AI 的未來是非常大的挑戰。相較之下,聲音到文字或文字到聲音的語音辨識,實際上解決的是一個信號轉換問題,但語言不是,語言和人的知識及思維整體相關。

像 AlphaGo 這樣的專案,對普通人來說,是一件非常震撼的事,我們也認為它是一項很大的成就。但是,我們不能忽略它的特點:植基於完全資訊、規則是明確的、空間是封閉和特定的。為圍棋訓練出來的 AI 系統,用來下象棋就

不好用。相較而言，自然語言的處理是更難解決的一個問題。對於下圍棋來說，只要運算能力和數據充分，就幾乎沒有不確定性，但語言問題存在著太多的不確定性，例如語義的多樣性。

為了讓電腦能夠「理解」和生成人類語言，科學家做了大量的工作。在百度，以大數據、機器學習和語言學方面的積累為基礎，研發出知識圖譜，建構了問答、機器翻譯和對話系統，建立可以分析、理解問題（query）及情感的能力。僅就知識圖譜來說，依據不同的應用需求，可以分成三類：實體圖譜（entitygraph）、關注點圖譜（attentiongraph）和意圖圖譜（intentgraph）。

在實體圖譜裡，每一個節點都是一個實體，每個實體都有若干個屬性，節點之間的連結是實體之間的關係。目前，百度的實體圖譜已經包含數億實體、數百億屬性和千億關係，這些都是從大量結構化和非結構化資料中挖掘出來的。

我們來看一個例子，假如有人搜尋「竇靖童的爸爸的前妻的前夫？」。這句話裡包含的人物關係非常複雜，但我們的推理系統可以輕鬆分析出各實體之間的關係，最終得出正確答案（參見下頁圖表）。百度的自然語言處理技術，還可以分析複雜的語法，甚至辨識句子的歧義，而不僅是字面比對。

再來看另一個例子：梁思成的兒子是誰？梁思成是誰的兒子？

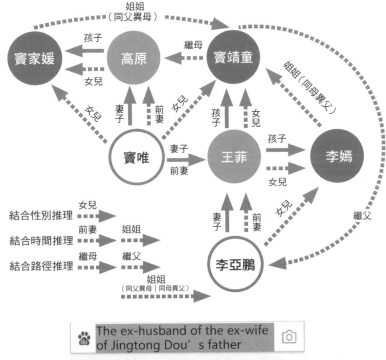

Faye Wong / Ex-husband

Wei Dou

竇唯，1969 年 10 月 14 日出生於北京，中國搖流歌手、實驗音樂人。1988 年加入黑豹樂……

Yapeng Li

李亞鵬，1971 年 9 月 27 日出生於新疆烏魯木齊市水磨溝區。1994 年畢業於中央戲劇學院……

竇靖童的爸爸的前妻的前夫是誰？

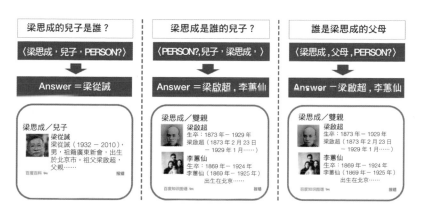

梁思成的兒子是誰？梁思成是誰的兒子？

　　如果使用傳統根據關鍵字的搜尋技術，我們會得到幾乎相同的結果。然而，經過語義理解技術的分析，機器可以發現這兩個句子的語義是完全不一樣的，相應就能從知識圖譜中檢索到完全不同的答案。還有第三句話：誰是梁思成的父母？從字面上來看，這和第二個句子不同，但是經過語義理解技術，機器發現這兩個句子要找的是同一個對象。

　　深度學習技術進一步增強了自然語言處理能力，百度從2013年開始在搜尋引擎中應用DNN（Deep Neural Networks，深度神經網路）模型，至今已經對這個模型進行了幾十次的升級反覆運算，DNN語義特徵是百度搜尋裡非常重要的一項特徵。其實，不僅搜尋結果相關度變得更高，在篇章理解、關注點感知和機器翻譯等方面，也都有大幅度

的提升。

搜尋所需要的技術基礎，也正是人工智慧所需要的技術基礎。比如，就雲端運算來說，主管百度雲工作的張亞勤認為，搜尋是最大的雲端運算應用，沒有雲端就沒有辦法做好搜尋，百度是在雲端出生的。

搜尋引擎持續進化

隨著行動網路和人工智慧的興起，搜尋的型態正在發生很大的改變。比方說，搜尋入口改變了，除了透過網頁搜尋方框啟動搜尋之外，在不同平台和硬體上的搜尋也在增加，語音或圖像搜尋部分代替了文字搜尋。在人主動搜尋資訊的同時，資訊也被推薦給需要的人。從表面上來看，很多人認為這個過程是對搜尋引擎的挑戰，但王海峰認為，搜尋引擎一直同步覺察著這個變化過程。

就以「資訊主動找人」來說，做 Feed（資訊流）是當下很多互聯網企業的共識。但是，「人找資訊」和「資訊找人」，或是搜尋和 Feed 之間，並不是非此即彼，而是相輔相成的關係，在不同場景、不同時段產生不同作用，各司其職，也會互相配合。比方說，有時你會需要主動找點東西，有時你會需要朋友推薦，有時你需要系統猜測到你的喜好並且推薦。假設別人推薦一篇文章給你，你在閱讀的過程中，發現了自己不大理解的一個詞，可能會需要啟動搜尋去查找

詞義。當然，機器也會猜測使用者可能感興趣的是哪些詞。Feed 不可能每天推送你相同內容，所以一條內容過了最熱門的時候，你想找到它，又必須回到搜尋引擎裡找。在不同的狀態和場景下，使用者對於搜尋和 Feed 的需求會互相轉換，如何判斷這些狀態和場景，正是對系統智慧化的考驗，有愈多的數據和技術儲備就愈可能做好。

有了做搜尋的技術儲備和數據，做 Feed 至少在技術上是不難的。而單純從 Feed 起家，想去彌補搜尋和數據的缺失，就比較困難了。百度搜尋引擎採集、分析的網頁量有上千億，如此規模的大數據為百度持續提升 Feed 產品效果，提供了必要的保障。

搜尋引擎在數據洪流中持續進化，Feed 只是下一個必要的環節，最終形成無所不在的搜尋引擎＋推薦。愈來愈智慧化的機器，可以做到「舉一反三」，到最後使用者只要說幾個詞，機器就知道使用者想要表達的整個意思。另外，還能自動分析使用者所在的位置、身分和習慣等，利用這些資訊決定要向使用者提供哪些搜尋結果。

未來，在很多時候，我們無須再主動「搜尋」；以搜尋引擎為基礎的 Feed，可以主動猜測、推送我們需要的資訊。想像一下，假設你在一家餐廳吃飯，搜尋引擎已經根據你之前的搜尋內容，推測出你的下一步安排，即使你還沒有進行「發問」，都會主動幫你蒐集好之後需要的資訊，例如

現在上映的電影、最近的電影院在哪裡等。這種設想已經在百度的產品中有所嘗試。即使對使用者暫時不關注的資訊，不會出現在 Feed 裡，也會合理儲存起來，像一座無形的圖書館，提供使用者以後探尋。智慧化的搜尋引擎，正在伴隨我們一起成長。

搜尋是最大的 AI 專案

搜尋引擎一刻也不停地運轉著，它就是人類學習精神的鏡像，無時無刻不在蒐集、處理著大量數據，抓取整個互聯網上的頁面和內容，不管是電商、社群媒體或新聞入口網站，搜尋引擎都會「訪問」它們。

搜尋引擎是播種機、實驗場和數位對撞機，結合語音辨識、圖像辨識和機器翻譯，透過大量用戶的實際使用，又可以採回更多有價值的資料，反過來幫助神經網路優化訓練效果，形成一個良性的發展閉環。

自然語言處理技術的發展，會帶來更多的驚喜。機器除了可以快速寫出具有一定格式的財經、體育新聞，在文學方面，機器寫出的「唐詩」，也令人難辨真假。觀看籃球、足球比賽時，解說機器人不但能夠迅速通報賽場狀況，還能夠同時回答很多人的提問。這有點像科幻電影《雲端情人》（*Her*）裡的 AI 程式莎曼珊（Samantha），她可以同時和無數人談戀愛。戀愛大概是人類最深度的語言、思想、情感交

流，莎曼珊堪稱自然語言處理技術的一個高級象徵，描繪出人類與機器的深刻關係。也許未來，搜尋引擎真的會像莎曼珊一樣，窮盡符號資訊，闖進語言與意義的空隙之處，超出人類的想像。

嚴格來說，人工智慧是一種「體力活」，要有足夠的體力，才能禁得住那樣龐大的數據和計算。在一般的大專院校或較小的互聯網公司，數據量和硬體成本上的門檻，使得AI 發展受到很大的限制。即使不考慮 CPU、GPU 等硬體的購置費用，光是營運維護這些硬體的成本就很高，像AlphaGo 下一場圍棋就要耗費 3,000 美元的電費。現在，百度除了傳統的伺服器、頻寬等基礎設施，還有數百台支持AI 運算的 GPU 伺服器，在最高配置的伺服器上，可以安裝16 張 GPU 卡。在這一切的基礎之上，將數據儲備、硬體基礎、市場規模和人才團隊統籌起來，最大限度地發揮優勢，要追求的就不是一時一地的得失，而是最大、最基礎的 AI平台，為人類「知道更多，做到更多，體驗更多」而努力。

AI 是百度的命運

可以說，AI 對於百度和谷歌這樣的公司，是一種內在的訴求，也是互聯網、行動網路和數據大爆發自身的訴求。中國在這個領域很難有其他公司，能夠跟谷歌、微軟這些擁有規模優勢的公司抗衡。建立基礎設施基地和人才高地，是

百度義不容辭的責任。

　　將 AI 的火種傳遞到更多人的手裡，創造實際價值、讓生活更美好、讓國力更強大，這樣的願望給了百度人動力，也是百度能夠集結到眾多人工智慧科學家的原因。

　　林元慶本來在 NEC 美國實驗室研究人工智慧，那裡的條件和氛圍都很好，學術性很強，可以專注研究和發表論文。但是，他還是選擇離開熟悉的環境，選擇了百度。他說，最重要的原因就是，身為一名人工智慧的研究者，他覺得把深度學習的技術真正實踐到應用層面，是非常關鍵的一環。現在，中國有超過 7 億的互聯網使用者，超過 12 億的手機用戶，都是世界之首，如何讓廣大用戶都能享受到人工智慧帶來的改變，並且參與這種改變？這種探索的價值，能夠影響全中國所有人的生活，他迫切感到「這是最好的時刻，是人工智慧最有希望的機會，錯過了就太可惜了。」

　　人工智慧從不休息，當人類在睡夢中，它們依然在機器世界裡奔騰，在無盡的循環往復裡蟬蛻蝶化，終將飛向世界！在此，引用一位中國著名哲學教授 1990 年代寫的一段話作為結尾：

　　在天堂裡，人還不是人。更準確地說，人還沒有被投放到人的道路上來。現在，我已經被拋擲出來很長的時間了，循一條直線，飛過了時間的虛空。在

什麼深層的地方，還是有一根細細的繩子縛著我，另一頭連向身後遠處雲遮霧繞的天堂。個體靈魂不是她自己選擇的，而是從天堂拋出的繫在她身上的細線，使她的身體身不由己。薇娥麗卡自己不可能去找到一種生命熱情，只能從自己身上發現自己的生命熱情，這就等於發現把自己的身體與影子繫在一起的那根細線。從天堂那邊拋出來的細線，決定了薇娥麗卡身體的生命方向和個體靈魂的在世負擔，感覺到自己的個體命運。所謂的個體命運，不過是一個人感到唯有這樣的生命熱情的散發，才能讓自己有美好活過的感覺，才有自己身體的在世幸福，以至於非如此生活不可。*

---

* 劉小楓，沉重的肉身〔M〕，北京：華夏出版社，1999。文中的薇娥麗卡（Véronique）指的是波蘭電影導演奇士勞斯基（Krzysztof Kie lowski）作品《雙面薇若妮卡》（*The Double Life of Véronique*）裡的主角。

04

中國大腦計劃

從下而上的超級工程

人機世界迫切需要新大腦

很多人工智慧科學家都擁有生物學和電腦科學兩方面的專業背景，這大概是智慧生物發展的一個縮影。地球就像一部生物電腦，漫長的生命進化過程，就是各類生物「程式」不斷反覆運算的過程。在自然環境的作用下，無機物漸漸聚合成有機分子，有機分子演化組合成為蛋白質分子。攜帶生命資訊的蛋白質分子，彷彿是一個個數據位元組，數量巨大又隨機組合，能夠窮舉出各種組合型態。其中一些不僅可以吞吐物質，還能進行新陳代謝，並且自我複製，生命由此產生。

最基本的生命單位，都攜帶著遺傳基因編碼，從此生命的「程式設計語言」誕生了。大自然之手利用這種語言，進行著各種創造——遺傳密碼變異、組合，產生各種新的生命體徵，進化出五花八門的生物。而神經系統發育水準的高低，直接決定該種生物的等級。

每種生物和新的生命組織，都可以看作一段可執行的程式。程式之間可以組合，程式碼可以更新，進而發展出更強大的程式。如果這段程式運作良好，並且能夠可靠地複製（繁殖），就會生存下去。正如電腦中的程式必須「完善」，才能夠持續運算下去一樣。

不過，和我們現在手邊任意一台電腦相比，地球這部巨

型生物電腦的運算速度實在是太慢了，一個程式的執行過程就是一個生物體的一生。數十億年過去了，才發展出唯一一種最高等級的智慧生物——人類。很自然地，這個星球上也沒有什麼自然生物可以進化出超越人類的大腦了，除了人類自己創造出的電腦。

電腦中的程式可以飛速換代，但藉此衍生出的人工智慧，並未飛速發展。由於以規則為基礎的程式設計和換代太依賴人類，結果反而受到人類的制約。如果讓電腦自己設計程式呢？畢竟，深度學習就是建立在非線性程式設計原理的基礎上，讓程式自己改造自己。我們往往難以理解深度學習神經網路解決問題的邏輯，正如人類並不了解自己腦中的那些意念和思想，究竟是如何從腦細胞裡產生的一樣。

地球早已被生物層覆蓋。如今，這部生物電腦迎來了第二次進化，那就是同樣包裹著地表的電腦、通訊網路、各類傳感器和人類活動共同構造的資訊層所孕育的進化。在數據分子與人類的結合中，新的數據生命型態正在形成，它們需要新的大腦。

百度大腦就是這樣一種嘗試。比起生物界不自覺的進化之旅，它更在意的是當下的實際運用：個人、企業和社會，都迫切需要人工智慧的輔助，但人工智慧還散落在各處。百度大腦規劃著要提供集中且優質的人工智慧，透過互聯網神經元讓相關資訊的傳導能夠循環往復，加速世界的智慧化。

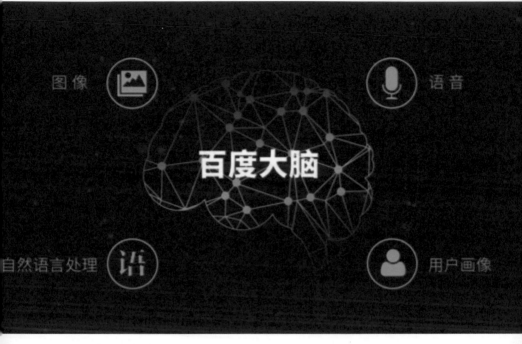

百度大腦示意圖

第一棒：百度大腦

幾年前，百度矽谷 AI 實驗室主任亞當‧考特斯（Adam Coates），在史丹佛大學的研究進入博士後階段，曾問指導老師吳恩達：「做什麼事、在哪裡做，能讓我們的研究在這個世界上，產生最大的影響力？」吳恩達告訴他，應該去百度。說起這件軼聞時，亞當擔任百度矽谷中心主管已經一年多了。如今，大概沒有人能夠否認這段對話中蘊含的深謀遠

慮，但最初百度美國研究中心的地位，還只是讓員工赴美出差的「中繼站」。

2014 年，百度第一次披露「百度大腦」，這個抽象概念僅在媒體上留下一個影子。經過兩年的沉澱之後，才有了 2016 年浙江烏鎮世界互聯網大會上，百度「第一次向外界系統介紹百度大腦」。此時，外界得知它已經和超過 3 萬家企業展開合作。

研發百度大腦是一件苦差事，但負責研發的人，未必都是些苦孩子。在這個團隊裡，有從小玩小霸王遊戲機＊的技客；有人的家鄉還未涵蓋在百度地圖內；有人在做「百度醫療大腦」的同時，重拾學生時代對醫藥領域的熱情；還有人一邊說著「很難、很深」的同時，一邊堅持研究如何「把體驗做到極致」，而這種極致，有時鎖定的目標甚至是科幻。

許多百度大腦的年輕科學家，都很愛看科幻片。普通人看到的是「幻」，這群博士、博士後研究員看到的是「科」。同樣是看美劇《西方極樂園》（*Westworld*），語音部門的工程師高亮就說：「看劇情發展，我感到喚醒設計、聲紋識別和遠場技術做到了極致。對，未來人機互動就應該是這樣的！」建設百度大腦也帶有科幻成分，我們不妨就先從了解

＊　1980 年代末期至 1990 年代初期，由中國小霸王公司推出的遊戲機或學習機，類似任天堂的紅白機。

基礎架構開始。

百度人工智慧業務最基礎的是「物料層」，包含以 GPU/ FPGA 為基礎的雲端運算平台、深度學習程式碼平台和大數據儲備。這一層提供進化的環境和工具，最上層 SaaS 是人工智慧的各種軟體應用，介於兩者之間的是「人工智慧基礎技術層」——大腦所具備的「聽說」（語音辨識與語音合成）、「看」（視覺辨識）、「讀寫」（自然語言處理）等認知功能就在這一層，大腦具備的決策規劃、運動控制、預測推薦等決策功能也在這一層。廣義的百度大腦即包含這三層，張亞勤認為，三層的結合更體現出百度大腦的綜合實力。

百度大腦是百度雲的核心引擎，百度雲是百度大腦的雲端化，雲端為百度大腦提供神經元和數據訓練源，百度大腦則透過雲端向各類產業輸出服務。具體來說，在「物料層」方面，百度是全球首家將 GPU 晶片大規模用於人工智慧和深度學習領域，並規模化將 ARM（Acorn RISC Machine，精簡指令集機器）伺服器帶入商用市場的公司。百度也自主研發了以 FPGA 晶片為基礎的伺服器，再加上傳統以 CPU 晶片為基礎的伺服器，要整合這麼多性能、結構和原理各異的伺服器，需要強大的異構計算能力。透過異構計算技術、100G RDMA 通訊技術、高效的整機櫃伺服器技術，百度打造了全球規模最大的 GPU 和 FPGA 混合異構計算叢集，把數十萬台伺服器合為一體，構成百度大腦的實體，確保百度

大腦超強的計算能力。

　　有了強大的硬體結構還不夠，大腦內還要有內容和數據，這就猶如人類的記憶一樣。在 IaaS 之上的 PaaS，是百度人工智慧的平台，所有的樣本、特徵和功能，都在 PaaS 這個層次生長。百度搜尋十多年來累積的全網 Web 數據、搜尋數據，以及百億級數量的圖像、影片、定位資料，都是百度大腦不斷學習、快速成長的養分。

　　在人腦結構和記憶內容之外，百度大腦還要有認知思維能力。系統透過深度學習模擬人類大腦的神經元，即透過兆級的參數、千億級的樣本、十億級的特徵訓練，模擬人腦的工作機制，這也是世界上最大規模的深度神經網路。

　　「人工智慧基礎技術層」，包括語音辨識、圖像辨識、自然語言處理，以及所有的知識圖譜、商業邏輯和使用者的人物誌。SaaS 層可以視為百度大腦的觸角層，會更加垂直化，深入交通、教育、金融等各個垂直產業。對百度來講，這三個層次就是百度大腦透過雲端和垂直產業，為商業客戶提供的能力和服務，更是一種營造智慧生態的能力。百度大腦全面超越了過去資訊技術的服務，過去的服務只是做運算、儲存和網路，大家都可以做，現在有機結合了三個層面，靈魂就在於貫穿全體的人工智慧。

　　透過「硬體—數據—演算法」的聯合滋養，百度大腦的能力會像滾雪球般成長，愈來愈善於處理數據、提取知識、

了解使用者、解決問題，並且獲取更多知識，實現「數據─知識─使用者經驗─新的數據」的正循環。

另一位被稱為「互聯網教父」的尼古拉斯・尼葛洛龐帝（Nicholas Negroponte）如此表示：「當我聽說『百度大腦』時，我覺得這些人真是太瘋狂了。」製造機器大腦，看似一個科幻文學中的瘋狂幻想，但科學家的信念和努力，使得看似「瘋狂」的想法，已經走在平穩實現的道路上，猶如一個真實生命的成長。

訓練機器大腦，就像從零開始教育孩子，在語料而非語法的薰陶下學習語言，從大量圖片中形成對事物的「印象」，這個過程就是透過試誤來熟知世界。也許同樣的事，人類一歲孩子就能夠輕易做到，但百度大腦經常要花上幾百倍、甚至上萬倍的時間和精力。可是，從另一個角度來看，它像是全人類的孩子，有希望繼承現有文明的所有經驗和記憶。人工智慧「大腦」的進化，本質上就是人類文明的進化，潛力無窮。

目前，百度宣布將免費對外開放原始碼人工智慧深度學習平台 PaddlePaddle，也開放百度大腦開放平台 ai.baidu.com。前者為開發者提供演算法程式設計環境，後者為應用開發者、數據工程師、數據科學家提供現成的百度人工智慧成果介面。百度大腦實實在在地分享著，願與所有相關企業，一起融化人工智慧這座冰山。

百度大腦的聽說能力

人機對話的第一步，就是要讓機器學會「聽」和「說」。「聽」是不斷追求準確度，「說」則是要讓大腦具有人性和人味。「聽」是「大腦」最基本的能力之一，實現「聽」這項功能的語音辨識技術研究，經歷了從標準樣版比對轉向依據統計模型，再到深度神經網路為基礎的過程。起初，辨識語音必經聲學模型（acoustic model）到音素模型（phoneme model），再到語言模型的多步驟轉化；近年來，在大量語料和深度學習的訓練下，這個步驟已經被極簡化，機器從輸入到輸出中自行生成程式，準確率有了大幅提升，百度大腦也就「聽」得更清楚了。

2011 年，百度在語言辨識領域起步；到了 2016 年，百度語音辨識技術的準確率已經高達 97％。在 2012 年到 2016 年四年間，百度語音辨識的準確度提升了近 30％，即便是有嚴重地方口音的國語，每 100 句中百度語音也能毫無差錯地辨識出 85 句。按照可以聽錯一個字的標準來計算，百度語音可以準確辨識出 98 句，而未經訓練的普通人只能聽懂 60 句。這個辨識體系要做到方言辨識，需要至少 720 小時的語料用於訓練，從聲音、內容到說話者都要不斷變化，才能提升系統的敏銳度。

要讓百度大腦「說人話」，更是一件相當困難的事，百

度運用了聲學模型和語言模型。聲學模型決定語言的發音，輸入一個字，系統就在原始音庫中找到合適的發音對應。要讓電子發音沒有機器味而有「人味」，就要建立語音資料庫。比方說，讓機器的學習時間從 20 小時提升到 100 小時，此後機器模仿出來的聲音聽起來就會舒服多了。為了保持語音的連貫性，不至於讓合成語音聽起來像「斷氣」一樣，百度大腦語言模型還會持續提升文本庫的學習連接概率。比如，說出「中華」，系統還能在後續片語中，選擇「人民共和國」、「民族」、「兒女」等進行比對。

　　長語音是讓機器語音更有氣場的技術。情感合成、遠場方案、長語音方案等，能為合成語音加入情感，使其更接近真人發聲效果。語音辨識的場景應用極為廣泛，舉例來說，我們可以藉此創造出一個「最強銷售員」，當銷售員新手打電話給客戶時，百度大腦即時記錄客戶的回覆，並且顯示在電腦螢幕上，系統可以暫態搜尋，並調取優秀銷售員以往在面對這些問題時所給出的回覆。如此一來，每個「菜鳥」只要「照本宣科」，就能在就職的第一天，掌握過去最優秀的銷售員所具備的交際能力。此外，2014 年，百度為特斯拉汽車提供智慧語音方案，中國車主可以使用語音控制車載娛樂系統、指揮地圖導航、啟動搜尋，甚至透過藍牙撥打電話。

　　隨著語音辨識而來的，還有對語音特徵的抓取。例如：

在演員胡歌朗讀辛棄疾的宋詞《青玉案·元夕》的上闋後，語音辨識系統可以自動生成下闋。對一些語音有特點的明星聲音，目前只需要錄製和分析大約 2,000 句，系統就能夠合成他們的聲音。目前，百度每天回應的語音合成請求達到了 2.5 億次。在情感語音合成技術上線後，用語音聽小說的百度用戶每日停留的時長，從過去的 0.69 小時增加到現在的 2.21 小時。未來，這項功能除了「讀小說」，還將給予人們情感慰藉。當家裡的老人和孩子想念忙碌的家人時，就能隨時有他們的「聲音」陪伴。

百度依據神經網路翻譯模型技術的機器翻譯系統，正在快速學習各類語言。經過六年的積累，如今的百度翻譯已經可以支援全球 28 種熱門語言互譯，涵蓋 756 個翻譯方向。百度語音可以支援粵語、滬語等方言的辨識。

上帝曾伸手割裂了人類的語言統一，讓四面八方的人，由於語言不同而無法溝通。有了機器翻譯，人類終於可以攜手，建造出一座真正的巴別塔。*

---

* 《聖經·舊約·創世紀》第 11 章宣稱，當時人類聯合興建能夠通往天堂的高塔；為了阻止人類的計劃，上帝讓人類說不同語言，使人類彼此無法溝通，計劃因此失敗，人類自此各奔東西。這個故事試圖解釋為何世上出現不同語言和種族。

16 世紀荷蘭畫家老彼得・布勒哲爾（Pieter Bruegel de Oude）繪製的巴別塔

百度大腦的好視力

　　「視覺」承擔著我們 80 ％的資訊吸收工作，在解決「聽」、「說」問題的同時，也要教會電腦「看」，即圖像辨識。以辨識一朵花為例，使用者將圖片上傳百度後，百度大腦將

它轉化成「0101」的數位流，然後輸入深度神經網路，經過層層分析、層層抽象，對包括像素在內的各層資訊與現有的大數據進行比對，才能重新還原並辨識出是一朵花，這種方法其實和人類眼睛的功能是近似的。

這一切都要建立在預先對圖片分類的基礎上，目前全球最大的圖像辨識資料庫 ImageNet 的圖片分類有一千多類，而百度圖片資料庫的分類則已經達到四萬類。百度正在從四個方面推進電腦視覺計劃，首先是人臉辨識，透過捕捉人臉關鍵點形成人臉表情網，實現人臉的準確辨識；其次是在類似百度地圖的產品中，實現地圖服務與圖像智慧辨識技術的結合，打造資料無限逼近現實世界的效果；此外，百度無人駕駛技術也正在利用電腦視覺進行程式優化，從而加快無人車的研發速度；圖像辨識還會被應用在 AR 領域，提高視覺效果。

百度的人臉辨識已經遠遠超越人類，百度資料庫中有超過 2 億張人臉照片，瀏覽辨識訓練量超過 200 萬張。目前，百度大腦能夠自動確定圖片中人臉數目及每張人臉的位置和大小，並且支援正面、側面多個角度，即使目標物正在運動中，也不會降低辨別率。系統透過定位眼睛、眉毛、鼻子、嘴巴、臉頰輪廓等七十多個關鍵點位置，能夠進行像素級人臉解析，並且根據人臉圖像辨識人的性別、年齡、表情、姿態等屬性。

像 AlphaGo 團隊一樣，百度也好奇自己的技術邊界在哪裡、AI 的研發體系究竟有沒有偏差？因此，百度團隊參加了江蘇衛視大型科學類真人秀《最強大腦》，與能夠裸眼區分 520 杯水的「水哥」王昱珩一戰高下。在先前的節目中，「水哥」曾經戰勝螞蟻金服的人工智慧「螞可」。作為中國最強人工智慧技術的結晶，百度團隊為了這次螢光幕上的人機對戰特別優化了演算法，最後證明百度團隊的小度機器人確實技高一籌。

在百度人臉辨識技術落實的產品中，最為「高大上」的，當屬烏鎮的「刷臉」門禁系統。有出入資格的人，將臉部資訊事先登錄系統，今後出入任何裝有「人臉閘機」的地方，只需要「刷臉」即可。這種技術在百度內部俗稱「1 對 1」，也就是一張臉部與資料庫中的資訊比對；與之對應的是「1 對 N」，這經常在西方諜戰電影中見到：系統在監視資訊畫面的茫茫人海中，搜尋到一個人的臉部資訊，以確定其方位。儘管中國電影中很難看到這種「炫技」，但在「1 對 N」的比對中，百度確實能夠做到 99％以上的辨識準確度。

這項技術說起來容易、做起來難，等到技術成熟和資料庫之間互相聯網時，大家出門乘坐飛機、火車時，就無須出示身分證供查驗，因為當我們進入任意的交通樞紐，被攝影機拍攝到臉部資訊時，系統就能透過人臉辨識，來確認我們的身分和購票資訊。這相當於普通人都能獲得一條綠色通

道，搭乘效率和公共秩序都將獲得大幅改善。

百度的人臉辨識系統，只需要 1 根蠟燭匯聚在 1 平方公尺以上的亮度，就能夠完成辨識和判斷過程。在銀行的遠端開戶場景中，活體辨識（liveness check）技術反應速度達到每秒 20 張畫面，互動過程費時不到 2 秒。在此基礎上，結合視訊序列（video sequence），百度已經將人臉身分驗證，應用在百度金融反詐欺領域，用於貸款審核、遠端身分證辨識、金融卡辨識等，進而精準辨識用戶，預防詐欺。

百度大腦的「好視力」，除了搭載大數據，還能夠做到許多令人「腦洞大開」的事。在拍攝北京故宮太和殿各種角度的照片後，百度大腦可以刪除重複和無用的圖片資訊，透過計算和建模，完成太和殿的 3D 結構建設。如此一來，遠在千里之外的人們，也可以透過網上的虛擬遊覽，身歷其境般感受到太和殿的宏偉。隨著上傳的照片愈來愈多，百度大腦就能重構出更多景點，讓世界各地的人們可以足不出戶，體驗 3D 虛擬旅遊。

2016 年底，上海虹橋機場出現兩架客機僅差 3 秒險些在地面相撞的事故，塔台的調度和預警功能在此事件中沒有發揮作用。所幸，飛行員並未坐等塔台指令，而是緊急處置，避免了一起重大事故的發生。這起事件也再次提醒我們，完全依賴塔台人工指揮的模式，終究難免有疏漏。

林元慶在與中國民航部門的交流中，得知了一項細節：

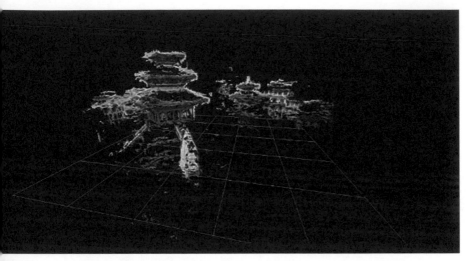

尼泊爾加德滿都瑪珠廟（Maju Deval）數位化 3D 復原示意圖*

機場塔台工作人員為了明瞭跑道路況，每四個小時就要派人去檢查跑道。這個職位專業需求度低、薪資低、勞動強度大、人員流失嚴重，完全可以用人工智慧取代：在停機坪附近安裝攝影機，結合人工智慧對跑道環境進行即時 3D 重建，飛機、行李車、機場勤務車和所有人員的動作，都能即

---

* 2015 年 4 月 25 日，尼泊爾發生強烈地震，不僅造成八千多人死亡，毀壞成千上萬的住房，還使許多歷史建築淪為廢墟。百度發起「See you again, 加德滿都」的行動（pai.baidu.com/sheyingshi/earthquake/index），呼籲網民上傳他們拍攝的歷史古蹟照片，讓百度利用人工智慧成像系統，以數位化方式重建這些文化遺蹟。活動中，百度總共收到上傳照片超過 42,000 張，完成八個著名景點的數位重建，其中包括位於加德滿都的瑪珠廟。

時呈現出來。除此之外，跑道上意外掉落的零件和所有異物，也都能在第一時間被發現，不會出現遺漏。這種系統所建立的準確度、可預測性和安全性，都遠遠高於人工檢查。

中國大腦計劃

2015 年，在中國「兩會」上，身為政協委員，我提出設立「中國大腦計劃」——由國家投入專項資金主導，盡快搭建全球最大規模的人工智慧基礎資源和公共服務平台，如建立一個擁有幾十萬台伺服器的人型人工智慧平台，支援各項計劃參與方的數據調用、模型調試和應用開發，高效連結全社會的智力、數據、技術和計算資源，依託統一平台，實現資源共享，促進研發創新，這將是新一輪工業革命的助推器。基礎研究的成果，應該讓更多中國企業受益，包括語音辨識、圖像辨識、自然語言的理解、多語種的翻譯，甚至無人駕駛汽車、無人駕駛飛機、智慧製造方面的機器人，都可以在這個平台上進行各式各樣的創新和實踐。

這件事如果只是百度來做，可能就只能提供幾萬台伺服器；如果由國家主導投入，那就是幾十萬台伺服器。只要平台大了，就可以降低成本，鼓勵更多創新。國家持續、穩定地大規模投入，讓一大批企業成長起來，隨之而來的就是愈來愈多的創新，進而奠定未來十年、二十年，甚至更長時間在全球創新領域的地位。我一直以來的想法就是：「我不在

乎華爾街怎麼看，我一定要把這件事情做成。」

然而，任何一項超級工程，都可能面對爭議。2016 年 9 月，一場高能物理界的事件，意外掀起了輿論颶風，「超大粒子對撞機之爭」從學界延伸至社會，普通民眾都開始關注起「粒子對撞機」這個深奧的物理名詞。

粒子研究的重要性，在科幻小說《三體》中表現得淋漓盡致——外星智慧生物為了阻止地球科技進步，利用量子糾纏原理，創造出擁有 11D 形態的「智子」，發射到地球上。以光速運動的智子，能夠同時干擾人類的所有粒子對撞機，精確破壞粒子對撞結果，鎖死人類的基礎物理研究，將人類科技禁錮在一個較低的水準上。

「超大粒子對撞機之爭」從兩位局外人——美國數學家丘成桐和哈佛大學物理學博士王孟源的論戰開始，歷時三個月，還驚動了諾貝爾物理學獎得主楊振寧和中國科學院高能物理研究所所長王貽芳。面對中國要不要建造超大型粒子對撞機的爭論，反對者指出：建造對撞機需要耗資數千億美元，電能消耗堪比一座大城市，但收獲的結果卻極為不確定，可能淪為一部物理學者的「大玩具」。美國擱置了類似計劃，歐洲大型強子對撞機 * 的成果寥寥，中國為什麼要建造？

---

* 歐洲大型強子對撞機（Large Hadron Collider, LHC）是現在世界上最大、能量最高的粒子加速器，。相關研究可以探索未知的科學領域，例如尋找暗物質、分析希格斯機制、更了解萬有引力等議題。

　　支持者則認為，研究上帝粒子「希格斯玻色子」＊非常重要，這將解開「宇宙如何誕生？」的天問。美國和歐洲的放棄和無為，正好為中國提供了機會窗口。中國是崛起中的大國，理應承擔理論物理先驅研究的責任。

　　最後，這場爭論以超大粒子對撞機未獲得中國「十三五」規劃審批而暫告段落。半個多世紀以來，中國從不缺乏大計劃，從改革開放初期的「863 計劃」中第一次提到「智能計算機」一詞至今，中國科學家花了四十年的時間，逐漸追上先進國家的步伐。鮮有人知的是，在沒有超級電腦、沒有大數據的年代，中國人工智慧是從大學實驗室錄製音庫起步的。正是前輩科學家的堅持，以及中國經濟實力與科技實力的與日俱增，互聯網企業才能在風調雨順的土地上突飛猛進、集涓成流，浩然成勢。

　　現今，在百度建立於中美兩國的人工智慧研究室裡，超過 1,300 名不同族裔和國籍的研究人員，正夜以繼日地處理數百項相關專案，他們的成果都將匯入百度大腦中。這些研發者就像是當年美國在二戰期間研發、製造原子彈的工程

＊　希格斯玻色子（Higgs boson）是粒子物理學標準模型預言的一種自旋為零的玻色子。諾貝爾物理學獎得主彼得・希格斯（Peter Higgs）於 1964 年提出了希格斯機制。在此機制中，希格斯場引起自發對稱性破缺，並將質量賦予規範傳播子和費米子。希格斯粒子是希格斯場的場量子化激發，它透過自相互作用而獲得質量。

「曼哈頓計劃」（Manhattan Project）中的一千多位科學家，也像是今天歐洲核子研究中心的三千多位科研人員，努力執行著超前於時代、暫時不為人理解的工作。改進演算法、建模升級和分析處理，百度大腦的研究人員正如粒子加速器中飛奔的粒子一樣，醞釀著一場 AI 革命。

中國大腦計劃不同於超大型粒子對撞機，後者占地龐大、能耗驚人（歐洲的粒子對撞機運行需要 1,200 萬千瓦電力），開發中國大腦卻是一項從下而上、水到渠成的工程，國家無須豁出血本，需要的僅是方向與決心。

「規模經濟」是中國產業成功的基本要素，在這個擁有超過 13 億人口、7 億網民和數以千萬計工程師及科學家的國家，海量的資料、充沛的人才、豐富的企業案例、各式各樣的應用場景，像流水一樣奔騰。如果不能物盡其用，錯過這一波 AI 浪潮，將科技制高點乃至國家安全拱手相讓，才是真正的「浪費」。

正如互聯網海量資料催生了 Hadoop（由 Apache 基金會開發的分散式系統基礎架構）、Spark（加州大學柏克萊分校 AMP 實驗室所開放原始碼、類 Hadoop Map Reduce 的通用平行計算框架）等巨量資料串流處理技術一樣，人工智慧已經在中國各地分散發展，猶如一個個神經節點，以其腦波促進中國大腦的到來，這是時代的召喚。

創世紀超級工程的開篇

　　史丹佛大學人工智慧實驗室負責人、全球著名圖像辨識資料庫 ImageNet 創始人李飛飛這樣描述：「從科學到科技再到產品，就像一個 4×100 的接力賽，每一棒都有特殊功能，學術界應該算是這個 4×100 接力賽的第一棒，工業界和實驗室是第二棒，產業化和投資則是第三棒、第四棒。」

　　為了這最關鍵、也最刺激的最後兩棒，2013 年 1 月，歐盟宣布投入 10 億歐元，目標鎖定在用巨型神經網路電腦來模擬整個人類大腦。2016 年 10 月初，美國白宮連續發布了〈國家人工智慧研究與發展戰略計劃〉（"The National Artificial Intelligence Research and Development Strategic Plan"）和〈為未來人工智慧做好準備〉（"Preparing for the Future of Artificial Intelligence"）兩份報告，制定人工智慧研究與發展策略規劃。同年，在中國官方的報告中，也頻頻提及人工智慧。2016 年 5 月，中國國家發展和改革委員會、科技部、工業和信息化部、中央網信辦聯合發布《「互聯網＋」人工智能三年行動實施方案》。2016 年 8 月，中國國務院《「十三五」國家科技創新規劃》發布，人工智慧再次成為核心重點。

　　人工智慧是普世的嗎？當然，這是目標。但是，這種普世注定不是某個單一國家能給予的，人工智慧的發展必然像

生物進化一樣，充滿多元競爭和地方特色。值得玩味的是，當美國科技巨頭在人工智慧賽道上競逐時，卻意外在中國遭遇水土不服。

2016 年末，IBM 的醫療機器人華生（Watson）＊落地山東。這個在美國大獲成功的機器人，一來到中國「打工」就被語言給絆住了。IBM 在中文素材上欠缺積累，讓這次合作從一開始就出現了裂痕。華生這位「技術大神」能夠聽得懂全球多種語言，卻對上海話、廣東話、閩南語無能為力。但這並不是一個特例，因為東西方生活、思維、文化差異造成的隔閡，在歷史上從不罕見。

同樣是搜尋，中外網友的關注焦點全然不同。2015 年谷歌人物熱搜榜上，排名第一的是 NBA 球星拉瑪·歐登（Lamar Odom），第二名是女子格鬥家龍達·魯西（Ronda Rousey），第三名則是美國電視節目名人凱特琳·詹納（Caitlyn Jenner），但這幾個人物恐怕只會出現在極少數中國人的搜尋方框中。2015 年百度人物熱搜榜上，排名前列的是金星（中國變性舞蹈家）、王思聰（萬達集團董事長王健林的獨子），頓時「接地氣」了許多。

在硬幣的另一面，微軟聊天機器人 TAY，在推特上玩耍了 24 個小時，就學會滿口髒話、種族歧視、性別歧視，這

＊　在中國也譯為「沃森」。

倒是非常具有「美國特色」。顯然，在多元化的網路世界裡，沒有任何一個國家和機構，能夠「獨當一面」。只有不同文化、經濟、政治背景的基因進行競爭，才能對網民的需求做出全面恰當的回應。

從國情來看，中國發展人工智慧的內在驅動力，較歐美國家更為強烈，這種驅動力來自民間。百度搜尋統計顯示，有關「服務」的搜尋請求，數量始終在迅速成長：2014 年比 2013 年成長了 133％，2016 年在基數更大的情況下，仍有 153％的成長。

在行動網路領域的應用上，中國比美國更為普及，中國網民早已習慣上網尋求服務。如今，中國每 100 張電影票中就有 55 張，是透過網路下單預訂的。相較之下，互聯網服務在美國電影業的滲透率只有 20％；也就是說，100 張電影票中只有 20 張是上網訂票的。再者，中國餐飲業的互聯網滲透率是 2％時，美國只有 1％。中國之大、之特殊，要高效實現中國網民的服務需求，AI 創新就是一條必經之路。

驅動力的另一個源頭，則是產業焦慮。中國製造業的成本上升很快，放眼全球，工業愈來愈自動化和智慧化，高階製造業可能會回到歐美，而低階製造業已經開始流向越南等國。如果不在短時間內完成產業轉型，中國製造業將面臨「空心化」的困境：高階製造業、低階製造業都將流出中國，而這種轉型能不依賴人工智慧這一環嗎？

　　儘管局勢緊迫，但中國的實力值得看好。中國企業的執行力、中國政府的支援力度，都是新興產業的強力後盾。如果說，網民的需求是「天時」，企業與政府的合作是「人和」，數據則是中國大腦發展必不可少的「地利」。在這個領域，中國更是得天獨厚。

　　龐大的人口規模、複雜的社會環境和鎖定不同應用場景的互聯網企業，匯合、蒐集這個數據全集，意義非凡。可以預見在不久的未來，除了個人資料之外，依託於公共環境或政府背景而產生和累積的數據，例如汽車登記資訊、學籍學歷、犯罪紀錄等，將以加密的方式，形成個人基礎電子檔案。企業和市場透過服務輸出獲取的資料，例如信用卡帳單、消費紀錄、網站瀏覽偏好、慣用手機品牌等，將以使用者授權的方式，再次轉化為服務，回饋給使用者。這裡的「使用者」，不是會寫程式、能建模的「碼農」*博士，而是普通的公眾群體。讓更多人也能便捷使用智慧設備，才是真正意義上的科技福祉。

　　當年，美國「阿波羅計劃」（Project Apollo）帶動了大批企業成長創新，美國軍方用於「冷戰」對抗的 ARPAnet（美國國防部高等研究計劃署組建的電腦網）衍生出互聯網。中國大腦這個充滿想像力的超級工程對中國經濟的貢獻，也

---

* 程式設計師。

遠遠不只是湧現一批明星科技企業和科技成果，而將切實為整個經濟和社會的轉型提供服務和動力。

2017 年，百度獲批籌建深度學習技術及應用國家工程實驗室，由百度研究院院長林元慶、百度深度學習實驗室傑出科學家徐偉、北京清華大學的張鈸院士和北京航空航天大學的李未院士組成團隊。百度將與北京清華大學、北京航空航天大學、中國信息通信研究院、中國電子技術標準化研究院等共建單位合作，將企業優勢資源整合，建設「國內領先、世界一流」的深度學習技術及應用研究機構，從研究突破、產業合作、技術成果轉讓、人才培養等方面，提升中國人工智慧領域的整體競爭力，這將是創世紀超級工程的開篇。

人文主義畫家米開朗基羅（Michelangelo）完成了雄偉的壁畫《創世紀》（Genesis），其中的畫面構圖：上帝之手觸碰亞當指間的那一瞬間，智慧的啟蒙就此產生。這幅壁畫中上帝的袍服寬大張揚，最近幾十年，有人指出上帝袍服的形狀，其實是一幅人類大腦的解剖圖。在這幅壁畫中，米開朗基羅悄悄藏進了啟蒙的密碼──上帝就在人類自己的大腦中，是人類自己啟蒙了自己！

人類在自我勞作、自我啟蒙中，發展出自我的智慧。如今，深度學習神經網路也在自我運作、自我調試中，創造出新「大腦」。這顆巨大的 AI 之腦，將成為人類文明的新背景，正是人類偉大活動的體現，支持人類文明邁向更高階段。

《創世紀》局部圖像

智造與文明升級

2016 年底的一天，當百度地圖召開發布會，宣布每日定位服務突破 720 億次時，百度地圖事業部總經理李東旻，不禁想起十多年前自己第一次聽到中國科學院大學經管學院教授呂本富做互聯網經濟演講時的感受。當時正在就讀研究所的他，形容自己彷彿在迷茫中看見了光，不久就抓住了一個機會，來到初生的百度實習。

2000 年，堪稱當時網紅級學者的呂本富，到處宣講新生的互聯網，在一場論壇上遭到一位上市公司老總的質疑，他回答：「您是一位成功人士。為什麼成功？因為在 1970 年代短缺經濟時期，您是第一批注重品質的；在 1980 年代市場經濟初期，您是第一個搞品牌行銷的；在 1990 年代過剩經濟時期，您是第一個搞連鎖、抓運作的。您的成功是因為總是站在時代的前列，但 2000 年以後的潮流是什麼，您知道嗎？」那位老總彷彿醍醐灌頂般，當時就表示要投資互聯網。

隨著互聯網經濟的興起，互聯網思想市場也空前繁榮，大大小小的互聯網財富講師口吐蓮花，呂本富的觀點早已被掩蓋。但是，在這些意見當中，有多少能夠把握住下一波浪潮？

人工智慧是新的光，討論它對社會整體的影響，只靠與互聯網經濟相關連，恐怕還不夠。這是一場漫長社會進化過程的最前端變革，不僅經濟、科技總體面貌將會改變，國

家、社會治理層面，乃至文化、個人層面，也將因為人工智慧浸潤而發生變革。由此，經濟基礎與上層結構的共同變化，將使文明樣態發生改變。人工智慧可以助長大同社會的理想嗎？可以有助於和而不同的社會秩序嗎？要回答這些問題，需要努力，更需要想像力。

從勤勞革命到智慧革命

中國社會學和人類學的奠基人之一費孝通、日本京都大學經濟史教授杉原薫、義大利政治經濟學家喬凡尼・阿銳基（Giovanni Arrighi）等學者，在考察中國近代與現代圖強歷史中，漸漸描繪出一條可以稱作「勤勞革命」的道路。

「勤勞革命」與西方工業革命的重資本投入不同，其表現為：相對廉價但受過基礎教育的熟練勞動力，在相對小規模的單位工作；勞動密集型產業；推崇勤勞致富的工作倫理等。這條道路並非和工業革命對立，而是工業革命衝擊下的一種應對。依靠「勤勞革命」，中國在一窮二白、資本稀缺的條件下，完成了工業時代的逆襲，成為世界頭號製造業大國，擁有全球罕見的完整產業鏈，GDP（國內生產總值）增速常年高居世界榜首。

過去三十多年裡，中國幾乎抓住了所有「崛起」的機遇。在第三次工業革命時期，中國初步完成工業化，補上欠了一百多年的功課。1980 年代，西方國家紛紛去工業化，中國

承接產業轉移，成為世界工廠。1990 年代末期互聯網起飛，中國終於和美國站在相同的起跑線上。如今，行動網路的發展，中國甚至略勝一籌。

中國重新崛起的輝煌，一部分要歸功於全球化。加入世界貿易組織（World Trade Organization, WTO），讓中國商品更容易銷售到全世界。在各個產業領域，中國人學習、消化先進國家的先進產業技術速度很快，凡是中國人學會製造的商品，該商品在全球的價格很快就會降下來，所以中國也常被指為「搭便車」。但是，現在中國已經成為全球第二大經濟體，有愈來愈多人認為，中國無法再完全延續過去韜光養晦式的跟隨策略，也需要擔當引領者的責任，不僅要為全世界創造經濟高速列車，也要提供技術指引，乃至文明典範。

「勤勞革命」本身也遭遇到危機，人口高齡化、用工成本上升、大城市病、新興中產階級對環境汙染的焦慮、國際競爭加劇、貧富差距擴大引發的不滿等，都在困擾這個國家……如果方向不對，「勤勞」也無法引領潮流。中國人渴望找到新的高速發展路徑，如果方向明確，中國人願意再一次發揮「勤勞」稟賦去學習、追趕。歸結到產業角度，整個國家需要淘汰、轉移落後產能，升級產業和消費層次。

在升級方面，中國也並非像一些輿論渲染的那樣，缺少創新能力、只能聚焦在低階產業。「勤勞革命」的說法本身，也多少掩蓋了中國人技術革命的能力。中國的科技實力在大

幅度提升中，即便在頂尖領域，也緊隨著為數不多的先進國家。2015 年 8 月，中國科技大學的袁嵐峰博士撰文提到，從《自然》雜誌指數、全球五大專利局數據、科研投入數量、先進專案狀況等多方面論證，中國整體的科技水準正以加速度逼近頭號大國美國，穩居世界第二。此文被多方轉載洗版，引發科技界和民間熱議。

2016 年 10 月，中科院與科睿唯安公司（Clarivate Analytics，原湯森路透智慧財產權與科技事業部），聯合發布了根據論文大數據分析的《2016 研究前沿》，指出：「中國在前沿引領度方面，與美國差距較大，與英國競爭激烈。在潛在引領度方面，中國全面超越英國，位居世界第二，顯示出強勁的後續發展能力。中國總共參與 68 個前沿方向，其中 30 個領跑全球，與第一名美國總體上還有較大差距，但是在很多領域已經反超。」

在產業方面，中國的技術型大企業崛起，從工程機械製造到電信領域，頂尖企業具備較強的競爭力，能在全球與跨國巨頭們一較高下。從勞動密集型產業朝技術、資本密集型產業轉型，雖然大有進步，但與先進國家的差距仍然明顯。以工業機器人為例，根據國際機器人聯合會（International Federation of Robotics, IFR）統計，2013 年，中國製造業從業人員機器人保有量僅為 25 台／萬人，而世界平均水準為 58 台／萬人，其中韓國是 396 台／萬人、日本是 332 台／

萬人、德國是 273 台／萬人。

對於機器人應用最多的汽車產業，先進汽車生產國的工業機器人使用密度，均已達到 1,000 台／萬人，而中國僅為 213 台／萬人。不過，也是從 2013 年開始，中國工業機器人銷量在全球占比達 20.52％，首次超越日本，成為全球第一大工業機器人銷售國。根據 2016 年的數據，中國的工業機器人使用密度，已經達到 49 台／萬人。

中國在 AI 領域的突飛猛進令全世界矚目，根據《華盛頓郵報》(*The Washington Post*) 報導，中國在深度學習領域發表的論文數量已經超越美國，品質也不落後。在應用領域更是豐富多彩，2017 年美國國際消費電子展 (International Consumer Electronics Show, CES) 上，中國企業數量超過參展企業總數量的 1/3，而且多項中國人工智慧產品，獲得展會官方最佳創新產品獎。

在美國，資本主導下的高新技術產業，在前總統歐巴馬 (Barack Obama) 任內高速發展，為全世界輸送了技術，卻也擴大美國本國分裂。製造業空心化使得 AI 等高新技術，無法在美國本土充分落實消化。而中國遍地成規模的製造業、服務業，加上每年大專院校培養出來的百萬級工程師與海歸人才，使得 AI 原力正在獲得釋放。

三次技術浪潮衝擊下的第一製造大國

中國的焦慮，已經持續很多年了。在 1990 年代末期，業界就開始流傳這樣的順口溜：「如今，冰箱都能製冷，彩電都有影兒，PC 都能定製，ERP 誰都不大懂。」這幾句話言簡意賅，前兩句反映出工業化的困境。家電是中國製造的指標性產業，先後經歷消費和產能的爆增，企業在早期都曾被品質問題困擾，少數企業致力於提升技術和管理，進而脫穎而出。當「製冷」和「有影兒」這樣標準化的功能需求趨於飽和，「品質過硬」（品質優良之意），意味著生命週期長、替換率低，市場也就陷入停滯。

PC 雖然都能定製，但僅限於 CPU 時脈、記憶體、硬碟容量等性能，這由傳統 PC 模組化的結構所決定，是一種相當初級的定製。與後來的智慧型手機支持應用、內容定製，和支持數據生產、分享和反饋相比，不可同日而語。而未來的 AI 終端，開放性又將遠遠超越智慧型手機。

ERP 曾被視為企業資訊系統的核心，如今也已經看見衰落的景象。儘管 ERP 的樣版開發，相當於對大量企業的資料進行了人工的深度學習、找出基本模式，還可以針對每個使用者的特點進行二次開發，但本質上仍是一種集中開發的模式，彈性不足、部署週期長、和業務脫節，而這些都是造成「誰都不大懂」的根源。ERP 跟不上近年商業環境的變化，

逐漸被雲端運算取代；雲端運算不只是一種技術，也代表了一種理念。對應雲端（分散式）運算，企業也要從傳統的集中管理，轉變為分散式管理。

就宏觀層面來看，製造業正在邊緣化。當代趨勢大師約翰・奈思比（John Naisbitt），在 1982 年寫下《大趨勢》（*Megatrends*），著作中指出：「日本已經取代美國，成為世界工業的領導國……日本是第一，但只是一項衰退賽事的新任世界冠軍。」奈思比認為，日本也受到一些新興市場的挑戰，當時中國處於改革開放初期，還沒有進入他的視野。二十年後，中國成為工業化競賽中最新、也可能是最後一任世界冠軍。

就在三百多年前，世界上絕大多數的人口，都在田裡耕作。沒有人能想像得到，人們很快就湧入城市和工廠。今天的美國，農民數量已經不足勞動人口的 1％。一百多年前，相似場景在更高層次上演，人們開始湧入辦公大樓。七十多年前，美國辦公室白領數量超越生產線上的藍領工人。二十多年前，美國企業界大量裁撤白領職位，很多人主動離開了朝九晚五的辦公室。傳統產業的組織模式，正在發生巨變。

人們常說，美國的今天，就是中國的明天。陽關三疊的長週期，也正在中國發生，區別在於時間大為壓縮。三十多年前，中國大部分人口還在田裡耕作；二十多年前，中國才開始形成白領階級；最近幾年，白領族群的職業前景達到某

種瓶頸，這是新的不平衡規律。時間壓縮更突出的表現是，在美國按時間展開的進程，在中國是同時發生，並且按空間展開。在互聯網創業大規模展開的同時，大批的新工廠和新辦公室投入營運，招募了大批農民工、藍領和白領。這種情況造成的局面錯綜複雜、波瀾壯闊，處理起來更考驗中國舉國上下的智慧。

另一位未來學家、《第三波》(*The Third Wave*)的作者艾文‧托佛勒 (Alvin Toffler)，在 2001 年的中國行中評價：中國包含三個世界，第一波浪潮覆蓋大約 9 億農民，第二波浪潮覆蓋大約 3 億市民，而第三波浪潮，據托佛勒當時獲得的中國國家計劃委員會(後來重組為國家發展和改革委員會)數據，只有 1,000 萬人。中國的發展主題，就是改變三波浪潮人口之間的關係。

今天，中國的人口格局已經大為改變。國家發布的數據顯示，2016 年中國城鎮化率已達 57.35％，城鎮常住人口達到 7.7 億。「十二五」時期，城鎮化率年均提高 1.23％，每年城鎮人口增加 2,000 萬人。

第三波浪潮吸納了大量就業，但和第二波浪潮的邊界是模糊的。互聯網產業本身，就同時包括本屬三波浪潮的世界。以百度外賣為例，公司擁有大量的外賣配送員，相當於傳統藍領；其次是營運維護人員，相當於傳統白領；還有一個小而精的技術部門，包括 AI 團隊，相當於頂層。就公司

內部來說，管理文化差異如此懸殊的三個員工族群，是一項不小的挑戰。從外部來說，這正是中國發展道路的特點，需要勉力平衡這種反差與混合。

中國從第一波浪潮到第二波浪潮的躍遷過程，在 2010 年前後，已經邁過「路易斯拐點」（Lewis Turning Point）。*中國的部分低階製造業，已經轉移至越南等人工成本更低的國家，印度也雄心勃勃地計劃「成為全球製造中心」。莫迪（Narendra Modi）政府於 2014 年 9 月，向全世界發布印度製造新政，包括提供一站式服務、改革勞動法和稅收、簡化審批程序，藉此吸引各國在印度投資設廠，增加當地的就業機會。印度的多時空混合特質比中國的更嚴重，英語理工精英與落後種姓制度比肩繼踵，能否成為中國製造的有力對手，尚需拭目以待。

另外，歐美等老牌製造業強國也在努力，希望能夠百尺竿頭，更進一步。德國聯邦科技教育部（Federal Ministry of Education and Research, BMBF）和聯邦經濟與技術部（Federal Ministry for Economic Affairs and Energy），在 2013 年 4 月漢諾威工業博覽會上，提出工業 4.0（第四次工業革命）的概

---

* 諾貝爾經濟學獎得主、發展經濟學領軍人物亞瑟‧路易斯（W. Arthur Lewis），在 1954 年提出的論文中分析發展中國家的二元經濟，他認為當農村剩餘勞動力轉移殆盡，城鄉形成統一的勞動力市場，工資水準將開始持續上升。

念，得到產官學各界廣泛認同。工業 4.0 已經提升為德國的國家戰略，在全球引發新一輪的工業競賽。工業 4.0 旨在提升製造業的智慧化水準，利用虛實整合系統（Cyber-Physical System, CPS），將生產中的供應、製造、銷售資訊數據化、智慧化，在價值流程中整合客戶及合作夥伴，實現快速、有效、個性化的產品供應。

美國正在試圖逆轉戰後去工業化的趨勢，讓部分工廠回流本土。身為大國，局勢錯綜複雜，存在著各種勢力博弈，像特斯拉這樣的無人汽車工廠並無助於就業，美國中下層人均收入縮減，很多回流的工廠沒有回到鐵鏽地帶，[*] 而是部署在人力成本更低的南部區域等。新總統川普連續在推特上炮轟豐田（Toyota）、通用（GM）和福特（Ford），威脅它們要把汽車工廠遷回美國，這更加凸顯了某種時空錯亂的怪異特性。無論如何，美國重振製造業的行動，勢必對中國製造業形成壓力。

美國製造業提出的主要創新亮點，在於 3D 列印。雖然一度以黑科技^{**}（black technology）的面目出現，但 3D 列印

---

* 鐵鏽地帶（Rust Belt）最初是指美國中西部五大湖附近傳統工業衰退的地區，現可泛指工業衰退的地區。
** 源自日本賀東招二創作的輕小說《驚爆危機》（フルメタル・パニック！）中的用語。原意指非人類自力研發，凌駕於人類現有科技之上的知識，目前則多用來形容先進的科技、技術、產品。

的關鍵不在於技術，而是反映出製造業從大規模標準化生產，轉向大規模客製化生產的趨勢，最終反映出客戶需求個性化、自組織化的趨勢。

面對這樣的上下夾擊，中國製造業的地位略顯尷尬。儘管人力成本還有向中西部轉移的空間，但中國整體正在逐漸告別低成本的優勢，迫切需要將競爭力轉移到生產率和知識經濟上。

張亞勤因為負責百度雲端運算工作，經常要跟企業打交道。他認為，在工業互聯網和智慧製造方面，中國落後美國比較多。這麼多年來，美國大型產業基本上都實現流程化，垂直產業的大部分公司都使用 ERP 了，為此投入了上萬億美元，使流程變得 IT 化、軟體化。美國製造業不管是高精機械也好、生產線也好，自動化的起步都很早。中國在這方面整體上相對落後，中國企業、尤其是很多小型企業，沒有統一的工作流程，IT 程度也比較低。

從第二波浪潮到第三波浪潮的躍遷，即使是最先進的美國，也才剛剛起步。在某種程度上，矽谷的創新仍然以技術為主，與第二波浪潮中誕生的產業相對獨立，互相的結合程度可能還不如中國。「物聯網」概念的發明者凱文‧艾希頓（Kevin Ashton），就極為看好中國互聯網與物聯網的發展。張亞勤認為，就像消費互聯網剛興起時一樣，各國都處於同一起跑線上，美國可以做，中國也可以做，中國甚至能夠做

Donald J. Trump ✔
@realDonaldTrump

跟隨

Toyota Motor said will build a new plant in Baja, Mexico, to build Corolla cars for U.S. NO WAY! Build plant in U.S. or pay big border tax.

上午10:14 - 2017年1月5日

豐田說要在墨西哥建新廠，為美國生產卡羅拉汽車。沒門！在美國設廠，要不然就繳重稅。

 19K　32K　107K

Donald J. Trump ✔
@realDonaldTrump

跟隨

General Motors is sending Mexican made model of Chevy Cruze to U.S. car dealers-tax free across border. Make in U.S.A. or pay big border tax!

上午4:30 - 2017年1月3日

通用讓墨西哥人製造雪佛蘭科魯茲，卻免關稅送回美國。改在美國做，不然就課重稅！

 9.4K　19K　73K

川普在推特上炮轟汽車製造商

得比美國好。現在，當人工智慧來了之後，原先一些領先優勢就不大重要了，甚至從優勢變成劣勢。

　　比方說，傳統企業花很多錢購買 Oracle 的資料庫，或

是購買 IBM 的 ERP 和資料庫。這麼多年來，以傳統 IT 技術為根基的公司，產品愈做愈繁重，硬體也好、軟體也好，都愈來愈複雜。IT 的投資、營運成本和人力成本愈來愈高，很多企業不堪重負。雲端運算是新的平等起跑線。雲端做的事情是移走複雜性，讓做雲端的公司幫企業做 IT，不是像傳統的網路內容供應商（Internet Content provider, ICP），派幾百個人到你公司去執行，而是提供虛擬化服務。例如，過去是在家裡建電站、打水井，現在是提供電網、水網，企業只要打開水龍頭，就可以取水飲用。企業不再需要部署那麼多的伺服器，也不再需要那麼繁重的 ERP 系統，只要連上網路，就可以連結所有服務，包含運算、儲存、資料庫等。於是，商業端服務也消費者化了，方便又快捷。

昔日製造大國：人為物役

伴隨 AI 產業的熱潮，樂觀和悲觀的觀點再次交鋒。20世紀，人工智慧剛在想像和理論中成形時，爭議就開始了。人們的恐懼和希望都來自現實，反映了貫穿三波浪潮的人與技術的糾結關係。簡略回顧一下技術與工具的歷史，有助於我們反思製造業與人工智慧的關係。

商品的個性化定製，背後站著生物進化的歷史。進化論告訴我們，生物透過改變性狀（trait）來適應環境。這個迭代過程非常緩慢，而且後天的習得又不能寫入程序

（DNA）。但是，在工具領域，人類可以超越生理的進化，透過工具的改進和迭代，融合後天習得的知識和本領，改造環境、改變自己。

製造工具甚至成為人類的本質定義，雖然有些動物能夠在某種程度上使用「工具」，例如人類的近親靈長類，但這些動物使用工具，仍然屬於條件反射。人製造工具並非回應眼前的挑戰，而是包含了對過往經驗的「深度學習」與對未來的預測。如石器中常見的一類石斧，有砍、削等多種功能，適用於不同情境，成為我們祖先隨身攜帶的工具。

AI 目前剛剛走到自己的石器時代，如果說從過去到現在的電腦工作模式是條件反射，只能完成程式預設的任務，今後人類將致力於教會它自己開發「工具」。

此處就以汽車製造業來說明。科學管理學派的祖師腓德烈・溫斯羅・泰勒（Frederick Winslow Taylor），對裝卸工種經過反覆試驗（深度學習），得出單人的最優負重為 21.5 磅（9.76 公斤），因此為每種物料設計專門的鏟子，全都保持此一容量。可想而知，每個工人的力量和耐力存有差異，這個最優負重是泰勒生活的時代工人平均身體素質的體現。當時在技術上，鏟子仍是工人的工具，但在管理上，管理者透過標準化的鏟子，把所有工人組成一個巨人，單一工人就是這個巨人的人肉工具，也成為鏟子的工具，正所謂「人為物役」。

　　在汽車工業早期，由每個工人獨立完成一整輛車的裝配，採用自己最習慣的方式。經過長期學習，工人們也能夠達到相當熟練的程度，但這並非效率最高的方式。進化的下一步，就是生產線。

　　據說，福特公司的高管，有一次參觀屠宰場受到啟發，於是也採用流水線裝配汽車，將整車裝配分割成最小、最簡單的單位，每個工人只負責單一製程。1913 年，福特公司開發出世界上第一條生產線，汽車底盤和零件分別透過傳送帶送到工人面前，工人無須走動，節省取零件的時間。手工生產一輛汽車需要 728 工時，生產線縮短時間到 12.5 工時以下。汽車價格大幅下降，一般平民也買得起。T 型車從 1908 年投產到 1927 年，總共生產了 1,500 萬輛。

　　早期，汽車生產的流水線，總共劃分為 7,852 個工種。其中，949 種需要身體強壯；3,338 種只需要普通體格；3,595 種可在正常體力以下，又有 715 種可由獨臂者完成，2,637 種可由獨腿者完成，10 種可由盲人完成，2 種甚至可由雙手殘疾者完成。這種詳細劃分的標準，我們可以理解為較為原始的特徵化和數據化，蘊含著今天的數據標籤化技術，而標籤化數據正是 AI 的燃料，但這畢竟還是工業時代的產物，無法掙脫人為物役的鎖鏈，也無法滿足更高層次的人類需求，會先遭遇到「多樣性」的瓶頸。

福特公司早期的生產流水線（1913，資料出處：www.archives.gov/
exhibits/picturing_the_century/newcent/newcent_img5.html）

新工業自動化才能契合人類的多樣性

　　多樣性是生物的基本特徵，普通生物的多樣性，一般表
現在物種之間，即同一物種的性狀趨同。但是，在進化的高
級階段，在智慧生命身上，多樣性表現在個體之間，尤其表
現在與智慧相關的器官──腦和手。

　　可以想像人類基因中有顆骰子，隨機擲出不同的 DNA

代碼。非孿生的兄弟姐妹，天賦也會有顯著差異。人們向來都能感受到彼此的不同，只是囿於手段限制，無法淋漓盡致地表達這些不同。過去，人們想出眾多的性格分類法，以星座學最為流行，就是渴望表達區分的嘗試。生物體的個性區分，曾令達爾文非常困惑，卻為經濟的分工協作和消費的多樣化，奠定了生物學的基礎。

傳統工業是如何滿足多樣性的需求？關於產品個性，工業先驅亨利‧福特（Henry Ford）有三句話，昭示了舊工業模式下企業與消費者的關係：

「我問人們想要什麼？他們總是說更快的馬。」

「顧客可以喜歡任何顏色，只要是黑色。」

「汽車價格下降 1 美元，增加 1,000 名顧客。」

消費者對汽車有什麼具體需求呢？中國記者薛成曾在《中國企業家》中撰文分析過這個問題。在汽車問世之前，除了少數工程師，普羅大眾對此一無所知，工程師只能就已知需求（馬），來增加數量（更快）。按照心理學家亞伯拉罕‧馬斯洛（Abraham Maslow）的需求層次理論，愈低層次的需求，愈容易量化、共性愈大，相應的市場規模就愈大。

亞當‧斯密（Adam Smith）在《國富論》（The Wealth of Nations）中指出，規模是分工協作的前提。愈高級的需求，

如果要增加產品，相應的分工協作就會愈複雜，會降低效
率，損失規模效應。對汽車生產來說，首先是為了容易滿足
的需求擴大生產——「價格每下降 1 美元，增加 1,000 名顧
客。」如果為了增加色彩價值，每投入 1 美元，只能增加
200 名顧客，將損失 800 名潛在顧客。所以，福特只提供黑
色轎車，優先提高產量，降低成本。

　　但是，在消費層面來說，當汽車顧客被「創造」出來，
他們的新需求就同時產生了。管理大師彼得・杜拉克（Peter
Drucker）的《彼得・杜拉克的管理聖經》（*The Practice of
Management*）開宗明義主張，企業的目的是創造顧客，當
生產力擴張，消費需求將被釋放或創造出來。

　　泰勒相信工人為了錢工作，福特也說過：「工資解決了
9/10 的精神問題。」但是，從 1924 年到 1932 年，由喬治・
埃爾頓・梅奧（George Elton Mayo）為首的心理學家（不是
管理學家），透過美國伊利諾州霍桑工廠（Hawthorne
Works）的實驗發現，工人的工作動機要複雜得多。1960
年，心理學家道格拉斯・麥格雷戈（Douglas McGregor）提
出 X 理論和 Y 理論，前者把工人看作懶惰的經濟理性人，
需要鞭子＋酬勞來激勵，後者認為人有勞動的需求和創
造力。

　　整個舊工業經濟體系就像太陽系，消費者和員工環繞著
企業運轉，企業再環繞著金融（太陽）運行。這套體系可以

對人的多樣性需求做出反應，但是以一種中心化的方式
運作。

直到今天，技術還在進步，除非創造新的物種，否則產
品多樣化的方向，已經趨近感知的極限。一個新的循環往復
將要形成，新工業模式將把舊工業模式顛倒過來，不再是技
術的突變引導需求的漸變，而是無限拓展需求層級和種類，
以需求的突變引導技術的漸變。擴大內需不應被理解成舊需
求層面上的擴張，而是前所未有的多樣化需求被開發出來。
在舊工業模式下，依靠的參考架構只有已知技術和已知需求
兩條小路，人類憑著自己的計算和洞察摸著石頭過河。今
天，人類無窮多樣性的細分需求，需要依靠人工智慧深度學
習系統才能捕捉。

曙光在於大數據和人工智慧。今天，人類的多樣性需
求、反饋愈來愈被數據化，可以無限產生，並且被傳感器記
錄下來。也只有建立在機率和分散式運算方法上的深度學習
與智慧經濟系統，才能從這無限的數據中感知未來的方向。

還是以汽車的例子，來具體說明這個問題。賓州大學華
頓商學院（The Wharton School）的教授馬歇爾・費雪
（Marshall L. Fisher），曾經拜訪汽車經銷商，得知綜合顏
色、內裝、引擎等功能，汽車製造商實際上可以提供兩千萬
種車款。若要定製需要至少 8 週時間，因此 90％以上的顧
客，都是從經銷商那裡購買既有的車款，也不知道存在的可

能車款有那麼多。這家經銷商只有兩種車款的現貨，而本地共有 10 家經銷商，假設每家經銷商的車款規模相等（2 種），那麼在本地市場上，總共就只能提供 20 種車款，費雪將這種汽車銷售通路比作沙漏的瓶頸。

這項調查發表在 1997 年的《哈佛商業評論》（*Harvard Business Review*），同年亞馬遜上市，提供了解決方案——網路貨架無限長。除了儲存空間，更重要的是資訊媒合，透過電腦網路即時記錄和分析使用者行為，推測出他們的興趣，就是所謂的「用戶人物誌」。有了這個方法，就能把無限多的產品型號與無限多的用戶需求精準媒合。

復旦大學中國研究院的余亮在虎嗅網撰文認為，「用戶人物誌」被很多人誤解為是對用戶族群的描述，比如 90 後族群的消費特徵等，甚至一些互聯網商業公司也在宣傳中，如此使用「用戶人物誌」。然而，正好相反，由於人工智慧的「用戶人物誌」恰恰是對個人的描述，可以為每個人貼上無數標籤，精細追蹤個人需求。比如，所有以演算法推薦資訊的應用程式，都是「偽裝」成新聞用戶端的用戶個性蒐集器，以此向用戶推送個性化的資訊和廣告。這種方法同樣運用在實務領域，物聯網和人工智慧可以給生產製程和消費用戶兩方面都貼上天文數字的標籤，滿足最精細化的需求。例如，3D 列印，實質是可以根據多種多樣的需求而靈活變化製程，不再依靠實物模型，僅僅根據電腦建模，就可以「列

印」出新產品。

　　工業自動化的內涵因此被改變，不再是針對固定需求的自動生產，而是自動根據需求變化調節生產、流通和分配。控制論領域大獎諾伯特・維納獎（Norbert Wiener Award）得主、中科院自動化研究所副所長王飛躍指出：「工業自動化將向知識自動化轉移。」新的生產過程將具備下列特性：對人類生活多樣性的自動追蹤；知識的自動化習得；工具的自我複用和進化；對社會管理的自動優化；生產流程根據知識進行自動調整，並且生產出新知識⋯⋯以此形成新的循環往復規律，革新工業經濟模式。

　　這個過程將挑戰過去生產方式的一切環節，包含生產布局、設計流程、通路建設，直到組織的企業權力結構等。「中國製造」也因此將蝶化為「中國智造」。

走向物聯網與精細化生產

　　知識化、自動化、精細化生產方式的基礎，就在物聯網。2016 年 7 月，日本軟銀公司（SoftBank）斥資 243 億英鎊，收購微晶片巨頭 ARM 公司。軟銀總裁孫正義認為，物聯網將引領下一輪技術爆炸。2018 年，物聯網設備的數量，將會超過行動設備；2021 年，全球將擁有 18 億台 PC、86 億台行動設備、157 億台物聯網設備；2035 年，數據量將成長 2,400 倍，從 1EB 成長到 2.3ZB；在未來二十年，

物聯網設備的數量將會超過 1 萬億台。孫正義指出：「物聯網與人工智慧的關係，正如同眼睛與大腦配合使生物得到進化的關係。物聯網爆發，即將來臨。」

　　物聯網讓人與萬物連上同一張網絡，讓人與機器隨時互動，人類一切可以數據化的行為和反應，都會引起機器和生產線的波動，各種資料在雲端交匯，大量運算透過雲端伺服器完成，再透過產品與服務回饋於人，循環上升，進而把人的多樣性與物質世界聯繫在一起，彼此催生、共同進化。

　　《奇點臨近》的作者雷・庫茲威爾認為，人類正處於物聯網引領的工業革命時代。3D 列印技術是 2020 年前，創新型工業革命的主要推動技術。到了 2020 年，我們的衣服都可能被開放原始碼設計，可以直接從雲端免費下載。3D 列印技術的發展前景目前尚不明朗，但庫茲威爾的說法呼應了前文所說的新工業模式對多樣化需求的滿足。除此之外，從食物到音樂，都可以透過物聯網精細化生產，雲端運算是其內在邏輯。

　　凱文・阿希頓的觀點更為深遠，他認為：

　　我們要區分大眾說法中的智慧穿戴設備與物聯網，能偵測防曬指數的比基尼和能感知是否口渴的智慧水杯，都不是物聯網。物聯網不是終端設備，而是一套可以自主學習、自主做出決策的機器體系。

物聯網的優勢，在於電腦擁有各種傳感器，能夠自主蒐集數據。正如我們的智慧型手機有 GPS 或北斗衛星導航系統（BDS），有地圖，還有距離、方向、重力、慣性，甚至心率感測器，可以蒐集所有資訊進行處理。快速發展的 RFID（Radio Frequency Identification，無線射頻辨識系統）晶片，可以在不耗電的情況下提供數據。RFID 的產量早已超越手機的產量，賦予每部手機、每個設備獨一無二的編碼，或者可說是「名字」。透過這種不耗電的 RFID 系統，訂飯店、訂車位、吃飯支付都可以完成，這也是物聯網的構成部分。未來，物聯網設備的功耗將會極小，手機甚至可以在風中自己充電。

人腦將直接與雲端進行連結，進而成為物聯網的一部分。這將促進對大腦思維方式的逆向工程解析，不僅能夠加深對人腦的理解，還能反向提高機器智慧，更深刻體會人的多樣性細節。

以往工業自動化仰賴的工業機器人，在物聯網時代也將發生形態變革。工業機器人將從物理形態的硬體化轉向軟體化發展，雲端虛擬狀態與物理端實體結合。機器人軟體化和物聯網，是同一件事情在兩個方向上的發展。機器智慧無形

化、遁入物體,與雲端運算結合、無所不在,成為一個巨大的社會機器人,這正是人工智慧與物聯網追求的境界。

物聯網系統與傳統的機器系統,在知識上有著根本上的區別;在運作邏輯上,是從機械的牛頓機器向智慧的默頓機器的昇華。所謂牛頓機器,就是根據因果規律程序運行的機器,而默頓機器則是根據相關性思維自主學習規律的機器。牛頓機器遵循「大定律,小數據」邏輯,而默頓機器遵循「小定律,大數據」規律,不追求終極大定律,與人腦的工作方式更為接近,更能呼應大千世界的瞬息萬變。

物聯網自主蒐集數據只是基礎任務,更高的境界是自主決策。人類提供演算法和訓練模型,為機器裝上傳感器,讓機器在各自的場景下做出判斷和交流,並且做出決策。決策會影響世界,進而又蒐集到新的數據,如此形成循環。

舉個例子,百度雲端運算已經支持多家協力廠商智慧照明專案投入使用。今天的城市戶外照明系統雖然燈火通明,但大部分時候都只是寂寞地照射著空曠的馬路和天空。物聯網照明系統可以在初期蒐集資料,自動學習照明規律,然後自主優化管理,例如在交通低谷期對路燈進行自主調光後關閉部分路燈。系統即時監控路燈的運作情況,透過「機器學習」對設備的壽命進行預測,精準統計需要更新的零件,進而降低零件的庫存,節省維護費用高達40%。最終,把電力消耗降低到傳統標準的40%,並延長設備壽命;如此一

來，以往的燈火通明，變成生物體呼吸般的燈光節律。

經濟效益只是系統收益的一部分，前述照明系統集成了智慧燈控、環境感應、無線城市和保全等功能群，開放了眾多的 API，以供更多應用連結。由於百度雲端平台的計算能力和儲存能力可以彈性擴展，系統獲得極大的「靈活性」，可以對熱數據進行即時分析，並對冷數據做大數據挖掘。這樣的系統絕不只是為了照明，而是智慧城市的一部分，透過蒐集數據、自我學習和自我運作，提升機器智能，促生城市大腦。

物聯網將涵蓋人類的所有生存空間，在某種意義上，我們可以把智慧農業也理解為物聯網。在一些先進的示範農場，每一棵植株都安裝了傳感器，系統會根據每棵植株回饋的資訊，因材施「澆」，有的放「施」，大大提高效率、節約資源。每棵植株的傳感器更與系統相連，把大面積的農作物傳感訊息匯總到雲端上，就能計算出以往單純依靠農民經驗無法把握的農業規律，實現農業革命。

人們從傳統思維出發，可能會把無人車理解為交通領域的革新，而無人車系統的抱負是超越交通領域，成為城市和城際物聯網的載體。無人車絕對不是以個體形態出現，而是一個龐大的自主系統，像血管和神經一樣，連結著其他所有城市系統。無人車本身就是人工智慧技術的集大成者，視覺辨識、語音辨識、自主決策、機械控制等集於一身，是一部

運動中的數據蒐集和處理器。

在這個基礎上，無人車網絡把人、車和環境聯繫在一起，把個人目的和整體管理聯繫在一起。一旦無人車成規模運行，又會反過來帶動技術發展和物聯網的發展。無人車上的每個零件傳感器和乘客感應器，都聯繫著生產商、消費者、管理者，甚至協力廠商。設想一下，未來以無人車為主體的陸上交通，會與航空、航海交通打通資訊，那將是怎樣一張上天入地的巨大物聯網？

如果 C 端（消費者）的精細化生產，可以呼應人的多樣性需求，那麼 B 端（企業）的物聯網，則可以精細化掌控社會總體需求。人工智慧與物聯網同時豐富了生產、提升了效率、減少了外部成本。舉例來說，智慧農業大大節約了用水和化肥，無人車系統將減少車輛事故，滿足基本的交通運輸需求，減少汙染。智慧能源、智慧交通、智慧生產等，將為世界文明帶來史無前例的變化。

政府和社會也要做好準備

人類社會在經歷過工業革命、兩次世界大戰和無數次變革與動盪之後，愈來愈認識到個人的自由、安定和發展，離不開政府與社會的高效、公正。隨著經濟、社會的發展，人類的組織愈來愈複雜，複雜社會需要新的手段加以治理，政府和社會組織的作用尤為重要。

　　現代社會透過法律來維持和調節社會關係，但技術（尤其是人工智慧的發展），使得演算法的地位上升，各種自動化管理工具透過演算法，潛移默化地調節人類的交往、消費、交通、金融等。在未來的社會，律法可能將融合於演算法之內。

　　大規模的數據治理，起源於 20 世紀以來的政府資訊化管理。比如，1929 年由美國聯邦調查局局長胡佛（John Edgar Hoover）宣導，在美國建立的非電子化犯罪資訊紀錄系統。1960 年代，美國開始建立全國統一的犯罪資訊系統，這些資料的用途超出犯罪紀錄查詢，對勞動力市場甄選工作、福利計劃的執行，都有巨大幫助，進而成為政府治理手段的基石。

　　而在未來，隨著人工智慧技術的發展，政府治理模式和法治結構，都可能發生重大的改變。上海交通大學法學教授鄭戈認為：「（目前）法律總體上，還是假定責任源自過錯，過錯損害了法律確定要保護的權利和利益，導致了損害結果，有損害就要有法律救濟。基於這種原理，法律總是滯後於損害的，只有當主觀過錯促生了具體行為，行為造成了實際損害之後，法律才能介入，介入的目的也是恢復此前的狀態。互聯網的出現和普及，改變了人們之間的交流方式和互動方式，而大數據技術的發展，則使互聯網的潛能發揮到一個新的量級。大數據科技與認知科學和人工智慧的結合，使

行為主義很可能變為明日黃花。預測性和引導性數據分析，可以透過個人化的識別、分析和干預『植入』意向和行為動機，從而改變法律的作用場域。」*

　　具體一點來說，這就是美國電影《關鍵報告》(*Minority Report*)中展現的未來景象：政府機構有可能透過數據預測犯罪並提前制止，而非事後追凶。我們可以想像，未來政府的很多管理方式，都有必要從追逐式管理變成預測性管理。

　　英美兩國關於人工智慧發展的報告都已經提到，人工智慧對政府治理帶來的這類幫助或挑戰。英國政府報告提出：政府已經在使用機器學習等數據科學技術，這些技術提供了對一系列數據的洞察，從提供數字服務回饋到分析衛星圖像。舉例來說，政府可以做到下列幾方面：

- 透過預測需求和更準確的定製服務，使現有服務（如健康、社會保障、緊急服務等）更有效率，使資源得到最大限度的分配。
- 使政府官員更容易運用更多數據進行決策，並減少欺詐和出錯的機率。
- 讓決策更加透明（可以透過採集過程背後的數位紀錄，或是透過資料視覺化支援決策。）

---

* 鄭戈，在鼓勵創新與保護人權之間 —— 法律如何回應大數據技術革新的挑戰〔J〕，探索與爭鳴，2016（7）。

● 幫助政府各部門更了解他們所服務的人群，確保
　對每個人提供適當的支援和機會。

　　美國白宮的報告，則是提出 AI 可被用於改善刑事司法
系統，政府應該推動執法數據和公眾數據的充分應用，讓演
算法系統更能幫助人類在犯罪報告、治安、保釋、量刑和假
釋決定等各方面減少偏見，做出高效、公正的決策。

　　美國的科學研究機構，正在嘗試利用 AI 解決經濟和社
會問題，比如利用數據挖掘和 AI 來改善失業問題、輟學問
題，幫助無家可歸者。史丹佛大學的研究人員，正透過 AI
技術分析衛星圖像，藉此為援助貧困地區提供指南。

　　英國報告提出，政府部門可以借助 AI 來預警城市中可
能發生的火險，這點在美國已經實現：

　　紐約市大約有 100 萬棟建築物，過去平均每年有
　　3,000 棟會發生嚴重火災。既然每年都會發生，那
　　麼與其事後救火，能否事先預測呢？

　　　華裔數據科學家傑夫・陳（Jeff Chen），曾是
　　紐約市消防局的數據分析師。他認為，每棟建築物
　　擁有獨特的屬性，透過分析就能得知哪些建築物容
　　易著火。比如，低收入家庭的房子更容易發生火
　　災，而且因為人群居住密度較高，火災的危害性更

大。其他容易有火災的因素有：建築物新舊程度、電路老化程度、消防設施配套情況（消防栓的數量和位置）、有無電梯等。陳說，空置或沒有保全的建築，著火的機率是其他建築的兩倍。這些聽起來都很有道理，但要作爲數據因素全部消化，也不容易。

他帶頭開發了預測火警風險引擎，利用數理統計方法把建築物和住戶的各種資料加以分析，輔以機器學習技術，用市政數據來驅動引擎，預測不同建築的火災風險。這套系統在 2013 年部署，整合了當地近 7,500 項即時風險因素。紐約消防局利用該系統，提出 33 萬棟可審查建築的火警危險係數（消防局不檢查獨棟或雙拼別墅）。

在此之前，消防安檢都是隨機的。現在，當消防員進行每週例行檢查時，系統會生成一份依照危險係數排序的建築清單，指引消防員優先檢查容易著火的建築，大大節省了人力，並且提高了效率。此外，數據智慧分析系統還參與垃圾處理、解決社會治安問題等。

在美國國家層面，智慧治理專案比較突出地應用於安全工作。除了已成眾人箭靶的稜鏡（PRISM）系統，美國中央情報局親自投資了很多數據領域的獨角獸企業，包括矽谷傳

奇創業家彼得・提爾（Peter Thiel）參與投資的帕蘭泰爾科技公司（Palantir Technologies），另外還有 Dataminr、Trans Voyant、Geofeedia、Pathar 等。

這些公司產品的原理大同小異，透過社群媒體、地圖、傳感器和其他各類管道自動採集社會數據，並且整合各類交通、金融公開訊息，打通分離的資料庫，提供各種數據透視方案，無須使用者編寫代碼。

帕蘭泰爾科技公司旗下的 Palantir Gotham 主要用於反恐，這緣於提爾創辦的 PayPal 對詐欺的對抗。他們開發大數據工具，透過比對使用者過去的交易紀錄和現在的資金轉移情況等資料查找可疑帳戶，並且進行凍結。隨後，他們想到這項技術可以為政府提供服務。美國中央情報局、美國聯邦調查局、美國國防情報局（DIA）、海陸空三軍，以及警局等情報機構，掌握著成千上萬個資料庫，包括財務資料、DNA 樣本、語音資料、錄影片段與世界各地的地圖，但要在這些資料之間建立聯繫，並且挖掘出有價值的情報，卻相當麻煩。帕蘭泰爾的創始團隊認為，如果由他們建立一個數據分析庫，整合相互分離的資料，進行搜尋和分析，提升資料分析效率，就可以向政府「推銷」這項技術。帕蘭泰爾的主要客戶，也正是美國情報機構。

Geofeedia 可以迅速挖掘新聞發生地點的各類資訊；TransVoyant 服務於物流和政府業務，透過各類交通感測器

和地圖技術蒐集數據情報，同時整合各地新聞、社群媒體資訊、天氣報告、衛星雲圖、旅行警告、犯罪活動資訊等，為政府人員提供預測，幫助管理人員營運資產，即時完成數據決策。

科技公司的數據智慧服務理念延續了商業邏輯，例如篩選目標客戶、搶時間、搶收益、搶在公眾前面獲得情報，並且對未來做出預判，這與用於金融投機、戰鬥決策和股票市場上的高頻交易是相同道理。這是自由市場的叢林模式，而非統籌社會全域的治理主義模式，後者是政府層面必須考慮的事情。

中國具有相對有利的條件，陸奇認為：「中國愈來愈成為新興工業的創新大國，有很多創新的地方，而美國的保守力量比較強。在大變革時代，中國反而創新空間大，提供了更好的創新環境。」中國由於政府部門強而有力的帶頭作用，智慧地圖、保全攝影、數據管理系統涵蓋城鄉，中國的智慧城市將成為社會智慧治理的先鋒。

06

衝入 AI 無人區

無人駕駛之路

　　人工智慧只有與人類命運緊密相連，正視複雜的形勢，才能體現出科技的革命性意義。米蘭・昆德拉（Milan Kundera）曾說：「負擔愈重，我們的生命愈貼近大地，它就愈真切實在。」無人車是緊貼著大地的頂級 AI 工程，「艱難」和「顛覆」是它無法逃避的兩個命題。它比人工智慧誕生得更早，卻要翻越更多觀念和技術的大山，才能夠走到今天；車轍所及，是自交通工具誕生以來的社會秩序。

　　無人車也叫自動駕駛汽車，是指在沒有人工參與的情況下，能夠感知環境並且進行導航的汽車。1925 年，第一輛無人車在美國上路時，發明者對它是否需要「人工智慧」，還未達成共識。自此之後，無人車的形象出現在不同種類的科幻小說和電影裡。這個夢想如此具體，但歷經幾代人的實踐，仍然沒有成真。不過，值得慶幸的是，每一個逐夢者的挫折，都讓無人車的前進之路日漸清晰──這是一條智慧進化之路，也是人類社會的變革之路。

　　在吸引眾人踏上征途的未來世界，無人車不再只是交通工具，而是居家和辦公室之外的第三空間，移動、安全且舒適。人類將以最低成本穿梭在空間之中，以往因為低效帶來的堵車、汙染、停車問題，都將大為緩解，酒駕、闖紅燈、超速等危及他人人身安全的駕駛行為，也將不復存在。無人車體系更有望成為全球物聯網體系的血脈，甚至汽車作為一種交通工具的社會地位和符號意義，也將發生徹底改變。

2015 年，世界衛生組織（World Health Organization, WHO）表示，中國每年有超過 26 萬人死於交通事故，高居世界第一，其中 90％的事故是人為失誤導致。無人車有望將車禍數量降低到現在的 1％。

此外，它還會帶來巨大收益。摩根士丹利（Morgan Stanley）在一份報告中指出，無人車發展起來以後，光美國就能獲得 1.3 兆美元的收入，相當於美國 GDP 的 8％。這其中，有 1,000 多億美元來自節省下的燃料、2,000 多億美元來自減少的堵車成本、5,000 多億美元來自交通事故銳減而節省的醫療和保險成本，以及 4,000 多億美元來自工作效率的提高。

這些都還只是一個面向，無人車改變的不單是人與車的關係，一旦車與車、人與人、人與社會都被智慧工具連結，帶來的將是對現有物質世界規則的重塑。

人類歷史上第一輛無人車

時間回到 1925 年 8 月，人類歷史上第一輛無人駕駛汽車正式亮相。這輛名為「美國奇蹟」（American Wonder）的汽車，駕駛座上確實沒有人，方向盤、離合器、剎車等零件也是「隨機應變」的。在車子後方，工程師法蘭西斯‧胡迪納（Francis P. Houdina）坐在另一輛車上，發射無線電波操控前車。他們穿過紐約擁擠的交通，從百老匯一直開到第五

諾曼‧貝爾‧格迪斯（1893 年～ 1958 年）最早提出無人駕駛的概念

大道。這場幾乎可以視為「超大型遙控」的實驗，帶著對無人車機械化的理解，今日依舊不被業界普遍承認。

　　1939 年，摩天大樓開始在美國的土地上不斷出現。「大蕭條」後逐漸恢復信心的人們，懷揣著對未來的美好願景。在這一年的紐約世界博覽會上，通用汽車搭建的 Futurama（「發現未來」之意）展館前面排起了長龍，人群爭相湧入，希望一探「未來」的模樣。設計師諾曼‧貝爾‧格迪斯（Norman Bel Geddes）向當時參觀的人士，展示了他想像中的交通：汽車採用無線電控制、電力驅動，由嵌在道路中的電磁場提供能量。

　　格迪斯在 1940 年出版的《神奇的高速公路》（*Magic Motorways*）中，進一步解釋：人類應該從駕駛中脫離出來，美國高速公路都會配置類似火車軌的裝置，為汽車提供自動駕駛系統，汽車開上高速公路之後，就會按照一定的軌跡和程序行進，開出高速公路後再回復由人類駕駛。對於這個想像，他給出的時間表是 1960 年。

　　1950 年代，研究人員開始按照前述想像進行實驗。或許是實驗讓人認清困難，於是預言被延後了，他們說這一切會在 1975 年發生。

　　在這之後，試圖利用鋪設在地面上的電線為汽車導航，進而實現無人駕駛的技術探索在各處展開。英國人把路上的電線改成永久磁鐵片組成的引導線，認為這種做法能使控制更加精準、車速更快。「地面軌道派」經歷了無數挫折，幾乎所有人都隱隱發覺，以軌道引導無人駕駛，並不具有實際應用價值，而且這已經是當時技術條件的「天花板」（上限）了。不過，這種應用模式，倒是在一些送餐機器人的產品中實現了。

　　1956 年，通用公司造出無人車的實體，展示了「火鳥二代」（Firebird II）概念車，首次提出安全及自動導航系統。火鳥二代鈦金屬、流線造型的車身，簡直就像一枚直接從科幻電影發射出來的火箭。這部「火鳥」在推出第三代時，廣告標語是：「想要坐著放鬆一下？好，請設定好你想要的速

火鳥二代＆火鳥三代（photo by Karrmann, CC-BY-SA-3.0, via Wikimedia Commons）

度，然後調成自動導航的狀態吧！放開排檔桿，火鳥三代（Firebird III）會自己搞定。」

　　通用公司當時還邀請 BBC，現場直播高速公路上的無人駕駛測試；不過，當時的無人車依舊透過接收預埋線纜發送的電子脈衝訊號行駛，未能掙脫「地面軌道派」的思路。

　　至此，無論是將「遙控器」掌握在人類手裡，還是可行性不高的預鋪電纜，都和人類想像中自由、流暢的無人駕駛體驗相去甚遠。直到 1960 年代，俄亥俄州立大學（The Ohio State University）的專案負責人羅伯特・科斯格里夫（Robert L. Cosgriff）依舊深信，埋設在道路中的電子導航設備將在 15 年內推向公共道路。世界各國的實驗室還要在這些「磨盤」的圓周上徘徊多年，唯一的區別是各自走出的半徑大小。

軍事用途孵化了無人車技術

當時，影響今天無人車的主流技術，已經在各大研究機構中顯露雛形。只不過在那時，這些技術零星分散在各處，也沒有人想到要把它們組合起來。

1966 年，智慧導航第一次出現在美國史丹佛研究機構（Stanford Research Institute, SRI）裡，該研究中心採用人工智慧學研發的 Shakey，是一個有車輪結構的機器人。雖然它可能要花上數個小時才能完成像開關燈這麼簡單的動作，但是在它身上，內置了感測器和軟體系統，開創自動導航功能的先河。

1977 年，日本的筑波工程研究實驗室，開發出第一輛根據攝影鏡頭檢測前方標誌或導航資訊的自動駕駛汽車。這輛車配備了兩個攝影鏡頭，在高架軌道的輔助下，時速能夠達到 30 公里。這意味著，人們開始從「視覺」角度，思考無人車的前景。導航與視覺一起，讓「地面軌道派」宣告壽終正寢。

與此同時，GPS 系統於 1973 年開始發展。美國國防高等研究計劃署（Defense Advanced Research Projects Agency, DARPA）在 1984 年啟動「自主陸上車輛」（Autonomous Land Vehicle, ALV）計劃，目標是透過攝影鏡頭檢測地形，由電腦系統計算出導航和行駛路線等。當時，這部機器人採

用雷射雷達來識別道路，依靠 GPS 進行導航，透過小型化的短波雷達偵測前方突然出現的障礙物，並且能夠自動剎車。在這些描述中，已經不難看出無人車研究路徑的成熟，但遺憾的是，「自主陸上車輛」專案研究持續了五年，由於成果有限，國會削減經費，被迫終止。這一停，又將無人車的誕生推遲了若干年。

同樣在軍事領域投入無人車研究的，還有德國。德國軍方科研機構從 1987 年開始和賓士合作，開發無人駕駛車輛，技術甚至比美國國防高等研究計劃署的「自主陸上車輛」專案更成熟，採用攝影鏡頭和電腦影像處理系統對道路進行辨識，但這項研究同樣並未取得太多成果。在今日，我們已經知道，要讓無人車具備敏銳的「視覺」，中間還隔著運算速度、大數據、深度學習等數不清的技術鴻溝。

1993 年至 1994 年，德國慕尼黑聯邦國防軍大學（Universität der Bundeswehr München）的恩斯特・狄克曼斯（Ernst Dickmanns）教授團隊，改裝了一輛賓士 S500 轎車，使其配備攝影鏡頭和其他多種感測器，用來即時監測道路周圍的環境和變化，這是那個年代最成功的「動態視覺」實驗。這一次，這輛賓士 S500 在普通的交通環境下，自動駕駛了一千多公里。

幾乎同時，從 1984 年就開始投入無人駕駛探索的美國卡內基美隆大學，率先在 1989 年使用神經網路引導自動駕

駛汽車，即便這輛行駛在匹茲堡的改裝軍用急救車，伺服器有冰箱那麼大，而且運算能力只有 Apple Watch（蘋果智慧手錶）的 1/10。但是，從原理上來看，這項技術與今日無人車控制策略一脈相承。

卡內基美隆大學的 NavLab 專案，在 1995 年發展到第五代。一輛 1990 年款的 Pontiac Trans Sport（廂型休旅車）經過改裝之後，配備了包括可攜式電腦、擋風玻璃攝影鏡頭、GPS 接收器，以及一些其他輔助設備，成功完成從匹茲堡到洛杉磯的無人車跨州之旅。從現在的發展角度來看，這可以算是「半自動駕駛」，其研究成果對現在的無人駕駛技術，具有很大的借鑑意義。

和全球的發展節奏相近，從 1980 年代起，中國開始了針對智慧行動裝置的研究，起始專案同樣源於軍用。1980年，國家核准了「遙控駕駛的防核化偵察車」專案，哈爾濱工業大學、瀋陽自動化研究所和國防科技大學三家單位參與該專案的研究製造。1990 年代初期，中國也研製出第一輛真正意義上的無人駕駛汽車。

在「863 計劃」的支持下，很多大學與機構開始研究無人車。歷經「八五計劃」、「九五計劃」、「十五計劃」，北京理工大學、國防科技大學等五家單位研發的 ATB（Autonomous Test Bed）系列三代無人車依次問世，ATB-2直線行駛速度最高可達到 21 公尺／秒，ATB-3 在環境認知

和軌跡追蹤能力上獲得進一步加強。

中國人民解放軍國防科技大學與一家汽車集團合作研發的紅旗 CA7460 無人車，可以根據前方障礙車輛的情況自動進行車道變換，行駛速度最高可達 47 公尺／秒。北京清華大學研製的 THMR-V 無人車，最高行駛速度也可達 42 公尺／秒，還可以根據不同的駕駛場景，選擇高速公路和城區公路兩種駕駛模式。由西安交通大學研製的 Springrobot，也是中國著名的無人車平台之一，具有較高的車道線偵測能力和行人偵測能力。中國國家自然科學基金委員會，於 2008 年啟動了「視聽覺信息的認知計算」重大研究計劃專案。2009 年，首屆中國「智慧車未來挑戰賽」在西安舉行，此後幾年間，吸引了明星院校和科研機構的數十輛無人駕駛車輛參與比賽。

像這樣的賽事，在國外開始得更早。2004 年至 2007 年的美國國防高等研究計劃署系列競賽，讓「無人車」嶄露出高速發展的苗頭。2003 年，美國發動伊拉克戰爭，也點燃了無人車技術爆發的導火線。穿越沙漠運送彈藥補給，成為美軍的常態行動，但即便有裝甲車和直升機保護，輜重車隊仍然經常受到攻擊。再加上美軍人員經常遭遇路邊炸彈或地雷襲擊，傷亡慘重。因此，曾經孕育互聯網的美國國防高等研究計劃署，重啟了擱置十多年的自動駕駛技術研究。在美國政府和軍方的計劃中，十年後至少有 1/3 的軍用車輛能夠

自動駕駛。

2004 年，美國國會撥款設立 100 萬美元獎金，後來又加碼到 200 萬美元，由美國國防高等研究計劃署帶頭舉辦無人駕駛大賽，廣發英雄帖。儘管相較於無人車的軟硬體成本而言，這項獎金不算高，但是仍然吸引來自企業、科研機構、大學教育機構，甚至個人在內的不少參賽者。

因應戰時需要，第一屆無人車挑戰賽在沙漠中進行。從加州巴斯托（Barstow）到內華達州普里姆（Primm）的賽道，長約 230 公里，大多是行駛難度頗大的沙漠地形。比賽要求在 10 個小時之內完成，只能依靠 GPS 引導駕駛，以及依靠感測器或攝影鏡頭避開天然障礙物。軍方預測，一定會有一支隊伍贏得比賽。

不知是軍方低估了無人車技術的難度，或是高估了參賽者的水準。當年，不但沒有一支隊伍抵達終點，即便是卡內基美隆大學「紅」隊的「沙塵暴」（Sandstorm），雖然是比賽的第一名，也只開出了 11 公里。它因為拐錯了一個彎，陷進溝裡，動彈不得。多半參賽車輛在比賽剛開始就結束了，不是剎車鎖死、車軸斷裂、翻車，就是衛星接收器失靈等故障頻出。

比賽結果令人沮喪，眾人的預期急轉直下。悲觀者認為，能夠在沙漠中行駛的無人車，或許永遠都造不出來了。然而，這場不盡如人意的比賽，並未就此止步，還成為無人

車發展史上的轉折點。

2005 年，第二屆無人車挑戰大賽依舊在沙漠中舉行，賽場依舊設在加州和內華達州交界處，賽程 212 公里，難度也是有增無減，包括 3 個狹窄隧道、100 多個急轉彎。最艱險的一段狹窄彎路，一邊是 60 多公尺的深溝，另一邊則是懸崖峭壁。然而，在這一年，絕大多數的參賽車輛都超過上屆 11 公里的最高行駛紀錄。儘管依舊有不少參賽車輛中途退出，但有 5 輛車完成全部賽程。前三名分別來自史丹佛大學、卡內基美隆大學和一家美國私人企業。這一屆比賽的冠軍車輛，已經搭載了攝影鏡頭、雷射測距儀、雷達遠端測距、GPS 等今日無人車必不可少的裝備。

2007 年，美國國防高等研究計劃署把賽場轉移到城市裡，開始從軍用轉為民用。新的賽場內有紅綠燈、汽車等複雜環境，與未來無人車實際使用的環境更接近。比賽結束，卡內基美隆大學、史丹佛大學、喬治亞理工學院（Georgia Institute of Technology）奪得前三名。無人車研究領域的格局，似乎開始穩定下來，沒想到美國國防高等研究計劃署的賽事卻戛然而止。由於各種原因，美軍至今未將無人車技術用於後勤運輸，但是技術的發動機一啟動，就沒有人能夠讓它停下來。

2007 年美國國防高等研究計劃署無人車挑戰賽的冠軍車──卡內基美隆大學的「Boss」，車頂及車頭加裝的設備

體積及複雜程度，遠遠超越今日進行路試的各類無人車。美國國防高等研究計劃署發掘了無人車研究者的潛力，也孵化了無人車的基礎技術路線。

卡內基美隆大學的無人車「Boss」（資料來源：mt.sohu.com/20160805/n462676928.shtml）

比賽中，車隊普遍透過攝影鏡頭、雷達、雷射設備，來偵測周圍的地形和障礙物，將結果與 GPS 和感測器的資訊整合為一體，做出加速、減速、轉彎等操作決定。十多年後，後人所做的，無非是在這條「無人車智慧路線」的基礎上，進行技術反覆運算，更加深入和精細化。

比賽催生了一個由發明家、工程師、程式設計師、開發商組成的無人車生態圈，也促成無人車技術投資熱潮的興起。谷歌、蘋果、特斯拉、優步、百度，陸續宣布研發無人車的計劃。各家都毫不掩飾自己在無人車領域的野心，比方說，谷歌不僅挖走史丹佛團隊的領軍人物塞巴斯蒂安・特龍（Sebastian Thrun），還把該校研究無人車的人員，幾乎一起攬入門下。2007 年無人駕駛大賽冠軍團隊的核心人物「老

紅」威廉・惠特克（William "Red" Whittaker），在卡內基美隆大學的很多學生和同事，都成為美國無人車產業的中堅力量。

在互聯網企業的灼熱展望中，就連保守的傳統汽車製造廠，也「被迫」加入「無人車軍備競賽」。雖然當年實驗成本居高不下，制約了量產和商業化，讓無人車陷入瓶頸，但2007 年依舊值得記憶，不僅是因為它開啟了無人車的新篇章，更是因為在這一年，深度學習研究才重獲新生。在這個關鍵點過後，相關領域也呈現爆發之勢，大數據革命、雲端運算興起、行動上網的浪潮、資料獲取管道的多樣化……。

更多的變化，不斷地將無人車從傳統汽車產業的束縛中解放，也讓它走出大學的實驗室。多年來，內燃引擎、變速箱與複雜的生產工藝，構成傳統汽車產業的高牆壁壘。但是，新能源車、或者說電動車技術的日益成熟，在這座高牆上打開了一道缺口，讓汽車的製造門檻大幅下降，因為過去最難製造的引擎、傳動器、離合器，在電動車內部都不需要了。這不僅給一些科技企業長驅直入的機會，也使得一些長期受困於核心技術差距，只能在較低階領域追隨的國家（比如中國）的汽車製造業，贏來了彎道超車的機會。

新舊車商紛紛投入自駕領域

2013 年，智慧駕駛方興未艾，美國國家公路交通安全

管理局（NHTSA）就為智慧汽車正式劃分了等級。根據給出的定義，智慧汽車的發展，可以分為四個階段：第一階段（L1）是「高級輔助駕駛系統」，特點是為駕駛人提供碰撞警示、緊急情況剎車、盲點偵測和彌補夜間行車的視力受限。第二階段（L2）被翻譯為「特定環境的自動駕駛」，接近於通用公司的想像，車輛能夠在高速公路或堵車這種相對規律的環境中自動駕駛。從第三階段（L3）開始，我們對無人駕駛的期待有了一些輪廓，L3 即為「多種環境中的自動駕駛」，車輛能夠適應所有路況，但在特殊情況下需要轉交給人類駕駛員。到了第四階段（L4），即「全自動駕駛」階段，智慧汽車真正做到自主駕車。至於 L3 和 L4 的區別，從外形上來看，L4 智慧車將在 L3 的基礎上，撤掉方向盤和煞車。

前述的階段分類，可說是對汽車產業的一次重新洗牌。在無人車的江湖裡，傳統車商、互聯網企業、計程車業巨頭三分天下。傳統汽車生產商的興趣點在於 L1 和 L2；L3 和 L4 則聚集了包括谷歌、百度、優步、特斯拉在內的巨頭。今天，發揮決定性因素的，不再是資本和歷史，而是各家企業的內在基因。在 L2 和 L3 之間，有著老牌車商難以跨越的技術鴻溝，包括百度在內的互聯網企業在技術、數據和人才上的積累，占領了傳統車商在短時間內無法企及的技術制高點。不過，即便使用相似的設備，例如攝影鏡頭、感測

器、深度學習、雷射雷達等，也會因為軟體資料庫的全面程度不同，而達成不同等級的無人駕駛效果。

寶馬（BMW）I3 在車身上，安裝了 4 個 IBEO 公司的雷射感應器，具備避開立柱障礙、緊急刹車等功能。遺憾的是，使用場景尚且停留在多層的停車場環境中。富豪（Volvo）推出的 XC90，配有城市安全系統（City Safety），新增衝出路面防護系統和十字路口自動刹停系統，能夠幫助駕駛人避免常見的追撞事故。

2015 年初，賓士推出了 F 015 概念無人駕駛汽車，車內布滿了各種顯示螢幕與可旋轉的座椅，儼然是一座可移動的娛樂中心。但是，落到實處，賓士 S500 仍未擺脫窠臼，智慧駕駛輔助系統（Intelligent Drive）專攻的依舊是防碰撞、保持車道、自動刹車和堵車時的自動跟車功能。

通用汽車在總裁瑪麗・巴拉（Mary Barra）的領導下，2015 年收購了自駕車新創公司克魯斯自動化（Cruise Automation）公司，並且對叫車服務公司 Lyft 投資了 5 億美元，推出通用汽車第一款長續航、自動駕駛的全電動汽車 Bolt。電動車、自動駕駛、共享經濟，每一步都時髦且精準。

但是，迎接通用的，卻是產業內的不理解。明眼人都知道無人車帶來的危機和衝擊，將會是前所未有的：無人車一旦發生交通事故，將置車商於極為不利的地位；此外，無人車推動的共享經濟，很可能大大降低私車的擁有率，屆時車

賓士超現實的無人概念車 F 015

商的光環不再，存在的意義只是扮演最基層的硬體提供者。
這些遠慮讓巴拉的銳意進取，被諷為無人車浪潮下平撫焦慮
的「自我安慰」。

　　其中，成就最可圈可點的，大概就是德國車商戴姆勒
（Daimler AG）了，它和美國內華達州達成協議，率先獲批
自動駕駛卡車上路。2016 年 4 月，戴姆勒公司安排旗下三
輛自動駕駛卡車車隊上路，從德國的斯圖加特（Stuttgart）
開到荷蘭的鹿特丹（Rotterdam）。不過，行駛環境仍然僅限

於高速公路，而且車上需要有一名駕駛員負責監督。

無人車的近期發展

Lyft 在被通用收購之前，已經和通用旗下的雪佛蘭（Chevrolet）公司合作研發無人車。就連加拿大的黑莓公司（BlackBerry），也在放棄手機產業之後，轉而投身無人駕駛。這些接觸汽車產業不久的互聯網公司，急不可耐地投入無人車的研究，毫不顧忌產業老大哥的猶豫和躊躇。而更為激進的特斯拉，在 2016 年就有超過 10 萬輛能夠超車、躲避障礙、自動停進停車位的半自動駕駛汽車上路了。

「年輕人」的「跑酷」，自然要付出一些代價。2016 年 1 月，特斯拉自動駕駛汽車的第一起事故，被證實在中國發生，儘管目前調查結果未定，但在行車紀錄中，這輛具有自動駕駛系統的汽車，面對前方明顯的清掃車，並沒有減速的跡象，導致發生追撞。2016 年 5 月，特斯拉在美國發生另一起事故，在強烈的日照下，自動駕駛系統未能辨識前方橫越的一輛白色貨櫃車，因此沒有即時剎車，而特斯拉車主也違背操作規範，雙手離開方向盤，這起撞擊事件致使車主喪生。2016 年 8 月，美國德州和北京各有一位車主，或撞向高速公路護欄或與鄰車發生擦撞，事後分析都指向車輛的感知系統誤檢。

在撞擊貨櫃車的事故中，由於橫跨多個車道、車架高於

地面，高亮度天空背景下的白色車身，被視覺辨識系統誤認為是「白雲」。在北京那起擦撞事故中，路邊靜止車輛被辨識系統當作圍欄，自動駕駛錯估了安全距離，導致近距離摩擦。應該說，這意味著辨識系統的訓練還不充足。

優步則在未獲得加州政府上路測試執照的情況下，開始測試無人車。實驗過程中因為闖紅燈，險些撞車變成一齣鬧劇。

在無人駕駛這條道路的同行者中，還有一些擱置了即時更新道路數據的技術路線，主攻嵌入式人工智慧的解決方案，目標是讓自動駕駛在不上網的情況下，實現道路感知等功能。這些不斷跌倒又前進的嘗試，更朝 L3 的無人車等級邁進。至於接下來要提及的兩家公司，L4 才是它們的雄心所在。L4 的進入門檻極高，人工智慧和高精地圖資訊不可或缺，因此谷歌和百度占有絕對優勢。

2009 年，谷歌在美國國防高等研究計劃署的支持下，展開無人駕駛汽車專案的研發。2014 年 12 月，谷歌對外發布完全自主設計的無人駕駛汽車，其外觀構造已和傳統汽車截然不同，拿掉了方向盤與煞車。2015 年，這輛原型車已經可以上路測試，乘客只要坐在車中，就可以「坐等」車輛開動。截至 2016 年 10 月，這輛許多人用「萌」來形容的白色小車，已經進行了超過 320 萬公里的公共道路測試，相當於人類司機 300 年的開車經驗。

谷歌無人車 Waymo

百度無人車「雲驍」在浙江烏鎮亮相

百度無人車視角下的路面

對於谷歌的野心勃勃，百度恐怕是最能理解的。幾乎在同一時間，百度無人車也在加速前進。在中國行動網路一片熱鬧的幾年，百度卻埋首於無人車的開發，來不及向外界解釋，只有安全和學習成果演進在我們的注意範圍內。那句「3 年商用、5 年量產，要在 2021 年讓無人車出現在地平線上」的宣言，並非媒體所稱的「激進」，而是源於自身技術的召喚。

百度想做的也是「完全無人駕駛」，在技術路線上選擇了幾乎最難走的路：高精

地圖加感測器。它與前述所有涉及 L3 的自動駕駛車，高了幾個數量級的難度，因此「百度大腦」們一頭栽進無人駕駛領域。起初，百度對此專案高度保密，直到 2015 年 12 月，百度無人車完成北京高速公路與城市道路的自動駕駛測試，外界才逐步知道百度在做什麼。

那次測試首次實現了城市、環狀道路及高速道路混合路況下的全自動駕駛，百度無人車從位在北京中關村軟件園的百度大廈附近出發，駛入 G7 京新高速公路，經過五環路，抵達奧林匹克森林公園，隨後按原路線返回。全程均自動駕駛，實現了多次跟車、減速、變道、超車、上下匝道、掉頭等駕駛動作，完成進入高速匯入車流到駛出高速離開車流的不同道路場景的切換。測試時的行駛速度，最高達到時速 100 公里。

百度無人車的車頂，裝有一台 64 線雷射雷達，透過持續圓周旋轉，對車身 60 公尺半徑內的路況，進行全景掃描。車輛的兩邊和後方，分別裝有 3 個雷射雷達，用於掃描鄰近區域，彌補車頂雷達的視角盲區。這一連串的高解析度雷射雷達，構成無人車的「複眼」，對整體路況有了透徹的「俯瞰」，有助於實現在複雜交通環境下的自主駕駛。特別是針對交通壅堵、狹窄道路、社區和停車場等特殊場景，實現跟車、換道和交叉路口通行。

有了這些還不夠，車頂前方還裝有兩個視覺辨識攝影鏡

頭，這樣一雙「眼睛」可以精準辨識交通號誌、路面交通線和交通標誌，彌補雷射雷達在雨、雪、霧等特殊天氣條件下的「視力下降」，提高對路標和指示牌的辨識率。

從環境感知、行為預測，到規劃控制、高精地圖、高精定位，一輛無人車上集納了當下多個領域最頂尖的技術。百度能在這麼多的方向同時迸發，依靠的是在人工智慧、深度學習領域的長期積累。當然，從無人駕駛技術的發展歷程來看，今天的百度無人車也可說是站在巨人的肩上，每一台硬體設備都有過異想天開的「原型」，每一條技術路線都是全球無人車研究者，在反覆失敗中精煉的最佳解方。現在，百度無人車還在中美兩國進行著大量路測；在百度的時間表裡，2018 年要實現百度無人駕駛公共汽車上路行駛載客。

一項技術從開始進行科研到落實運用，這不僅是百度的進步，也是中國製造的成就。從一開始，百度肩上扛的，就不僅是「無人駕駛」的「小目標」。在 2015 年的世界互聯網大會上，百度展示的無人駕駛車就吸引中國國家主席習近平的注意，習主席在百度公司展台的駐足時間超過 10 分鐘，比原定時間長了 3 倍。中國工程院院士李德毅曾對無人車產業做出分析，他認為：「以無人駕駛車為代表的輪式機器人，將成為中國智慧製造 2025 的首張名片。」無人車不僅是「車輛」，也因其自身裝載的設備系統，在商業化的過程中，將直接帶動雷達、感測器、導航系統等產業的快速發

展，為建立車聯網和物聯網打下基礎。無人車本身的策略價值，已經遠遠超越一輛交通工具的價值了。

　　中國的交通環境豐富、人口眾多、市場龐大，無人車不但能為整個交通模式帶來變化，還有可能為中國帶來智慧地鐵、智慧公共系統等新事物。智慧交通是系統性、革命性、顛覆性的變化，隨著科技的狂飆突進，需要改變的可能是人們的思維模式。

　　陸奇說過自己的一樁逸事：他玩過一種特殊的自行車，是倒著騎的，方向盤往左拐輪子會倒過來，這其實和人工智慧也有點關係。學習有幾種方式，有一種是體驗式學習，例如學騎自行車時會摔跤，學會了就不會忘記；但是學了這種特別的自行車，就不會騎原來的自行車了。在為無人車制定法律時，人類要避免刻舟求劍，繼續用有人駕駛時代的思維束縛未來。

無人車的現在與未來

　　在了解無人車技術的歷史和現實背景後，讓我們從技術層面，深入無人車的「視覺」和「聽覺」。在「視距」上，無人車相較於人類的裸眼具有絕對優勢。駕駛員的安全視距一般在 50 公尺左右，而無人車依靠多種中遠距雷達、攝影鏡頭等感測器，能夠實現 200 公尺以上的超視距掃描觀測。

　　不過，無人車的「視覺」上，還需要克服許多對人類來

說不是問題的問題。為了讓它能夠從不同角度對汽車和周圍路況進行判斷，我們要教會電腦在動態中辨識哪些是車、哪些是天空、哪些是樹。深度學習在此過程中，發揮了極大的作用。

目前，在使用攝影鏡頭判斷物體這項指標上，百度無人車準確率達到 90.13％，2016 年同期為 89.6％。看似只有 0.53％的提高，但對無人車乘坐者的安危，每一個百分點的進步都值得堅持。在判斷行人方面，百度無人車的準確率達到 95％，判斷紅綠燈的準確率達到 99.9％，未來的目標是：判斷紅綠燈的準確率，必須達到 100％。

當然，對無人車來說，光會「看」是不夠的，要保證安全，還要有敏捷的反應，要能夠「剎得住」。人類在開車時，從遇到緊急狀況到踩下煞車需要 0.6 秒的時間，而汽車的煞車要發生作用，其油壓系統傳導還需要 0.6 秒；也就是說，一般人類駕駛需要 1.2 秒的時間才能夠剎得住車。而百度無人車從「發現」緊急情況到做出剎車動作只需要 0.2 秒，未來如果電動煞車取代液壓煞車，百度無人車有能力做到在 0.2 秒內緊急剎停，這將比人類平均的 1.2 秒快了整整 1 秒。在高速駕駛中，1 秒可能就是救命的時間。

不論是靜或動，還是「表面」招數，在絕大多數的行駛過程中，車載的雷達、感測器、攝影鏡頭等要即時蒐集數據，在行車途中反饋到「百度汽車大腦」的伺服器上，輔以

Ground Truth
Estimation
Frame:1361
Speed:59.5 km/h
Est Error: 0.017m
Est Lat Error: 0.006m
Est Lon Error: 0.015m

比普通 GPS 定位高兩個數量級的高精定位示意圖

GPS 高精度地圖，指導汽車以最佳路徑行進。在定位層面上，百度地圖 2015 年達到 WiFi 定位精度 30 公尺，室內高精定位精度 1 ～ 3 公尺，定位速度 0.2 秒。2016 年，百度無人車使用的高精地圖精度是 10 公分級，實際行駛中對路況判斷的誤差，小到一條車道線的寬度；相較於 GPS 定位，精度提升了兩個數量級。

這一切也要歸功於無數百度產品的使用者，包括那些調用百度地圖 API 的用戶。使用者在調取時，無形中就幫無人車刷新數據，增加了一點「智慧」。

順利推進無人車的研發，關鍵在於建構合理的技術布局。隨著技術的升級與革新，以往推廣應用的「死結」都會逐漸被化解，業界對無人車是否應該採用雷射雷達的爭論就是如此。由於雷射雷達造價高昂，所以外界有人唱衰無人

車，正如多年前很多人因為價格而不看好大哥大。百度不僅對降價抱有信心，還做出前瞻性的策略投資。

2015 年底，無人車普遍採用的 LiDAR（light detection and ranging，光學雷達，簡稱「光達」）的價格高達人民幣 70 萬元，半年後同款批發價已經降為人民幣 50 萬元，下降了 30％。隨著生產工藝的成熟及無人車產業發展帶來的規模化效應，雷射雷達將有更大的降價空間。回想當年大哥大剛問世時，售價高達人民幣 2 萬元，如今中國製的國民智慧型手機，只要人民幣 600 元左右。

2016 年 8 月 17 日，百度與福特公司以 1.5 億美元，聯合投資雷射雷達公司威力登光達（Velodyne LiDAR）。威力登預計，如果 2017 年拿到 100 萬筆訂單，百度無人車使用的 64 線雷射雷達單價，就會直線下降到 500 美元，2020 年雷射雷達價格會降到 300 美元左右，2025 年會降到 200 美元左右。

在無人車研發的勢頭下，64 線雷射雷達目前非常暢銷，供不應求。這項投資確保了百度的感測器供應，但如此巨大的投入，並非只是為了一時的設備供應，而是以產業領頭羊之姿撬動整個產業，以利整個無人車產業的發展。除此之外，為了改進硬體的計算能力，百度自主研發了由 48 台伺服器組成的小叢集，計算能力超過中國超級電腦神威・太

湖之光。*

　　從百度地圖十多年的經營，到百度大腦感知和決策能力的全面開花，再到對雷射雷達供應商威力登公司的投資，與其說是百度選擇了無人車，不如說是百度的專業邏輯，將自己推到必須承擔責任的這一步。僅有技術層面的可行性是不夠的，為了累積路測經驗，百度無人車在國內外的試驗場上奮力奔跑。

　　在美國加州，百度是第 15 家獲得無人車測試執照的公司。就在 2016 年底，百度在加州部署了 100 多名無人車的研究人員和工程師。在中國，百度也全力做好「中國定製」。鑑於選擇測試和初期商業化，在考量道路設施、行人密集度、政府（相關部門）支持力度，甚至當地天氣等多方情況之後，百度無人駕駛團隊入駐北京、上海和深圳，分別和安徽蕪湖市政府、上海國際汽車城、浙江烏鎮旅遊景區、北京亦莊開發區，簽署了測試的合作協定。

　　2016 年，百度在獲批的「國家智能網聯汽車（上海）試點示範區」封閉測試區內，模擬了城市交通場景，有隧道、林蔭道、加油站／充電站、地下停車場、十字路口、丁字路口、圓環，還有 6 個智慧紅綠燈和 40 個各類攝影鏡

---

* 中國國家並行計算機工程技術研究中心於 2016 年研製的超級電腦，以最快的運算效能奪得全球 500 大超級電腦冠軍，也是首台完全採用中國晶片的超級電腦。

頭。整個園區道路實現了北斗系統的公分級定位和 WiFi 全涵蓋，可以為智慧駕駛提供 29 種場景測試。

百度在 2017 年，推出了高級自動駕駛人工智慧模型 Road Hackers，並且將根據此模型開放百度自動駕駛訓練數據，首期就包含 1 萬公里的 L3 數據。這部分涉及一線、二線城市等十幾座城市封閉道路的高速、環狀道路、快速公路的數據。今後，還會有一些人車混搭的道路數據公開，並逐步開放所有大數據資源。其中，不光是道路數據，還有中國駕駛人的開車習慣，這可能是更為感性和寶貴的資料。此模型能在真實的路況下，利用深度學習等技術，將 L3 無人車的攝影鏡頭、感測器等輸入的資訊，轉變為車速、路徑、方向等最優的駕駛指令。

Road Hackers 的推出顯示，百度在 L3 和 L4 雙路徑並行突進。對百度來說，L3 的數據也可以用到 L4，當蒐集到足夠多的公路數據、場景數據、用戶數據、車輛數據，並將這些數據結合雷射雷達的數據，就能讓 L4 更快實現。更重要的是，相較於 L4，L3 能夠更快與傳統汽車產業對接。

百度聯手北京汽車股份有限公司，推出了搭載車聯網解決方案的車型，計劃在 2017 年底進行北汽 L3 車型的路測。百度無人車奇瑞 EQ 參加了駕照考試，已經通過第一個考試科目，希望 2017 年能夠考過兩個科目，三年內能把 5 個科目都考完，實現商用目標。

　　未來，無人車還要走上開放道路進行測試，在具有代表性的城市區域進行測試，最後融入城市交通系統。美好的前景正在實現，但還有數不盡的使用者經驗需要完善。自動駕駛不應只是少數人的專屬，應該成為每輛車的標準配備功能。無人車承載了中國汽車產業很多希望，這點絕對不是百度一家公司所能夠完成的，需要整個產業，包括各級政府、汽車製造商、科研機構、銀行、保險公司的共同努力，才能把中國的無人車真正推向社會，真正落實。

　　中國電信在全球 5G 標準競爭中，取得的成果令人興奮。無人車是物聯網中極具意義的應用，可以共享設定區域內的定位資訊、外部環境資訊、自身駕駛資訊等，每輛車都會成為資訊的接收者和發送者，實現整個區域內的協同駕駛，進而實現車與車、車與人、車與萬物的相連。而無人車和物聯網的實現，正依賴於 5G 時代的到來。

開放心態，讓無人車提供服務

　　儘管無人車還遠遠未達大批商用的階段，但這項新事物已經面臨了來自各方的懷疑，這是技術之外的另一道關卡。無人車上的連網設備，會侵犯個人隱私嗎？資料被駭客竊取，會產生不良後果嗎？無人車發生事故，該如何認定責任？

　　人們常用一個形而上學的倫理問題來問無人車：路邊突然竄出一個小孩，如果無人車打方向盤，就會撞到另一邊的

一個行人，此時無人車該如何選擇？進階版的問題還有：如果一邊是一個人，另一邊是一群人，無人車要如何選擇？針對這樣的問題，技術性的回答通常是：採取「讓速不讓道」的方式，盡快減速，以避免或緩解悲劇發生。但真正的關鍵在於，這個倫理問題就算是人類老司機也回答不好，對待無人車，人類可以多一分的理解。

谷歌無人車在實驗階段就應對過各種情況：一個坐著電動輪椅的女人在路上追趕一群鴨子、一群人在馬路上排成一行青蛙跳、一個人毫無預兆突然靠近並滾過無人車的前蓋，甚至有人在車子前面裸奔等。有人問，如何看待百度無人車程式三千多個場景，一萬多個「if」？相關數據，百度並未真實統計過，但這些「if」顯然是為了眾多諸如「撞人或撞狗」的場景而預備的，至少保證對普通人能夠想到的特殊情境，無人車都能做出最有利於交通參與者人身安全的選擇。

我們不妨再大膽想像一下，在萬物互聯的條件下，未來在面對人類也難以決斷的緊急情況時，人工智慧的反應速度、連網效應，很可能會提出比人類更好的解決方案。車聯網系統將把無人車連成整體，每輛車在行駛時，「腦海中」都有著「大局觀」。一輛車若緊急剎車，就會緊急「告知」一定範圍內的無人車做出對應措施，進而避免追撞事故。

相較於民眾對無人車太「凶」的擔心，工程師們擔心的，反而是無人車在與人的相處中太「弱」了。在谷歌的實驗中，

無人車在右車道行駛時，發現前方有沙袋，便試著減速繞過沙袋，開向左車道。本以為後方公車會減速讓行，不料公車卻在變道時加速超車，導致兩車相撞。在這起事故中，反而是遵守交通規則的無人車，被人類「欺負」了。在無人車的訓練中，不可能允許違法行為出現，那麼它要如何與靈活應變的人類相處，在遇到實際駕駛中的模糊地帶，要如何做出決策？目前，這仍是無人車聚焦攻克的一門學科，實在比圍棋棋盤要複雜許多。由此可見，擔心以防禦為主的無人車主動傷害人類，可能還為時過早。

前述這些情況，還是「假設」層面的問題。針對無人車的法規、自駕車的監管、事故時的責任界定等問題，可謂近在眼前。目前，無人駕駛技術在歐盟與美國一些州都存在著法律障礙。歐盟交通法律規定，汽車必須由持有相應駕照的司機駕駛，任何人不得以任何理由接管駕駛權。至於美國，目前只有四個州，支持自動駕駛汽車上路。

不過，在法律層面上的「舉步維艱」，不會持續太久了。2015 年，根據谷歌所描述的車輛設計，「美國國家公路交通安全管理局把這種車的『司機』，理解為自動駕駛系統，而不是車上的人」，即接受了谷歌的說法，認可谷歌無人駕駛汽車將不會有傳統意義上的司機。

2016 年初，聯合國歐洲經濟委員會（The United Nations Economic Commission for Europe, UNECE）修改了《維也納

道路交通公約》（Vienna Convention on Road Traffic），從原先「駕駛車輛的職責，必須由人類駕駛員負責」，改為「在全面符合聯合國車輛管理條例，或者駕駛員可以接手操控或選擇關閉該技術的情況下，將駕駛車輛的職責交給自動駕駛的技術，可被允許應用到交通運輸當中。」

雖然中國還沒有具體的法規問世，但中國人「摸著石頭過河」的傳統，讓無人車企業感到放心。業內人士並沒有太擔心法律的阻礙，畢竟法律總是在追趕現實，在演算法可能代替律法的時代，技術才是發展的核心驅動力。中國的無人車一旦啟動，其加速度十分可期。

歸根結柢，無人車是服務人類的。無人車這位「老司機」正在不斷地學習當中，技藝日臻完善。科學家夢想著有一天，無人車能夠使得路怒不再、壅堵不再，而且更少的車和更高的用車效率，或許可以讓霧霾也不再。呼之則來的無人車，為我們的每一項行程規劃著完美的路徑，精準計算路上時間；在這個空間裡，我們可以休息、工作、學習、娛樂、休閒，甚至旅行。充分利用路上的時間，將使居住在市中心與郊區的差別不再巨大，由此影響城市布局和地價均衡，進一步影響年輕人的工作和生活。人類將有更多時間和空間發展自身技能，提高健康水準，彌補對家人陪伴的不足。讓無人車盡情打開我們的想像空間吧！

當然，在樂觀場景的另一面，我們或許會感受到另一重

孤寂。為了效率而產生的更多單座、雙座無人計程車，默默無語的旅途或許會讓我們嚮往共乘所帶來的交際溫暖。過去，與司機閒聊的夜晚，可能會變成一項收費服務了。而且，車禍變少，一旦出現交通意外，反而容易上頭條。相較於技術進步，人性的進步速度是緩慢的，我們的易怒和敏感，或許會轉移到其他議題上。

　　汽車文明是現代工業文明的化身。縱覽大地，從上古時期的百獸競走，到今日億萬輛汽車奔馳，再到未來無人車自在湧動，堪稱生命的進化之路。從此，汽車將不只是汽車，公路也不只是公路，文明就是「在路上」，生生不息。知道更多，做到更多，體驗更多，願無人車讓我們變成更好的人類。

AI 帶來的
普惠金融曙光

金融市場似乎總是伴隨著最大的不確定性，或暗流湧動，或風暴驟起，席捲顛覆所有的事物。因此，在人們的想像裡，金融常常是冒險家的樂園，大鱷們關起門，彼此會心一笑，掀起市場的血雨腥風，然後在人們的倉皇恐懼中賺取超額利潤。但實際上，巨頭也不是總能呼風喚雨，他們也經常搬石砸腳，隨著市場波動起伏，甚至投子認輸，黯然退出。

除了跌宕起伏，金融的另一面，常常是細水長流、潤物無聲的。可以在人們追求物質、精神生活改善或自我發展道路上，給予即時的助力。無論是跌宕起伏，還是潤物無聲，其背後都是對資金流和資訊流的複雜邏輯處理和應對。「金融獲得感」日益成為一個重要的社會命題，如何在尊重金融規律的基礎上，讓金融跳出「大玩家遊戲」的窠臼，更善加服務於億萬普通人？

AI 可能正是處理海量資訊、應對不確定性的最好工具。其創新突破和在金融領域的實踐，正開始讓金融這種似乎總是高高在上的存在，重新俯身垂滴普羅大眾，為普惠金融的實現帶來曙光。

行裡來了一位新實習生

1994 年，美國正處於黃金時代，為全球唯一的超級大國，到處都是歌舞昇平。這一年夏天，世界盃足球賽剛剛在洛杉磯落下帷幕，而新科技的火焰正在矽谷升騰，網景瀏覽

器（Netscape）一經發布，很快就風靡了全球。中國在那一
年，才剛剛透過一條 64k 專線全功能連上國際互聯網。為了
遏制金融泡沫，艾倫・葛林斯潘（Alan Greenspan）領導的
美國聯準會（Federal Reserve System, the Fed）在那一年開
始大幅升息，但債券市場並未意識到聯準會進入升息週期。
全球金融危機 13 年以後才到來，此時的華爾街一片欣欣向
榮，無數人才從世界各地來到這裡尋找夢想。

　　暑假之前，我收到道瓊（Dow Jones）一家子公司的實
習聘書，內容是從事金融資訊處理系統相關的工作。我的主
修是資訊管理，畢業後到美國留學，取得紐約州立大學水牛
城分校電腦科學碩士學位。眼下的工作，正好把資訊管理和
電腦結合起來，這份每天與財經金融新聞打交道的工作，我
做就是三年。接下去，我參與設計了《華爾街日報》（*The
Wall Street Journal*）網路版即時金融資訊系統，又轉赴國際
知名互聯網企業 Infoseek 做資深工程師。一邊與金融資訊打
交道，一邊透過《華爾街日報》觀察矽谷的商戰，開始思考
如何應對資訊作弊的問題，不久後我就提出「超鏈分析」技
術的想法，並且申請了專利，為日後的搜尋引擎發展奠定了
基礎。

　　那時，我還沒有想到，有一天，隨著人工智慧技術的發
展，機器系統對金融業務的改變，會達到今天這樣的深度，
滲透到金融資訊處理、數據分析、風險控制、徵信、機器人

投顧（Robo-Advisor）、智慧獲客、量化投資等各個方面。

量化投資之王大衛‧肖（David Elliot Shaw）說過：「金融是一門資訊處理的絕妙生意。」也正因為如此，百度高級副總裁朱光說：「最革命性的變化，至少會在金融領域發生，因為人工智慧就是數據的蒐集、分析、處理這個循環的極致。」

無論是在徵信和反詐欺領域，綜合用戶人物誌建構風控模型；或是在投資領域，挖掘投資決策因子輔助投資決策；還是在投資顧問領域，為客戶搭配個性化的投資組合等，機器對各種金融業務的滲透，本質上都是透過機器學習帶來的金融資訊處理能力的不斷提升。

隨著自然語言辨識和資訊數據庫技術的不斷進步，即使是單純的金融資訊處理，也已經發生本質上的改變。這次朝大家走來的實習生是一位機器人，它與眾不同的工作方式，首先直觀地體現在每一份金融分析報告的生成上。

金融資訊可能是最複雜、最枯燥的資訊，一份股票公開轉讓說明書有兩百多頁，還有大量的年報、半年報、研究報告、公告、回饋意見、盡職調查結果……不知道有多少產業分析師是完全看完這些資訊，再做出決策的。也許，不是他們不夠勤勉，而是讀完這些資訊，已經非人力所及。

百度數據金融總經理楊曉靜，描述過這樣的產業現實：1990 年代，一個基金經理要把市場當天產生的研報、興

情、新聞、交易數據等看完，大概需要 10 個小時，也就是兩天的工作量。2010 年，行動數據爆發之後，這位基金經理要把每天市場上產生的資訊吸收掉，大概需要 10 個月的時間。2016 年，還是這位基金經理，假如要把當天市場上的所有資訊看完，大概需要 20 年的時間，相當於他整個職業生涯。所以，基金經理迫切需要利用先進的智慧技術，例如百度的自然語言處理技術。

今天，當百度金融的智慧金融資訊分析系統處理數百篇產業新聞，並將其中的關鍵資訊結構化，或是閱讀上市公司的年報，並形成分析報告，需時已經縮短到以分鐘計。在這個過程中，機器相當於承擔了一位金融機構初級分析師的工作，甚至是一位實習生的工作，承攬最基礎的所有苦差事。這位機器實習生的工作邏輯，也是類似提取「關鍵字」並進行再組合的過程。

機器可以瞬間完成上市公司的公告、財務報表、官方發布、社群平台、證券行情、即時新聞、產業分析報告等海量異構資料的閱讀，對於文本中的圖片和表格，需要光學字元辨識（Optical Character Recognition, OCR）等技術解析。緊接著，進行關鍵實體資訊的提取，而洞察埋藏在實體資訊之間，例如產業上下游關係、供應鏈關係、股權變更歷史、定增與重大資產重組的關係、多張財務報表之間的數據交叉驗證等數據關係，形成並呈現這些複雜關係的「知識圖譜」。

　　如果更進一步，分析師只要選擇符合需求的範本、確定主題，機器就可以生成基本的報告文本了。在最終輸出之前，分析師還可以人工校正報告精度，並且加上獨特的個人分析和結論；如此一來，一篇格式標準，甚至圖文並茂的金融分析報告就誕生了。這位潛力無窮的實習生，顯然不會停留在簡單處理資訊這個階段，既然已經入行，它必然會走得更遠。

信用評級：AI 讓起點更公平

　　機器人首先推門進入的，就是傳統金融的核心區域——信用評等。2016 年 7 月 18 日下午，百度宣布投資美國金融科技公司 ZestFinance。一年前，ZestFinance 還曾經獲得中國京東集團的投資。同時獲得中國兩大互聯網巨頭的青睞，也讓更多中國人了解 ZestFinance 這家當時僅服務 10 萬名美國人的數據徵信公司。

　　這家位於洛杉磯的金融科技公司，使用機器學習的方式，來評估個人貸款的信貸風險指數。其創辦人是谷歌前資訊長及工程副總裁道格拉斯・梅瑞爾（Douglas C. Merrill），以及美國第一資本投資國際集團公司（Capital One Financial Corp.）前主管肖恩・布德（Shawn Budde）。在美國，ZestFinance 是挑戰徵信巨頭 FICO 公司的革命者，後者占據美國 99％的信用評分市場，以及絕大部分發達國家的信用

評分市場。

ZestFinance 信奉著「一切資料，皆是信用資料。」不同於 FICO 的信用分數，僅包含貸款人的幾十項變數，ZestFinance 的模型是根據海量社群網路資料和非結構化資料，包含的變數將近一萬項，在大數據挖掘的基礎上，最終形成一個獨立的信用分數。而且，與常規的信用評估體系相比，效率能夠提高大約 90％。號稱在 5 秒內，就能對每位信貸申請人超過 1 萬筆原始資訊數據進行分析，並且得出超過 7 萬個可對其行為做出測量的指標。

就在入股 ZestFinance 之前的百度聯盟峰會上，百度宣布：「AI 對金融也會產生變革性的影響，能真正做到讓徵信升級」，並且特別強調：「現在百度的教育貸款，基本上是以『秒』的時間，就可以決定是不是貸款給某一個人。」這種「秒批」的背後，正是以機器學習為基礎的大數據風控，在提升信貸服務效率、增加金融服務涵蓋率上的小試牛刀。

一般來說，大數據風控的成果與傳統金融機構一樣，也是兩份名單：根據白名單的徵信，以及根據黑名單的反詐欺。後者因為「反黑」的目的，經常籠罩著神祕色彩。比如提爾創辦、有全球第四大獨角獸之稱的 AI 公司帕蘭泰爾，不僅在幫助美國國家安全局反恐中屢立奇功，更因為整合了 40 年的紀錄及海量資料並充分挖掘之後，終於發現伯納德·馬多夫（Bernard Madoff）的「龐氏騙局」，而為天下人所

知。但我們更願意從主流的角度，來講述 AI 在金融風控中的故事。

根據中國人民銀行的資料，截至 2015 年 9 月，中國人民銀行徵信系統收錄的 8.7 億自然人中，有信貸紀錄的為 3.7 億人，至於可形成個人徵信報告、得出個人信用評分的有 2.75 億人。這表示，在中國還有約 5 億人，是沒有徵信紀錄的「小白」，被擋在傳統金融服務的門檻之外。依託龐大的數據基礎與人工智慧實現的族群輪廓分析技術，百度金融等企業正悄悄改變風控線上化的難題，把以往高高在上的金融服務涓滴到更多亟需幫助的「小白」身上。

舉例來說，在大學主修四年室內設計的李亮，最近開始在網上搜尋使用者介面（UI）的課程、培訓學校、分期繳交學費等資訊。他希望透過學習，未來能夠進入一家大型互聯網公司工作，但教育機構普遍不低的學費，成為擺在眼前的第一道障礙。

李亮不知道的是，在同一時間還有很多人在百度上搜尋同樣的關鍵字，雖然此時此刻他們還沒有與百度金融直接發生關係，但是這些人的群體需求，正以數據的形式進入百度大數據風控的視野之內，並且透過機器學習被歸類於某一族群輪廓，進而擁有相應的信用判斷。在比較了幾家教育機構之後，李亮最後選擇了一所培訓學校學習使用者介面，並且決定嘗試老師推薦的「百度有錢花」學費分期貸款。他透過

手機在短短幾分鐘內，填寫個人身分資訊並拍攝個人照片等，就完成貸款的申請步驟。

在光纖的另一端，百度風控的策略系統迅速回應，根據族群輪廓、借助圖像辨識等技術，對李亮的資訊進行採集、加工和分析，並且調用資料欄位結果傳送至風控平台，進而完成授信過程。經過短暫的等待，李亮收到人生中第一筆貸款審核通過的簡訊。

幾個月的使用者介面課程學習結束之後，李亮決定再次貸款學習視覺識別（VI），為即將步入職場加碼。此時，他驚喜地發現，因為良好的還款紀錄和穩定的消費紀錄，機器給他的貸款額度和信用支付場景在擴展和提升。更重要的是，機器為李亮建立的人生第一份信用紀錄，可以幫助他在百度金融體系以外的更多金融機構裡，享受更全面、更優質的金融服務，徹底告別信用「小白」的狀態，提升金融服務的獲得感。

朱光曾經說過：「我們這個社會，究竟該由誰來給身無長物的年輕人發放第一筆貸款，在他們人生關鍵的爬坡階段給予扶持？現在來看，答案也許是『機器』。」而當機器完成了金融服務對象──人的數據化，就已經沒有什麼可以阻止它在金融王國裡縱橫馳騁了。

機器人投顧：普惠眾生

　　一向對技術投資不大感冒的華倫・巴菲特（Warren Buffett）大概不會想到，有人會用他的名字為一款智能投資諮詢軟體命名。這款向投資大師致敬的軟體，就是智能投資公司肯碩（Kensho）＊設計的一款以雲端運算為基礎的財經軟體「華倫」（Warren），使用大數據和機器學習分析具體事件（從自然災害到選舉結果）對市場的影響，並且使用簡單易懂的知識圖呈現結果。

　　這款軟體在發布之初，就撼動了華爾街。很多人甚至打電話給肯碩的創始人丹尼爾・納德勒（Daniel Nadler），大罵他是「叛徒」。因為在華爾街，無論是人工智慧或其他華麗的技術，關起門來悶聲發大財才正常，將它公諸於普惠眾生，就是典型的「大逆不道」。金融資訊的掌控和處理本身，就被看作是一項壟斷性的生意，彭博社和路透社估計：長期壟斷的金融數據市值達到 260 億美元。不過，有愈來愈多的「華倫」同道，正在打破這種現狀。

　　另一家公司 Hedgeable 在創立之初，就立志要推翻華爾街的壟斷，創辦人麥克・凱恩（Michael Kane）和馬修・凱恩（Matthew Kane）是一對雙胞胎兄弟，曾經服務於全球最

＊　這個名字是日語用來描述禪宗的「明心見性」，透過現象看本質的意思。

頂尖的對沖基金橋水基金
（Bridgewater Associates），
以及最著名的投資銀行摩
根士丹利等華爾街巨鱷機
構。由於他們日益厭倦華
爾街只為全球最富有的人
服務，因而辭職在紐約創
立了 Hedgeable，借助人工
智慧技術，致力於為普羅
大眾提供投顧服務。

Hedgeable 辦公室牆上空手道踢倒華爾街的
塗鴉（資料來源：www.Hedgeable.com）

　　如果說，投資顧問對
美國人來說，早就是司空
見慣的服務，那麼對經歷三十多年財富累積的中國人來說，
就是一項亟需普及的財富管理方案。2016 年底，中國知名
財經作家吳曉波，進行了一項「新中產消費調查」，發現人
數可能達到 1.8 億的「新中產階級」，正普遍陷入一種財富
保值的巨大焦慮中。高淨值族群的財富，一直享受著金融機
構私人顧問的專屬打理，誰來保衛「新中產」的錢包，緩解
他們的財富焦慮？

　　機器人投顧，也被稱為智慧投顧、智慧理財等，是指在
人工智慧和大數據的基礎上，針對不同風險偏好和投資要求
的使用者，由電腦提供根據演算法而來的投資管理建議，幫

助投資者組建個性化的資產投資組合，實現個人資產配置的最優化。

機器人投顧一般遵循下列的服務流程：首先洞悉投資者的需求，清楚了解投資者自身及家庭整體的關鍵資料，例如：投資者所處的人生階段、收入水準、歷史投資經驗和偏好等。一般來說，投資者標籤愈豐富，輪廓的顆粒度愈精細，系統對投資者的把握就愈準確。

理財是財富保護、長期投資、資產配置，更是一種人生規劃方式。所以，下一步，機器還要詳細描摹投資者階段性的生活追求，例如買房、買車、求學、育兒、養老等，以此搭配相應的投資週期與考察投資報酬期望。

接下來，機器人要考察投資者的風險偏好，以年齡、職業生涯所處的階段、收入結構、生活負擔等，作為基本的參考緯度，確定投資者所能承擔風險的閾值。需要指出的是，在線下，投資者在面對自己的投資顧問時表達的風險偏好，往往與他們的真實風險偏好有很大的偏差，這就需要投資顧問與投資者進行專業、細緻的溝通，才能洞悉客戶的真實風險閾值，而這項過程的成本很高。機器透過大數據來辨識客戶的風險偏好，可以根據市場狀況即時動態調整，畫出投資者的風險偏好變化曲線，這就大大降低了溝通成本，也表示投資者可以付出更少的「羊毛」。

全面掌握了投資者的基本情況之後，就需要根據具體的

客戶體徵，在豐富的金融商品中，挑選最適合的資產配置組合。因此，機器人顧問擔任仲介，在連結用戶端完成投資者輪廓的同時，當然也要對金融商品端如數家珍，對可選擇投資標的背後的基礎資產充分了解，例如：資產特性、波動率、收益表現、穩定性、多項資產之間的相關性等。

對兩邊的了解都達標了之後，機器人要考慮如何進行組合搭配，而不是單一搭配。這個過程其實需要海量的運算能力，以及高效的深度學習演算法的能力，這也正是百度這樣的技術公司可以切入，並且如魚得水的原因。最後，還要有資產的監察和控制能力，隨著市場變化調整資產組合，機器人就要不斷地更新投資方案，以配合用戶的需求。

機器人投顧的出現，改變了理財資金管理機構和客戶互動的方式，可以真正了解投資者的訴求、偏好，進而透過散點生產、定製化生產來配置資源。

更重要的是，借助人工智慧技術，機器人投顧可以低成本地將個性化專屬財富管理方案，提供給普通的中產階級。一般的機器人投顧公司，都沒有特定的投資門檻，管理費用僅在 0.15％～ 0.35％；用戶的投資金額愈大，收取的費用就愈低。這個費用相當於真人投顧費用的 1/10，有些機器人投顧公司可以將費用降低到真人顧問的 1/20，甚至乾脆免費。

而且，機器人顧問可以有效規避人性弱點，一般投資者在股票投資之類的戰術性資產配置中，一旦被套牢就進入

機器人投顧的服務流程示意圖

「假死」狀態，只能等待解套；一旦獲取收益，又總不能即時落袋為安。機器人顧問則不受情緒影響，設定盈利點和止損點後，便可自動嚴格執行，沒有貪婪，也沒有恐懼。

再者，機器人顧問的精力是無限的，可以全年無休不間斷且兢兢業業地透過數位化資產配置，為客戶提供相對定製化、模組化的服務，並且即時根據投資者個人的需求偏好和市場的變化提出服務方案。這保證了機器人投資顧問可以同時與手機或 PC 端的無數客戶，進行貼心的深度交流。

全球最大、也是最著名的私人財富管理機構瑞銀（UBS）財富管理，截至 2015 年底，在全球擁有 4,250 名理財顧問，卻要服務 450 萬個人和企業，服務涵蓋比超過 1：1,000。和它相比，機器人的工作效率顯然更高。

近幾年，機器人投顧在美國發展迅速，2012 年美國機器人投顧產業規模幾乎為零，到 2014 年已經具有 140 億美元的資產管理規模，其中包括 Wealthfront 公司、Betterment公司，以及前文提及的 Hedgeable 等在內的數家公司，都在機器人投顧領域有所發展。而提供投資決策資訊服務的肯

碩，則是另一種意義上的機器人投顧公司。

知名會計師事務所畢馬威（KPMG）報告指出，預計到 2020 年，美國機器人投顧的資產管理規模，將會達到 2.2 兆美元。在中國，2015 年左右開始出現模仿國外模式的機器人投顧企業；到了 2016 年，大量機器人投顧概念的產品開始湧現，雖然看起來市場火熱，但是不得不說，其中不少是打著「人工智慧」噱頭的概念在炒作的。比如，有的只是在機器人投顧的旗號下，推薦某種固定的投資組合，其實早就背離了機器人投顧從風險評等、投資目的、投資能力和意願方面動態配置的初衷。

從事這個產業需要大數據、機器學習及金融洞察等綜合能力，而在中國的市場環境下，甚至對這些能力都提出更高的要求。比如，國外機器人投顧的投資標的主要是 ETF（指數股票型證券投資信託基金，通常又被稱為交易所交易基金），是被動管理基金。與此相應，美國市場同期有近 1600 支 ETF，管理資產規模累計 2.15 兆美元，但中國上市的 ETF 合計 130 支，資產規模累計 4,729 億元（根據 Wind 資料，截至 2016 年 6 月。）

指數型商品的稀缺，使得中國的智慧投顧，不得不引入主動管理基金。然而，主動管理基金本身的很多變化是不可預測的，例如更換一位基金經理人、基金公司的策略變動等，基金的收益變化就會非常大，而且這些變化很難被預測

和模擬,這對機器人投顧企業的投資能力,提出極高的要求。

為了進行更準確的投資者輪廓分析,一般機器人投顧公司都會借鑑線下投資顧問的形式,要求客戶填寫問卷。但是,在中國的投資和理財市場,以散戶為主的投資族群,其投機心理大於投資心理。如前文所述,這就導致客戶表達自身風險偏好失真的現象更容易出現。舉例來說,投資者看到某些高風險的資產歷史收益不錯,為了順利完成投資,可能就會忽視潛在風險,在問卷上填報高估自己的風險接受度。在這個問題上,能夠超出一般評價指標,為客戶進行「10萬+」級別的細化標籤輪廓分析及風險評估的大數據公司,優勢就十分明顯。

美國有專門的協力廠商機構,能夠匯集投資者所有的帳戶,只要用戶點擊授權,機器人投顧公司就能獲取用戶所有的帳戶流水號等資訊。比如,機器人投顧公司 Pefin,可以為投資者做到全帳戶集合管理,將投資者所有線上金融帳戶匯集到 Pefin 平台,包括儲蓄帳戶、銀行消費帳戶、信用卡帳戶,以及月供、貸款和投資帳戶等。Pefin 在幾分鐘之內,就能利用分析模型,建立投資者當前財務狀況的知識圖譜。

在中國,還沒有這樣的帳戶匯集機構,要盡量生成投資者的完整輪廓,除了讓用戶自己填寫問卷,還需要大數據基

礎上的機器學習描繪輪廓能力。最大的挑戰還在投資者教育，在一個以散戶為主體的投資市場，如何讓投資者相信把錢交給機器，它會進行專業的資產配置，提供良好的財富管理服務？況且，在傳統投資教育還未完成的情況下，進行機器人投顧的教育，難度可想而知。百度智能投顧團隊的袁月，以「跳級」來形容這種情況：「小學都還沒有畢業，就要上初中了。」

　　機器學習的「黑箱」，也加大了教育的難度。一般傳統的投資顧問，在進行投資交易之後，會向客戶解釋決策邏輯，但目前還很難解釋機器人顧問的「想法」。為了克服這項「缺陷」，很多機器人投顧公司還是會強調其投資邏輯背後的專業人員因素。比如，招商銀行摩羯智投，會特別強調其對市場上多家基金公司及基金經理人相關情況掌握得更加全面，將其作為重要的投資模型要素。Hedgeable 特別開闢了投資顧問區塊，允許註冊投資顧問、財務顧問、認證財務規劃師、註冊會計師、律師、保險代理人和其他財務價值鏈上的重要角色使用 Hedgeable 平台，為他們的客戶服務。

　　當然，中國機器人投顧產業的發展，還取決於未來監管政策的逐漸明朗。機器人投顧產業如果因為牌照所限，不能向個人投資者的證券投資帳戶直接提供投顧服務，那麼在未來相當長的時期內，最佳出路只能是向機構輸出技術能力，而這可能意味著機構投資者與大眾投資者的實力對比，將會

進一步拉大。

　　機器人投顧服務，目前還不可能真正做到普惠眾生，只能在高淨值族群之外，服務限定規模的中產階級族群，或是扮演投資機構的技術輸出方存在。這是由資本市場的零和規則決定的，也就是一個人賺錢的同時，另一個人必定虧錢。當機器透過演算法和程式，發現了一項更好的策略，理性的做法就是遵循華爾街的規則「悶聲發財」；如果這項策略被廣泛服務於大眾，收益率必然大大降低，甚而最終失效，這是機器人投顧在普惠與高收益之間的悖論。

　　再以 Wealthfront 為例，其投資總監就是《漫步華爾街》（*A Random Walk Down Wall Street*）的作者伯頓・墨基爾（Burton G. Malkiel），而這本書宣導的被動投資哲學認為，既然長期戰勝不了市場，那就乾脆投資市場。Wealthfront 就遵循這樣的哲學，選擇追蹤指數的被動型投資工具 ETF 作為投資對象，以期獲得長期、穩定的收益。但是，作為一項公開策略，這也決定了它不可能獲得超額報酬。

　　從實際情況來看，Wealthfront、Betterment 等機器人投顧公司，管理的財富也就是 30 億～ 50 億美元的規模，與貝萊德（BlackRock）之類傳統超大的資產管理公司動輒數兆美元的資產管理規模，實在相去甚遠。

　　本章開頭提到的肯碩，最終還是難逃被華爾街投行大佬高盛（1,500 萬美元融資）、谷歌創投、恩頤投資（New

Enterprise Associates, NEA；1000 萬美元融資）等公司收編的命運。其寶貴的數據處理技術，最終對普通人關閉，被限定在華爾街神祕的小圈子裡，其投資領域的平權革命戛然而止。

　　一些全球超級的資產管理公司，如嘉信（Charles Schwab）、富達（Fidelity）、先鋒投資（Vanguard），以及高盛、摩根大通、瑞銀等國際大投行，也都在透過投資併購或自建平台的方式，進入機器人投顧領域。投資牌桌上的大玩家，正在金融領域的 AI 革命到來前紛紛醒來。未來，能與之競合的，恐怕也只有 AI 技術實力雄厚又掌握海量資料的科技巨頭了。

數據挖掘：智能投資的鑰匙

　　2016 年 11 月，美國總統大選激戰正酣。與此同時，投資市場另一場大戰也正在上演。瑞信的分析師觀察到，管理資產規模約 3,300 億美元，量化兼具多空策略的 CTA（期貨投資）基金正逐漸轉向空頭，針對美股的空頭部位飆升到近期的最高水準。另一方面，管理資產規模超過 2,150 億美元的多空股票基金，針對美股的多頭部位則創下 9 個月來的新高。

　　對峙雙方大部分的投資交易，都是在電腦的幫助下，透過演算法和模型來進行的。於是，媒體將其定義為「機器人

大戰」。由於量化投資的大部分交易是由電腦完成的，也使用各種模型和演算法，很多人將其理解為 AI 對投資市場的干預。但實際上，量化投資只是利用電腦強大的運算能力，尋找市場上的無風險套利機會，只能算是交易策略範疇，大多與人工智慧並無關係。

真正的智能投資，依然是基於數據驅動的。無論演算法如何迭代、如何有創意，無論邏輯關係設計得多麼巧妙，有了金融演算法模型，還必須要有大量符合模型需求的經濟、社會、特定產業變化等多面向的資料集，用來驗證演算法模型的可行性和精準度。可見，一個開放性的大數據環境，對智能投資或金融資訊分析都至關重要，因為從實體世界獲取數位化數據的成本極高，很多公司又沒有自己的大數據資源，智能投資分析與決策就無從談起。

百度和谷歌擁有的搜尋數據、地圖資料等龐大、多面向、立體的大數據資源，有別於傳統金融體系的數據，為互聯網視角下金融數據特徵的挖掘，提供了豐厚的資源。加上領先的人工智慧技術，提供搜尋引擎類公司切入金融投資領域最佳的稟賦資源。

有了資源，就會有「挖礦者」。搜尋大數據中的鍊金過程一般如下：通常，在確定數據來源之後，依託成熟的大數據技術，可以對全網數據進行高速整合，提升數據的運轉效率，同時保持網路數據資訊的完整性，進而運用先進的機器

學習、人工智慧、大數據分析等技術，對海量資料進行分析處理，挖掘金融資產的個性化特徵。

舉例來說，百度日均產生與股票名稱或股票代碼直接相關的搜尋量約 2,000 萬次，一檔股票的搜尋量和其股價走勢，往往呈現高度的正相關性，平均相關性達 0.7 以上。搜尋量作為量價的補充資訊，代表了某檔股票被投資者關注的程度，輔以輿情因素的判斷，可被當作潛在買家或賣家的能量積蓄，用來判斷何時入場，何時又該進行風險規避。

搜尋數據能潛藏寶貴的投資決策金礦，是因為人們在主動搜尋時，一般是不會說謊的。如果搜尋是主觀意圖數據的體現，那麼在數據足夠豐富的情況下，就可挖掘、掉煉出人群對資訊的潛在需求和關注程度。A 股特殊的投資者結構（散戶居多）和運行特點（習慣炒作），使得搜尋數據成為絕佳的觀測角度，因此搜尋數據輔助大盤選擇時，能夠有效觀測市場的變化。

搜尋數據還可以進一步挖掘和提煉，例如，百度地圖現在已經在中國全國，標注了三千多個工業園區和四千多個商業區，透過觀測這些工業園區和商業區，可以有效洞察一個地區、一個商業中心、一個景點，甚至一座城市人流的變化情況。智慧系統甚至可以藉由機器學習的方式，提煉某一家企業的知識圖譜，並且即時自動更新。因而，在豐富的時空數據下，投資方能以更廣、更即時的視角，即時監測所投資

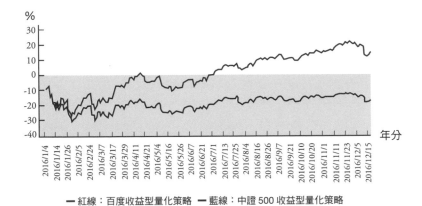

百度收益型量化策略與中證 500 收益型量化策略的收益率比較

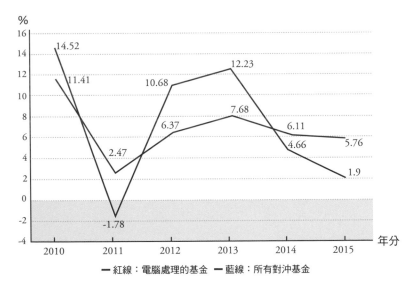

電腦系統基金與人工操作基金的收益對比

（資料來源：www.wired.com/2016/01/the-rise-of-the-artificially-intelligent-hedge-fund/#slide-1）

企業的開工率變化，並得到及時的投資決策參考。

傳統的金融邏輯、投資邏輯、資管能力，加上相關性很強的即時數據，無疑會大大提高投資判斷的準確度和前瞻性。在金融領域，每提升一個百分點的效率、降低一個百分點的風險，都意味著巨大的財富收益。

智慧金融的三層境界

當然，我們永遠必須對市場保持敬畏，因為它的複雜多變，遠遠超出人類的想像。為了理解這個市場，天才雖然創造了相對簡約、完美的模型，去抽象理解我們所面對的金融世界，但在模型簡約化的過程中，必然會有一些損失。而且，這些模型相對來說還是靜態的，隨著時間的推進，過去可用的模型，也可能逐漸變得不再那麼精準了。在倫敦諮詢機構 Preqin 的研究中顯示，典型的系統化基金交易的收益表現，並沒有比基金經理人操作的對沖基金效益好。

本節開頭談到的那場美國大選前的機器投資大戰，可能被媒體過度誇張解讀了。正如巴菲特所說：「投資並非一個智商160的人，就一定能夠擊敗一個智商130的人的遊戲。」

不管何種演算法和模型，都要尊重金融規律和投資邏輯，波動不是機器投資引起的，而是市場預期變化引起的。背後做出洞察和決策的還是人，至少在我們可以預見的未來，這一點不會改變。目前，不少智能投資公司宣稱自家系

統的股票交易，已經完全不需要人為干預了，比如李嘉誠參與投資的美國人工智慧系統研發公司 Sentient，其首席科學家巴巴克‧霍加特（Babak Hodjat）就宣布：「我們的系統可以讓基金自動調整風險等級。」

用 AI 分析美股市場的對沖基金公司 Aidyia，其創始人本‧戈澤爾（Ben Goertzel）則是對自家的系統更有自信：「如果有一天我們都死了，這套系統仍會自動交易。」但實際上，我們很難想像一個完全由機器操控的投資市場。如果大部分基金都完全用人工智慧，也許會出現我們不想要的結果。一方面，在精確的計算之下，機器投資的節奏和標的愈來愈趨同，市場的波動愈來愈小，變得愈來愈無聊和乏味；另一方面，因為機器選擇的投資對象愈來愈集中，也就同時埋下市場失衡的種子。

在劉慈欣的短篇小說《鏡子》中，曾經描繪了這樣的景象：當人類社會未來的一切，都可以精確計算和預測，人類社會的發展也就走向停滯，最終便是文明的毀滅。這樣的聯想可能有些扯遠了，但它為我們帶來的啟示是：投資融合了人類的本質欲望，甚至包含了助推人類社會不斷發展的文化特質。投資過程帶來的意義，遠比最後的數字成長要大得多。

關於智能投資和人類投資決策的關係，百度副總裁張旭陽曾在一次研討會上，闡述了他的看法：

投資是技術、藝術和哲學的結合。百度領先的大數據和人工智慧技術，可以解決一些技術層面的問題。但是，投資有時是一個藝術層面的問題，否則就沒有巴菲特這樣的古典投資大師的存在了。

對於一個市場信號，不同分析師會有不同的解讀和方法。比如，透過百度大數據分析，我們發現理髮師和教師族群開始關注股票了。對於這項訊息，有些分析師可能會認為這是一種賣出訊號，而另一些分析師則可能會認為這是買入訊號。實際上，這是對投資經驗提升的一種知覺，在這個決策判斷的過程中，投資更多是一件只可意會不可言傳的事。

現在人工智慧技術可取得突破的地方，例如圖像辨識、語言辨識、自然語義理解、使用者輪廓、演算法和輔助決策等，都可以提煉出明確的訊號。機器透過自我學習之後，可以做出判斷。但是，投資決策最關鍵的部分是不明確的，是一些意中有、語中無的東西，而我們目前的技術還沒有辦法理解這種內容，也就沒有辦法代替人類做出洞察和判斷。

AlphaGo 打敗李世石之後，很多人認為機器是

不是可以代替人類進行投資了？但實際上，投資與
圍棋的博弈完全不同。圍棋是一個封閉、資訊充分
的博弈環境，但投資有人類的非理性，是一種開放
式環境，在這種情況下，技術要代替人類做決策，
還需要極大幅度的提升，這個過程至少要以十
年計。

　　實際上，目前用於投資的人工智慧演算法都大
同小異，以前是邏輯回歸、因果分析；後來有了深
度神經網路，有了所謂的梯度決策樹；再後來有了
遺傳演算法。但是，這些演算法的進步，都沒有超
出相關性分析的範疇，只能實現一些短期記憶的東
西，畢竟還沒有達到人類大腦的反應程度，對於投
資市場上一些可重複、可循環的投資決策，機器可
以很妥善地進行安排；但是，對於有一定缺陷的市
場，或是說在投資藝術層面上有缺陷的市場，還需
要人為干預。

　　我覺得，在藝術層面，機器至少現在還難以取
代人類。我們的智能投資背後，也需要一組團隊來
維護演算法，對這個演算法的邏輯不斷地做一些調
整，適應不同投資環境下的安排。

　　投資的第三個層次就是哲學，也是自律，亦即
投資到底是為什麼？我要有止損止盈的法則，而這

方面可能機器可以掌握得更好。其實，透過機器來止損止盈是很容易做到的，因為人類難免會有情緒波動，有貪婪和自信。比如，總會認為自己和別人不一樣、這次跟上次不同；總是覺得我這次能夠逃離，別人會接我最後一把，我能出手，雖然我知道泡沫很大，但我自信不是接最後一棒的。可惜的是，歷史往往是重複的。透過機器的演算法，可以完全幫你設定到某一階段就要認輸離場，或是到某種程度就要止盈了，可能還會有一個正反合的過程。

但是，目前機器即使是在藝術層面還是難以取代人類，智能投資的背後也需要一支團隊來維護演算法，對這個演算法的邏輯不斷地進行一些調整，以適應不同投資環境下的安排。

總之，在金融投資市場，人仍然是最關鍵的決定性因素，尤其是在金融與 AI 的融合創新正在加速的時期。就像當年大批物理學、數學翹楚湧入華爾街，並為後者帶來革命性變化一樣，如今華爾街面對金融科技浪潮驚呼「矽谷已至」的時候，人工智慧與金融人才的跨界流動與融合，正在百度這樣的技術性公司出現。

曾任職於微軟研究院的吳建民，回憶自己加入百度的原因時說道：「Robin 說，歡迎矽谷人才回來。我就來了。」

他主要負責百度金融開展智慧獲客等相關研究。如果說，他跟更多的人工智慧專家屬於依靠技術解決金融問題的人，那麼操盤資管理財的張旭陽、負責消費信貸的黃爽等來自傳統金融機構的專業人士，就是屬於提出問題、定義問題的人。

這種人才的跨界組合激盪著創新，AI 與金融業務的融合，將在身分辨識認證、大數據風控、機器人投顧等方面，對金融服務帶來什麼樣的革命性改變？我們且拭目以待。對個人來說，AI 金融工具將無可回避，五到十年之後，當你去銀行、證券公司、保險公司等機構接受理財、信貸、金融服務時，背後都有 AI 的身影。朱光將金融科技的未來狀態稱為「AI inside」（內嵌人工智慧），我們希望自身的技術、數據、能力會支撐中國所有的金融機構，減少金融不確定性所帶來的衝擊，發揮金融促進美好生活的力量，實現普惠金融的夢想。

08

每家企業都需要
一位人工智慧長

　　數據、演算法與個人生活、社會治理、經濟結構交相輝映的新文明呼之欲出。文明的進化，不是靠紙上談兵得來的，而是依靠千千萬萬個創業者和勞動者的努力，以及有為者的均衡治理，自然演化出來的。這個過程，充滿了艱辛與不確定性。

　　中國的企業家們，已經聽見來自物聯網與人工智慧的風聲，但是方向捉摸不定。企業有沒有足夠的數據資源儲備？從哪個方向入手？更重要的，是否有可靠的 AI 人才？

　　對於技術性企業，這個問題不算難解，先驅產業與高階企業的人工智慧升級早已上路，很多大企業已經開始布局智慧化工作，例如智慧家電。但是，人工智慧這項扎根於人類普遍生活的技術，必須被廣大企業接納才會更加煥發光彩，而廣大企業也都應該享有從人工智慧獲利的機會。

　　中國傳統國營企業正在經歷艱苦改革。太原鐵路局是中國鐵路貨運量最大、重載技術最先進的鐵路局。鐵軌、電氣這種工業 1.0 和 2.0 時代的設施提升後，馬上就會面臨工業 3.0、甚至 4.0 時代的挑戰。面對繁忙的運輸，必須優化業務流程，提升運轉效率。

　　AI 科學家分析，一列火車從一座城市行駛到另一座城市，需要的時間是比較固定的，影響運輸效率的是中轉時間，即當一列火車到站後，把貨物從火車轉到倉庫，再從倉庫轉到火車需要的時間。降低中轉時間，對物流效率有很大

的影響。百度協同太原鐵路局採集了很多物流數據，把這些
數據放到百度雲上，訓練出幾個模型來精準預測火車的到達
時間、未來的倉儲需求、未來的運力需求，將中轉時間降低
了 50％。

　　老國營企業的智慧化革新雖然不容易，但畢竟擁有累積
多年的技術團隊和資源；相較之下，廣大中小企業如何在
AI 浪潮中把握航向，更加令人關心。可以肯定地說，人工
智慧對中小企業是普惠的，無論商業端或消費者端，都有大
量對人工智慧的需求存在，普通企業（尤其是中小企業）在
AI 時代有很多的機會，時不我待。

誰來突破產品升級的瓶頸？

　　AI 革命一定是發端於領先學科和領先企業，而且短期
內就會拉大企業之間的差距。不過，人工智慧方法是公開、
便於學習的，如果企業努力就可以習得。在這個過程中，我
們認為傳統企業尤其需要 AI 領域的專業人士來引導。

　　2015 年中國國務院發布的《中國製造 2025》行動綱要
指出：「製造業是支撐我國經濟社會發展的重要基石和促進
世界經濟發展的重要力量」、「各國都在加大科技創新力度，
推動三維（3D）列印、移動互聯網、雲端運算、大數據、
生物工程、新能源、新材料等領域取得新突破。基於資訊物
理系統的智能裝備、智能工廠等智能製造，正在引領製造方

式的變革;網路眾包、協同設計、大規模個性化定製、精準供應鏈管理、全生命週期管理、電子商務等,正在重塑產業的價值鏈體系;可穿戴智能產品、智能家電、智能汽車等智能終端機產品,不斷地拓展製造業的新領域。我國製造業轉型升級、創新發展迎來重大機遇。」

並非只有《中國製造2025》中涉及的產業才適合智慧升級,幾乎所有企業都可以。劇場、電影院可以透過對觀眾購票規律的智慧學習來優化票務工作;小超市、小店鋪可以透過店門電子感測器和協力廠商數據(例如百度地圖的客流資料)來分析訪客規律;傳統新聞單位可以考慮連結智慧流來創新資訊生產和推送流程。

很多人對於升級的認識,往往局限在材料、工藝等方面,而人工智慧帶來一個新的升級面向。以家居用品為例,人工智慧在此領域,已經賦予許多新的應用。即便只是一組窗簾,也已經有人開發出智慧化方案,讓窗簾系統主動記錄、學習屋主的使用習慣,在適合的時間自動開合以調節光線,配合屋主的作息習慣;智慧馬桶座可以不必整日加熱,而是根據屋主上下班時間和感測器來決定加熱時間;養老家居系統可以觀測、學習老人的起居規律,調整各項家電的狀態,甚至在老人作息異常時,向親人發出預警訊號。對於人工智慧的應用,我們需要的,只是更多的創意。

借鑑歷史：回顧電力長的輝煌時代

　　眾所周知，在人類工業時代的黎明時分，紡織機和蒸汽機的推廣，曾經遭到強烈的反對。在英國，由於紡織機械帶來低成本產品，傳統的手工紡織業被擠垮，遭到工廠業主和工人的反對，掀起所謂的「盧德運動」（Luddite movement）。珍妮紡紗機發明者詹姆斯·哈格里夫斯（James Hargreaves），多次遭到同業和鄰居的驅逐，但珍妮紡紗機最終還是推廣開來，促成英國統治全球紡紗業。至於蒸汽火車的推廣，在一開始甚至速度還不如馬車，曾經遭到馬車夫的嘲笑。

　　到了電氣革命時代，歷史再次重演。義大利工程師古列爾莫·馬可尼（Guglielmo Marconi），在 1895 年研製出最早的無線電裝置，並且利用此裝置成功進行遠距離摩斯電碼通訊實驗。他成立了無線電報與訊號公司，推動無線電商用，但由於與海底電纜公司的利益相衝突，他想在加拿大紐芬蘭（Newfoundland）設立無線電報局的事遭到反對。不過，當時美國的現

19 世紀初期的蒸汽汽車（by Richard Trevithick (1771-1833) and Andrew Vivian (1759-1842)）

代市場體系和技術偏好已經初步建立，所以無線電還是很快就發展起來。

電氣革命與今天的 AI 革命，有一些「基礎本質」上的類似。與蒸汽動力無法遠距離傳輸和統一布局不同，電力是一種無限流動的普適能源，正如今天的互聯網是一種流動的、可讓用戶隨時連結的基礎資源一樣。「電＋產業」正如現今的「互聯網＋產業」，顛覆了無數的傳統產業。當然，電流和智慧流只是在比喻意義上可以類比，前者是電子的流動，後者是位元編碼的流動，雖然不是同類事物，但這種類比有助於我們感受問題的關鍵所在。接下來，我們不妨來比較一下兩個時代的企業升級。

當電氣流向千萬企業，很多企業主動尋求升級，雖不是像蒸汽時代那樣抗拒，但同樣困難重重。一百多年前的電力系統十分複雜，需要在直流電、交流電，不同的電壓、不同水準的可靠性、不同的電力介面與價格之間做出合理的選擇。直到今天，各國的電壓和介面規格（插座孔）也都沒有統一。和不同電力公司打交道需要技巧，否則很可能會吃虧，正如今天企業找互聯網技術外包公司時，如果不專業就會落入陷阱，從程式設計語言到系統架構，都有各種令人眼花繚亂的選擇。

就公司本身的業務來說，如何使用電力獲得最佳效益，也很難搞清楚：是應該先為企業全部裝上電燈，還是優先用

電動馬達取代燃氣輪機？所以，當時許多公司都聘請電力副總（VP of Electricity）幫助組織改革工作，保證公司內的每個職能部門，在工作目標或產品上考慮電的存在。電力副總的職責，包括布置電線、購買電力設備、改造原有設備，甚至改造公司的業務流程（電燈致使夜班變成常態）。

在電氣革命時代，人們可能想不到當時有多少關於電的新創產品，就像蒸汽機時代也發明了很多後來都消失的蒸汽裝置，這些裝置如今只留在蒸汽龐克（steampunk）*的影片裡。

當時的電力長要發掘各種電氣產品，了解它們究竟能為公司創造哪些價值？他的眼界不能局限於電力這項能源，還要逐漸升級到對電子產品的追蹤。比如，人類為了依據輸入電壓控制輸出電流，需要一種可變電流開關。在1950年代電晶體工業起步前，是透過普遍使用的真空三極管（也叫電子三極管）達到這個功能。電晶體一開始的生產工藝不達標，產品合格率低，以至於每一枚電晶體的價格高達20美元，而一枚真空三極管只要1美元。此時，企業該如何選擇呢？這要看什麼能夠代表未來。最後，電晶體由於耗能低、壽命長、體積小，取代了真空三極管。

隨著電力系統的成熟，電力長這個角色才消失。反過來

---

*　1980年代至1990年代初期的科幻題材，其特徵主要是背景都建構在類似19世紀蒸氣科技達到巔峰的虛擬世界。

說，每家聘用電力長的企業，也促進電力對總體生產方式的
滲透，促成國家電力系統的標準化。二十多年前，互聯網的
出現也是如此。互聯網走出軍隊實驗室，滲透進企業、大專
院校乃至家庭，這是一個複雜的過程，也為企業帶來網路技
術長這個職務。在今天這個全民使用互聯網的時代，很多公
司依然選擇網路外包服務。從節約資源的角度來說，這是合
理的，不是所有企業都要供養昂貴的技術團隊，就像購買電
力一樣，購買互聯網服務是很方便的事。

購買互聯網服務，分為兩個層次：一個層次是基礎設施
（IaaS）——連上骨幹網路、繳交服務費，這是服務非常標
準化的層次，不用動太多腦筋。另一個層次則非常個性化，
是在基礎平台上定製互聯網產品服務（PaaS 和 SaaS），例如
雲端伺服器、資料庫系統、辦公協作工具、財務管理工具、
App 製作等，需要定製開發。這個層次操作起來對傳統企業
仍然比較複雜，如果企業做到一定規模，技術部分依然單純
依賴外包，就會迷惘。因此，不僅科技企業，傳統企業也需
要技術長（CTO）。很多小公司的技術長不用管理一個大團
隊，職責就是代表公司利益和外包廠商打交道，決定選擇何
種服務，並監督實施過程。

所以，優秀的技術長絕對不只是網管營運維護，還要發
掘公司所有部門、產品和網路的價值鏈，追蹤最新的技術發
展方向。他要了解產品和業務，預判長期技術策略方向，不

斷跟進業務和技術發展做革新，否則就會像歷史上的電力長
一樣，等到電力普及了，就會被工程師或產品經理取代。不
過，至今在大部分的工業企業中，仍然有電力長殘餘的影
子，那就是電工。

迎接 AI 原力

　　人工智慧應該像互聯網一樣，成為一種開放的事物。開
放的人工智慧服務，也將變成一種「流」，就像電流一樣，
方便用戶取用。中國人工智慧專家和企業家李志飛，在
2016 年烏鎮互聯網人會期間發言說：「必須非常清晰地認識
到，人工智慧在短期內根本就不能與人類相比。我們今天應
該踏踏實實地把一些應用，例如雲端互動、自然語言理解、
電腦視覺等各種應用場景做出來，像是車載設備、可穿戴設
備等。讓用戶覺得真正有用，而不只在媒體上或電影裡面討
論一下。」

　　這與百度抱持的心態不謀而合。谷歌、特斯拉等企業，
都做了不少有趣的 AI 公關專案，無論是下圍棋或「Quick,
Draw!」（你畫我猜）的遊戲，皆極大幅度提升大眾對人工
智慧的討論興趣。或許是身處於美國西海岸的工程師，才有
這樣放鬆無慮的心態，去做一些看似輕鬆的專案。背負更多
責任的中國 AI 企業，恐怕很難這麼輕鬆，因為很多同業確
實都把精力放在開發企業級應用的產品上，不是做宣傳。根

據報導，谷歌已經把一度吸睛無數的機器人和無人車業務拆分出去，不再給予無條件的支持。中國企業呢？能否扎實推進 AI 的工業級發展？

百度追求把 AI 技術運用到企業升級中，為全產業帶來提升，而不只是創造一些故事。我們認為，AI 就是要向企業輸送源源不斷的「原力」，比如百度地圖的數據流平台、可供連結的語音辨識服務等，這才是最重要的。

舉例來說，百度地圖衍生產品「百度慧眼」，透過對常住人口、客流量、生活區物價水準、辦公大樓密度，甚至具體到某個路口人流是往左或往右行進，來分析族群輪廓。在與很多連鎖店企業的合作中，百度慧眼不用 GPS，單靠用戶手機對 WiFi 的搜尋情況，就能實現 30 公尺以內的定位精度。只要用戶手機收到連鎖店的 WiFi 訊號，就會判斷為用戶進店，以此為店面評估市場容量、預估營業額，而且此項功能還可以為地產、電影院等選址提供科學建議。

百度大數據實驗室科學家吳海山對時空數據的挖掘，不僅將 AI 應用在商業選址，在企業銷售環節的應用也立竿見影。比如，某家餐飲企業要向 1,000 名用戶發出 1,000 張優惠券，如何保證這 1,000 人沒有光顧過店家，並且有意願前來消費？我們可以根據「老顧客」的特徵，使用機器學習訓練出一個模型，再根據這個模型從資料庫中，找出消費習慣吻合的用戶，休息日是宅在家還是泡吧？經常去的餐飲場所

發現用戶需求　　洞察供需空缺　　優化選址位置

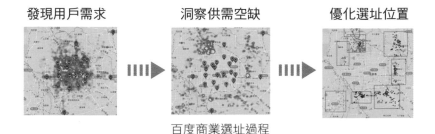

百度商業選址過程

百度利用時空數據分析進行商業選址的示意圖

的人均消費如何？喜歡去國外旅遊，還是在國內旅遊？上下班是搭地鐵、開車或其他方式？透過對新舊用戶的相似程度進行排列，選取最接近的 1,000 人寄送優惠券──這種做法的成功率，顯然比在大街上隨機發傳單要高出許多。

　　如果想要尋找合適的智慧流服務連結自身業務，每家企業都需要有人工智慧的領導者。傳統企業為了利用 AI 優勢，需要理解 AI 能夠做什麼、它如何影響公司策略？為了

準備迎接這個顛覆性時刻，公司應該如何組織領導團隊？

從 CTO 到 CAO

企業永遠需要引領技術的角色，如今一般企業都會有技術長（CTO）或資訊長（CIO），為了應對 AI 革命，吳恩達在 2016 年 11 月撰文提出，每家企業都需要一位人工智慧長（Chief AI Officer, CAO）。那麼，人工智慧長從何而來？技術長、資訊長與人工智慧長的關係又是什麼？

隨著互聯網全面滲透，技術長這個角色誕生了。不同於以往的總工程師等，技術長是特別因應互聯網資訊化浪潮的角色。在很多企業和單位，初級技術長的職能，往往在於架設一個內網平台、管理軟硬體等。然而，在新的時代，每位技術長是否具有智慧化業務的視野則不一定。舉個例子，在一些大專院校商學院，技術長的職責僅限於根據需求架設網路、辦公系統等，並不會洞察和利用商學院本身的業務所帶來的數據增益。有很多商學院都有課程案例銷售工作，原本可以智慧化，對客戶訂閱進行追蹤分析。金融原本與數據緊密相關，但很多金融學院自身恰恰未能數據化。

很多企業的 Web1.0 資訊化和數據化工作都還沒有做好，所以有人提出企業需要數據長（CDO）或資訊長。資訊長是技術長的升級，任務是幫助公司組織資訊，思考如何提升公司資訊的傳遞效率，如何能夠共享資訊，而不是各部

門重複生成同類資訊等。有調查顯示，在擔任資訊長的人當中，非技術專業出身的比例也不少，這是因為資訊長不僅要懂技術，還要懂業務。數據長需要擁有洞察數據含義的能力，比如透過資料視覺化技術直覺掌握數據回饋；透過「數據挖掘」發現隱蔽的價值所在；透過優化企業的資料架構，把無意識狀態的資料，變成主動的數據燃料。

過去，一般 IT 部門的工作重點是選擇、實施和集成 ERP 系統，管理公司的伺服器和網路，使用電腦設備培訓所有新員工內部軟體和流程，以及內部的業務營運。工作的具體項目大致包括：員工資訊管理，尤其是對人員招聘和流動狀況的分析；薪資和成本管理；保險和福利；會計電算化；開發專案管理；伺服器管理；儲存；企業通訊；行銷自動化；客戶關係管理；客戶需求分析；企業知識累積等。

如今，大型的 ERP 系統，正被雲端託管的專門 SaaS 產品所取代。這些應用程式具有方便消費者操作的使用者介面，購買、使用和部署都很簡單。企業不再需要耗費幾週的搜尋，才能確定最佳的薪資軟體，並且花上幾個月來實施。比方說，開發專案管理除了 jira（專案與事物追蹤工具）外，甚至協力廠商辦公協作軟體也可以完成此類工作。伺服器管理有亞馬遜網路服務、百度雲、阿里雲等；企業儲存有百度雲盤；企業通信有企業版 QQ、釘釘等。

資訊技術服務已經被「流化」了，實施大型 SaaS 工具，

仍然需要一些集成工作，但過去幾年的趨勢已經顯示，集成的難度正在降低當中，企業應用程式則在簡化當中。過去，資訊長還有一項主要職責，就是建立技術團隊。然而，隨著技術勞動力可以按照需求應變，公司可以到自由職業者平台上雇用程式設計師去應對一些小任務，也可以透過平台尋找成熟的「即時」專家團隊，各種線上專案管理工具和資源，讓管理外包服務變得更容易。在這種情況下，資訊長原先業務的重要性在下降。

電力長早已消失了，資訊長也會消失嗎？以百度為例，在前幾年行動網路正熱時，百度曾經專門設置了「行動長」，負責思考、規劃如何讓百度的服務行動化，但隨著行動網路思維的普及，這個職位已經取消。有見識的資訊長，會適時轉移自己的業務焦點，雖然協力廠商的 IT 服務愈來愈標準化，很容易與企業結合，但客戶的需求是不斷在變化的，不像企業自身的 IT 基本需求那樣標準化，更不像電力能源的標準化。資訊長要應對來自客戶的資訊變化，並且對企業的資訊業務做出調整。

未來，取決於資訊長的眼界。一項新任務就是負責組織完整的企業數據和 AI 戰略，無論職稱是數據長或人工智慧長。技術長和資訊長的開發任務減少了，因此獲得更多的時間和精力，應該盡早投入到鑽研 AI 技術上。協力廠商 IT 服務依然是通用型的，企業要做的是追求個性化定製，正如相

同的外包公司與能力不同的企業產品經理結合，會開發出品質高低不一的產品，資訊長或人工智慧長要審視企業本身的數據，尋找那些尚未被充分利用的數據資源。

　　人工智慧長要處理的資訊，遠遠超越財務之類的事情，還包括生產資訊、組織資訊，乃至員工的走位資訊。試想一下，快遞公司為什麼需要掌握快遞人員的行動軌跡？人工智慧長會考慮蒐集快遞人員的行動數據，採用數學方法加以分析，提出優化建議，以提升快遞效率。

　　數據在技術長的眼中，可能只是技術副產品，但是在人工智慧長的眼中，則是策略性資源。他需要花費大量精力，思考客戶需求和完整的用戶鏈，尋找方法增強公司的產品和服務，並且嘗試在所有商品上與客戶展開互動。

　　比如在航空領域，中國南方航空股份有限公司是中國運輸飛機最多、航線網路最發達、年客運量最大的航空公司，為了把「大」轉化為「靈」，該公司與百度合作，成為首家入駐百度「行雲」出行大數據平台的航企，利用百度位置服務產品、數據及市場資源（如百度地圖），為旅客提供包括機場室內導航、候機室到市區的智慧交通、行程規劃、動態誘導等服務；發揮百度在雲端運算、大數據等領域的技術優勢，建設以地理定位服務為基礎的大數據分析模型，提供規劃設計、統計分析、市場監測等決策支援，為旅客提供全流程、高品質、多內容、高效、便捷的出行服務。

　　從互聯網到大數據，再到人工智慧，不只是概念變化，更是認知和實質上的變化，是從形式、肌體再到靈魂的上升。無論技術長或數據長，具備人工智慧視野都是很重要的。人工智慧長將與公司的不同部門（人資、銷售、市場行銷、產品等）進行合作創新，透過數據連結、整合不同部門。在深入數據整合、互動、挖掘時，會愈來愈需要成熟的方法和工具，此時連結人工智慧流也就呼之欲出了。

人工智慧長要做什麼？

　　導入成熟的機器學習方法，把數據變成訓練材料，打造自動化機制，尋找、發掘有價值的管理模式和客戶模式，或是合理引入協力廠商的人工智慧流，以支援企業的業務發展，並且找到一個合適的創新循環：「數據—演算法—知識—使用者經驗—新的數據」，循環往復，像滾雪球般前進。在這個過程中創造商業價值，這就是人工智慧長要做的事。

　　人工智慧長這個企業新角色，會面臨很多不確定的因素。比方說，當他尋找人工智慧服務時，應該遵循什麼標準？就像資訊長要懂得選擇標準、合適的協力廠商服務，個人用戶在選擇配備時會關心諸如電腦顯示卡或 USB 介面標準一樣，人們經常詢問百度：「人工智慧服務，有業界標準嗎？」

　　吳恩達認為，人工智慧當前並不十分成熟，所以還談不上統一的服務標準，各家都在嘗試。在這個層面上，各家企業的人工智慧長都很重要，因為他們也擔負著探索的責任，但是，穩定、方便、好用的工程化產品，應該是正確的方向，有助於 AI 的標準化。比方說，開發者將可以在某個人工智慧平台上方便地調用介面，享有穩定的智慧流輸出，支持企業運行和創業，就像人們現在在手機和開發平台上創造 App 一樣，百度大腦就是這樣的一個平台。

　　這一波人工智慧形成熱潮，原因之一是門檻降低——深度學習的原理、尤其是演算法，原理都差不多，就看誰的積累雄厚、誰的數據豐富、誰的訓練最充分。就好比無數程式師都會用 java 語言程式設計，但程式設計的能力大有差別，你只能盡力選擇最好的。

　　對於深度學習神經網路，調節神經網路參數的工作極其複雜、多變，需要根據不同業務場景做特別優化，雖然演算法的基本思想差不多，但發展各異，也談不上統一標準。因此，訓練神經網路又被稱作「煉丹」，吳恩達正在寫作的新書《機器學習的渴望》（*Machine Learning Yearning*）堪稱一部「煉丹」手冊，不是在講「丹藥」的好處為何，而是在講「煉丹」當中遇到的難題和解決方法。深厚的經驗和務實的方法，大約就是一種標準吧！

　　期望每一位高階主管都完全了解人工智慧，這是不合情

理的。但如果所在的產業能夠產生大量數據，就有很大的機會使用 AI 將這些數據轉換成價值。對大部分有數據、但缺乏深度人工智慧知識的公司來說，聘請一位人工智慧長或人工智慧副總（VP of AI），這件事已經箭在弦上，有些數據長和有超前思維的資訊長，實際上已經在扮演這個角色了。

新創企業和傳統企業都需要人工智慧長

美國著名數據分析公司 MixPanel 的執行長蘇海勒‧多希（Suhail Doshi）認為：「機器學習不是為了證明某些因果關係，它的存在是為了針對一些特定標準、行為或模式，做出高品質的預測。演算法唯一的工作，就是讓你能夠更有效、更精確地達成目標，而不是告訴你『為什麼』會引發後面的結果。」

不過，我們認為，詢問「為什麼？」也是重要的。我們在大量的企業應用中發現，有些企業家急切地希望深度學習網路和數據挖掘，能夠馬上帶來利潤的大幅增加，忽視機器學習的節奏與企業自身的學習節奏。

當企業大到一定規模，業務和數據複雜到一定程度之後，自身的運作邏輯往往是模糊的。不同於企業手冊上的明文描述，即便是企業管理者也會對此感到陌生。機器學習具有根據數據反向求得函數邏輯的能力，而這種反向的推演能力，可以為企業運作者提供一種觀察企業非顯性邏輯的視

角，比如對企業郵件往來的關係分析、對電商用戶下單時間的分析、對新聞網站發布資訊的時段分析等，都可以幫助企業了解自身可以在哪些方面進行優化。

　　企業渴望從互聯網時代邁入人工智慧時代，此時人工智慧長尤其需要分清輕重緩急，是先優化財務資訊，還是先優化產能？是固本強體，還是拓展銷售？在對外業務上，人工智慧長可以發揮顯著錦上添花的作用，例如建立自動化的客戶需求分析系統，即時提交訂單資訊和生產資訊給客戶參考。對內管理也十分重要，以製造型企業為例，生產管理、物料管埋、品質管制、設計變更的資訊化和數據化都需要整合，等數據化達到一定程度之後，輔以演算法和開發，人工智慧就水到渠成了。

　　電算化→資訊化→智慧化，神形合一，如果內部機制不順，就會發現外部智慧化缺乏基礎，難以為繼。企業的內部修煉和外部拓展，在 AI 時代將高度統一。和電流從外部輸入不同，在企業內部，人工智慧的素材已經以「流」的形式出現，產生於每位員工、每部機器的每一項工作環節。這些數據流、資訊流，每天都在產生和流逝，但很多企業都沒有意識到，更談不上利用，而是任其揮發。企業內功是和每個員工都相關的問題，例如個人的資訊共享、知識管理、工作操作習慣的紀錄和優化等。

　　舉個例子，網路新聞媒體的編輯，每天都在輸入文章，

有些網絡媒體擁有上千名編輯，每個人都在做著自己的工作。人工智慧系統會偵測、統計他們的輸入操作，發現哪些環節的滑鼠點擊工作過多，這其中可能預示著輸入系統的設計不合理，再依此提出輸入系統的優化建議。

吳恩達認為，傳統企業尤其需要依靠人工智慧長來了解先進的應用，以升級自身業務。當然，面對很多可能的方向，人工智慧長還是應該先抓住一個部門或一塊業務重點突破、形成典範，以吸引其他部門燃起熱情。畢竟，企業智慧化是一個非常需要創新精神的事業，需要廣泛參與。

執行長一定要充分授權讓人工智慧長去施展，甚至親自推進企業第一項智慧化業務。沒有執行長發自內心的支持，企業的 AI 化工作將會非常困難。有些舉措可能旁人一開始不理解價值，之後才會明白，但如果錯過了就會非常可惜。

人工智慧長的修養

人工智慧長要與最具挑戰性的深度學習技術打交道，必須是一個特別理性的人，還是一個不失感性的人？與一般工程科技不同，AI 在模仿人類的思考習慣。科學家普遍強調，人機結合是未來的發展方向；以此類推，可見 AI 科學家和人工智慧長都不會是機械論的化身，而是對各種知識具有全面的興趣。吳恩達本人就是個例子，不僅喜歡電腦科學，也喜歡人類學和社會學，還喜歡教育學。為了讓更多人

體驗到名校教育，把課堂教育重複使用率最大化，他合夥創立了 Coursera 線上教育課程專案，至今仍是董事會成員。另外，他對心理學也有極大的興趣。

人工智慧長可能是美劇《宅男行不行》（*The Big Bang Theory*）裡有趣的理工男，善於發現別人沒有發現的契機；也可能是數據領域的福爾摩斯（Sherlock Holmes），善於明察秋毫。不過，他畢竟要先是一個具有「數據感性」的人，要懂得利用數據，最重要的是在別人看不到數據的地方看見數據。

L1 有能力從紛繁的數據中嗅到關聯性

張亞勤在與很多企業打交道的過程中發現，前幾年做大數據買了一大堆伺服器，蒐集到一大堆資料，擱置在那裡不知道該怎麼辦。不蒐集資料，總覺得好像錯過了什麼，蒐集了卻不知道該如何做。即便是百度這樣的 AI 企業，很多資料也一時用不了，但如果不用，以後可能就沒用了，因此人工智慧長就要在「做什麼？」上發揮才能。

沃爾瑪（Walmart）的「購物籃分析」，就是典型數據挖掘的應用，數據分析師想到從顧客購物發票裡，發掘購買物件之間是否具有相關性？經過數據統計，他們發現除了牛奶和麵包經常被一起購買這種顯而易見的關係之外，還有很多以往沒有發現的關係，例如：嬰兒紙尿褲經常會和啤酒一起

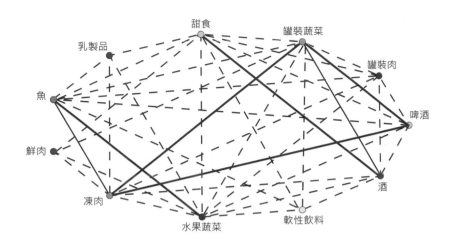

粗線表示機率較高的關聯性

使用 SPSS 軟體進行購物籃數據分析的結果演示圖
（資料來源：baike.baidu.com/pic/%E5%85%B3%E8%81%94/165901/0/08f790529
822720edc57ba9579cb0a46f31fabc0?fr=newalbum#aid=0&pic=08f790529822720ed
c57ba9579cb0a46f31fabc0）

被購買，發現年輕爸爸在購買嬰兒用品的同時，往往會有一
種犒賞自己的心理，於是就會買啤酒。

　　因此，沃爾瑪超市便把啤酒和紙尿褲，放在貨架上靠近
的位置，顯著提升了銷售額。沃爾瑪的數據畢竟有限，而且
只有購物發票這種用戶資料，倘若資料龐大，可以自動化調
整每天的貨架，就具備人工智慧的雛形。亞馬遜和阿里巴巴
的電商大數據，都大到一定程度了，它們都為 AI 科學家提
供舞台。

　　這個例子再次體現出人工智慧長，需要的思維模式究竟是什麼——正是我們一再強調的相關性思維。牛奶和麵包、啤酒和紙尿褲之間的聯繫，顯然並非是以往科學領域的確定性關係或因果關係，而是一種以機率形式呈現的強相關關係。想到從這個角度去發掘價值，就是人工智慧長所具備的素養。

L2 在數據之上，需要具備場景感知能力，懂得場景計算

　　未來，「業務」的概念將會變得模糊，「場景」成為事物運作的核心，這意味著產品不再像過去那樣，圍繞著業務來分類，例如新聞 App 做新聞、電商 App 做購物等。現在，你有什麼樣的場景，就可以導入這個場景所需要的一切服務，例如一款行動支付應用，要考慮各種支付場景，如果提供購買電影票功能，就要根據使用者的行為資料，猜測使用者正處於何種使用場景，除了看電影，是否還需要閱讀影評，或是購買爆米花等？企業要做的，是根據場景重新規劃、打通業務，不是根據業務劃分產品架構。

　　從感性的層面來說，對場景的敏感實際體現了人工智慧長的生活趣味和人文情懷。老人關懷家居、助盲產品等，都是來自這種關懷。2016 年，影音創業發力，有人為此開發出可以自動剪輯影片的智慧剪輯手，只要使用者輸入關鍵字，比如「航空母艦」，軟體就會把影片中相關的段落大致

剪出來,這正是對視覺辨識技術的非凡應用,源自軟體開發者對用戶場景的敏銳度。

比起一般科學家習慣無功利地探索、發現不同,人工智慧長需要更「功利」一些,也就是必須具備經濟價值觀,幫助企業發掘價值。這展現在優化流程、加速反應、節約時間,把人類從重複性的機械勞動中解放出來。AI 要讓人類有更多時間做更有意義的事,為人類的高級腦力活動留出時間。

在這些敏銳性的層次之上,是具體的機器學習操作能力和智慧系統搭建能力。吳恩達根據親身帶領、扶持過一些成功的 AI 團隊經驗,針對如何尋找人工智慧長,提出了下列的建議:

- 對 AI 和數據基礎設施有良好的技術理解。例如,曾經建立過重要的機器學習系統。在 AI 時代,數據基礎設施(如何組織公司的資料庫,並且保證所有相關數據都被安全儲存,可以登入)非常重要,儘管數據基礎設施技能相對普通。
- 跨職能的工作能力。AI 本身不是產品或業務,而是一種用來幫助已有業務線,創造全新產品、業務線的基礎技術。因此,有能力了解不同業務單位或職能團隊,而且合作無間很重要。

- 強大的企業家技能。AI 創造了新商品的機會，從自動駕駛汽車到能與它交流的代理，在幾年前還不切實際，甚至是科幻小說中的事物。然而，企業家往往是具有突破精神的人，能夠創造從 0 到 1 的價值創新。一位掌握企業家技能的領導者，將會增加公司成功創造出這種創新的機率。

- 吸引並留住 AI 人才的能力。這種人才備受追捧，好的人工智慧長需要知道如何留住人才，例如：注重人才感興趣的專案、給予團隊成員培養技能的機會等。利用專案教育人才，而不是事無巨細親自打點，這樣才能形成人才培養的循環機制。

　　吳恩達認為，合格的人工智慧長應該具有管理 AI 團隊的經驗。由於 AI 的進化飛快，他們需要跟得上變化，至於要求他們必須處於最領先，就沒有那麼重要了。更重要的是，他們可以跨職能部門進行合作，畢竟獨立的技術是沒什麼意思的，技術需要為人類提供服務。機器與人類的關係非常重要，想要做出最好的人工智慧，就需要既懂技術、又懂人。

　　人工智慧是一場人機之間的故事，人工智慧長既要善於理解機器智慧，也要善於理解人情事理。人工智慧長應該成為一個布道者和指引者，讓整家企業具備一種 AI 的興趣和

品格。人工智慧長將是新時代的企業偶像，就像產品大師是互聯網時代的英雄（賈伯斯）。AI 知識、產品及管理思維，與合適的人文感受力結合，將共同造就這種英雄。

　　很可能在不久的未來，沒有設置人工智慧長、沒有連結智慧流的企業，將會被看作是舊企業。從技術長、資訊長、數據長，再到人工智慧長，是一個迂迴上升的艱苦提升過程；在某種意義上，也反映出企業自我更新、自我進化的艱難過程。

題外話

　　人才匱乏是目前的普遍問題，企業紛紛從學院挖人，AI 科學家也不甘寂寞，紛紛跳槽到企業去實現夢想。吳恩達的好友、全球排名前十的 AI（深度學習）科學家約書亞·班吉歐（Yoshua Bengio）擔心，科學家都去企業了，大專院校裡從事深度學習教育的人才就少了，這樣會減少人才的產出。百度結合企業與學院，在內部進行教育，也向外輸出了很多人才，並且準備在大專院校設立 AI 方面的獎學金。

技術奇點——
AI 的自我挑戰

　　機器人顛覆人類，是很多科幻故事的主題，但對「擔當身前事」的科學家來說，聚焦的依然是當下 AI 面對的挑戰和瓶頸，而這體現的依然是人類的智慧。

　　目前，全世界數據的爆發近乎失控，要想將資料進行分類計算，需要極大的革新。從根本上來說，人類尚未完全適應數據化生活，正如肉身至今也沒有適應大工廠機器流水線的節奏一樣，這是深層矛盾的來源。不過，矛盾就是動力，在某些方面，我們可以看到今日的矛盾和工業革命時代擁有類似之處。

　　飛梭與珍妮紡紗機的糾纏關係就是代表。1733 年，飛梭的發明使得織布速度大大加快，但問題馬上就來了，織布需要原料——棉紗，而紡紗的速度趕不上織布，只能依靠增加紡紗工和紡紗錠錘數量來彌補。1764 年，讓紡紗效率成倍提高的珍妮紡紗機被發明出來，紡紗的速度終於趕上飛梭吃原料的速度了。沿著珍妮紡紗機的思路，卷軸紡紗機和走錠精紡機相繼誕生，這下子輪到飛梭織布速度不夠快了，於是又推動了水力織布機的發明。兩者在技藝上交替上升、互相激發，差不多在同一時候（1776 年左右），詹姆斯·瓦特（James Watt）的蒸汽機問世，蒸汽原力覺醒，紡紗和織布部門都爭相引入這股泥石流。工業革命就在無數機械的同聲共鳴中，一往無前、生生不息。

如何跨越數據的「馬爾薩斯陷阱」？

　　今天，AI 與數據的關係，也類似飛梭與珍妮紡紗機的關係。過去，人類構思出機器學習的方法，卻苦於沒有足夠多的數據來驗證和訓練。互聯網大爆發，終於使數據不是問題了，但要如何處理爆發式成長的數據，又開始考驗硬體能力和運算能力了。

巨頭們的數據煩惱

　　在中國，最早學會享用數據「螃蟹」的勇士之舉，成就了 BAT 等大型互聯網企業，這些巨頭都曾對如何處理海量資料有深刻體會。阿里巴巴早期使用 Oracle 資料庫進行資料儲存，這種 Web 1.0 時代的資料庫架構，很快就難以承受電商數據的爆發式成長。所以，阿里巴巴不得不徹底換血，重金打造和使用自己研發的資料庫。京東在 2013 年以前，也常因為訪問量暴增，造成伺服器癱瘓，不得不更新後台架構，用 java 技術取代 .net 技術。

　　中國老百姓感受最深的，應該還是幾年前 12306 網站的購車票災難。過年返鄉是融入中國人血脈的傳統，但在這樣一個人口大國，每到春節就會上演「數位」災難。對實體世界的火車線路來說，這是運輸能力矛盾，每個人都嘗過擠在車廂中動彈不得的痛苦，沒有尊嚴，彷彿一個個冰冷的位

元。這種矛盾透過高鐵建設逐漸緩解，但同樣的擁擠轉移到網路上了。為了方便民眾購票，中國鐵道部對購票系統進行資訊化升級，於是 12306 網站上線了。不過，當時並未料到網路化帶來的數據挑戰是什麼，本想方便民眾購票，卻先創造了不方便——上億人同時查詢、購買車票，讓伺服器迅速死當。很多批評聲音出現，認為程式設計師無能，也認為換上電商工程師，就能夠解決這個問題。

但是，真正的關鍵因素，還是處理能力跟不上數據發展。有人專門比較了電商網站與 12306 網站，在「雙十一」時，淘寶等電商網站雖然也承接了海量人群的下單行為，但這些訂單被分布到數量巨大的商品上，彼此之間的相關度很低，計算量也被伺服器分攤了。火車票則不同，中國全國的班次就那麼多，而在火車票的搶購中，每一趟火車的千餘個座位，很可能面臨數萬、甚至數十萬人的搶購，火力極其集中。每發生一次購買行為，售票系統不但要分析該車次所有網站的資料，還要計算數十倍於車次售票數的搶票順序資料，並且即時更新沿線車站的可售票數，可說是「牽一票而動全身」。相關數據和計算量呈幾何式成長，而且一切都還要在瞬間完成，即便不計成本投入更多伺服器，也難以解決。這種難題是大電商也沒有遇過的，直到後來探索出新的計算架構和方法，才得以緩解。

在 BAT 中，最早面臨大數據衝擊的，還有百度。「百度

一下，你就知道」，全民搜尋行為將海量資料發向百度伺服器；日夜成長的網路資訊，也讓百度內容爬蟲疲於奔命。百度採用了預搜尋（聯想搜尋）和相關詞搜索等方式，來緩解伺服器遭遇的瞬時數據衝擊問題。在預搜尋的方式下，系統在搜尋請求數量較低時（如凌晨）也在自動搜尋，並把搜尋結果固化。在使用者發送搜尋請求時，系統就發送已經整理好的結果，不需要伺服器再執行一遍搜尋任務。

相關詞推薦也是利用系統相對空閒的時間與功能架構清晰的資料庫系統，對使用者資料行為做相關性分析。比方說，當使用者在搜尋方框中輸入 TPP（Trans-Pacific Partnership，跨太平洋夥伴協議）三個英文字母時，搜尋方框就會自動彈出下拉式功能表提供搜尋選擇，例如：TPP 是什麼意思、TPP 對中國的影響、TPP12 個成員國、TPP 協議等。當然，系統也會猜測到少數用戶想找的是同樣的英文縮寫字「淘票票」，*它也會列在非優先位置，提供使用者選擇。這些選項排列，可謂善解人意，而且能滿足大多數人的需求。

在搜尋結果的頁面下方，百度還提供相關詞搜尋，例如美國新總統大筆一揮，簽字退出前任總統費盡心思達成的 TPP。這則新聞的相關搜尋，如下圖所示。

---

* 阿里巴巴影業集團旗下的電影網路售票平台。

相關搜尋

美國退出 tpp	tpp 輔酶	7 國拒絕在亞投行簽字
川普說 2 分鐘搞垮中國	tpp 是什麼意思啊	tpp 對中國的影響
ttip	rcep	川普

TPP 相關詞搜尋結果

此外，搜尋引擎還根據網友的搜尋熱度，排列出與 TPP 相關的熱搜新聞，以方便使用者獲取資訊，如下列圖示。

關於 tpp，網友正在熱搜

關注點	關注熱度
tpp 令澳洲左右為難	★★★★★
tpp 後又來 ttip	★★★★★
tpp 如何影響日本經濟	★★★★★
tpp 生效有待時日	★★★★★
tpp 協議將中國邊緣化	★★★★☆

以上內容係根據網友搜尋自動排序生成

與 TPP 相關的熱搜新聞

這些都是透過對大量使用者搜尋結果的統計做到的，進而大幅優化搜尋體驗、提升搜尋速度，緩解數據處理的壓力。

可以說，由資料引發的問題千奇百怪，資料並非均質的位元，而是和各種特殊人類活動場景相關，使得資料處理面臨了各種挑戰。但是，從根本上來看，還是存在著珍妮紡紗機與飛梭的矛盾──硬體的所有進步，都會立刻被計算量和資料量吃掉。雖然硬體能力的發展速度也很快，以相同成本每 18 ～ 24 個月倍增的速率成長（「摩爾定律」），* 但資料的發展速度遠遠高於硬體，這是為什麼？

數據世紀的「馬爾薩斯陷阱」

很多人都知道人口學的「馬爾薩斯陷阱理論」** ──糧食生產呈算數級數（等差級數）成長，人口呈幾何級數（等比級數）成長。在單位畝產不可能有大突破的狀況下，以糧食為主的生產要素只能依靠土地擴張，而在沒有計劃生育的情況下，家庭人口成長卻是呈現等比級數，於是人口很快就達到上限，在人類遭遇糧食危機後，陷入戰爭、饑荒、疾病等災難，人口才會大幅減少。工業革命、農業科技進步和人口管理，緩解了馬爾薩斯問題。今天，這個類似的危機，又

---

* 摩爾定律（Moore's law）由英特爾（Intel）創辦人之一高登・摩爾（Gordon Moore）提出，內容為：當價格不變時，積體電路上可容納的電晶體數目，大約每隔18～24個月便會增加一倍，性能也會提升一倍。
** 以英國經濟學家托馬斯・羅伯特・馬爾薩斯（Thomas Robert Malthus）命名，又稱為「馬爾薩斯災難」，主要論述人口成長與經濟發展之間的關係，用來說明發展中國家人均收入停滯不前的原因。

在虛擬世界裡出現了。

大數據世界的馬爾薩斯定律，可以這樣描述：

人口以算數級數成長，資料以幾何級數成長。
資料量以線性規律增加，計算量以非線性規律
增長。

發達國家人口增加緩慢，有些甚至出現負成長。但是，全球所產生的資料，始終在高速成長。這是因為數據賦能，使所有人、所有人類活動都在產生資料，只要想記錄，就有無數資料可以「無中生有」。

很多電商網站早期只追求搶地盤、搶用戶，重營運、輕數據，並不在意數據布局。舉個例子來說，使用者如果關閉一筆訂單，過去電商系統並不會記錄這個行為，只會直接刪除資料。但是，後來發現記錄、分析使用者的失敗交易資料也有商業價值，可用於統計用戶信用、喜好等，所以就決定記錄下來。像這樣記錄每一項行為，資料量就開始成倍增長。

資料的儲存，向來是一個大問題。根據美國市場研究公司 Forrester 估計，每部智慧型手機一天所產生的資料平均可達 1GB，全球智慧型手機用戶數量保守估計達 20 多億戶，每天可產生 20 多億 GB 的資料。如果用普通的 1TB

（1024GB 容量）硬碟儲存，每天所需的硬碟數量就高達 200 萬顆，一年需要近 8 億顆硬碟，這已經遠遠超過全球硬碟製造商的產能。

　　更恐怖的是，產生資料的，主要還不是人類的活動。2014 年，網站安全和內容傳遞網路服務公司 Incapsula，發布了一項統計數據顯示：56％的網頁瀏覽量，都是由自動瀏覽全球網路的爬蟲機器人所貢獻的。換句話說，主要的互聯網用戶已經不是人類，大部分的點擊數據都是機器程式產生的。Incapsula 從自家服務的 2 萬個每天至少有 10 個訪問量的網站中蒐集資料，以 90 大、超過 150 億次訪問數據為統計樣本，計算出這個結果。

　　在非人類的造訪中，有近一半來自善意機器人，像是搜

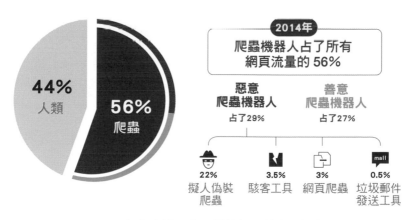

2014 年爬蟲機器人貢獻的網頁瀏覽量占比
（資料來源：www.incapsula.com）

尋引擎的內容爬蟲，能對網頁建立索引，方便用戶快速查找到對應的網頁內容。百度和谷歌等公司，就利用這種方法整理全世界的資訊。另外，有超過一半的瀏覽量是來自惡意機器人，比如盜取內容的爬蟲、各種駭客工具、垃圾郵件等，而且比例還在不斷地增加當中；在某種意義上，這就是互聯網陰暗面的真實寫照。

而且，這還只是網頁瀏覽領域的狀況，在整個人類社會中，隨著資訊化和物聯網的快速發展，連上網路的所有硬體，無時無刻不在生產著資料，互相通訊。比方說，發電機組上的檢測晶片，會時刻偵測運行狀況，把資料發回伺服器，而遍布城市的攝影機，則是把監控資料上傳指揮中心，家裡的智慧電視與冰箱等，都在採集、上傳資料……即便全人類都沉睡了，世界也依然在資料海洋中律動。

資料量以線性規律增加，計算量則相應地以非線性指數增長。資料要經過計算處理才能發揮價值，但隨著資料量的增加，計算量會以更快速度增加，比如圍棋格數不過是象棋的 5 倍而已，但是計算圍棋要比計算象棋複雜億萬倍。對於電商和搜尋引擎來說，即便對商品清單或搜尋結果進行排序，這個工作的計算量也會隨著筆數增加，而呈現一條陡峭的曲線上升。

跨越數據陷阱

要跨越數據世紀的「馬爾薩斯陷阱」，必須做三件事：
一、對併發的大量資料做出即時、高效的處理；二、高效儲
存資料，刪除不需要的資料；三、對積存的資料，進行深入
挖掘。下列來談談第一項重點。

針對第一項重點，最具有突破性的處理技術，就是平行
計算（parallel computing）或分散式運算。將龐大的資料計
算任務拆解成小部分，再將每一小部分的任務分配給每一台
電腦，這些電腦分別運算完後，將結果匯總就得到總計算成
果，例如 Hadoop 和 Spark 就是代表性的技術。Hadoop 的
MapReduce 功能（一種程式設計模型，用於大規模資料集
的平行運算），可以將單一任務打碎，並將各項任務碎片（寫
成 Map 程式），發送到多個計算節點上，然後再以單個資料
集的形式載入（透過 Reduce 程式合併）到資料庫裡。

Hadoop 能夠在計算節點之間動態移動資料，調節各個
節點任務的動態平衡。這麼做可以大量減少任務排隊時間，
集合一般伺服器的效率，無須使用昂貴的超級電腦。這種技
術最早在網頁搜尋中發揮作用，並且很快成為分散式運算的
平台。Spark 技術可以看作是 Hadoop 技術的優化，它把子
任務中間的輸出結果保存在記憶體中，因此無須頻繁地讀取
儲存檔，加快了速度。這種優化仍然是根據對硬體性能的調

配，對資料的基本處理方式還是批次處理。

批次處理是舊時代的續命者，也是半新半舊時代的過渡者。在資料爆發時代來臨之前，人們處理資料的方法，一般是先儲存下來，再進行分析。對靜態資料的高效分析，主要是依靠批次處理指令來完成。數據流時代的來臨，逼著人們要迅速處理，最好是在資料事件發生的時候，就立刻做完分析、判斷，盡早及盡快求得人流數據、電網運行狀況數據等近似性結果。批次處理技術不是被設計來因應數據洪流時代的，只能差強人意地應付一下大數據流。

數據洪流的產生與激增，必然召喚一種「流計算」方式，這就是數據領域的最新挑戰和創新方向。「流計算」不是一種具體技術，而是一種態度和方法的總稱。不是所有應用場景都需要即時計算，但有愈來愈多業務正在變成時間的藝術。理想情況下，在事件發生時，產生的資料就應該被立即處理分析。比如，在手機業務計費狀態中，打完一通電話就應該完成計費，而不是等待日後某時再來計算通話費。新聞網站和電商網站的用戶輪廓也應該即時完成，同步指導機器進行資訊推薦，而不是先儲存用戶行為資料，等到事後再來分析。很多工業機組的異常檢測也是如此；但是，想要實現即時計算，會遇到很多困難，例如資料的匯總、通訊、運算等。

Hadoop 和 Spark 都是「流計算」的先聲，但還遠遠不

能應付需求。2014 年，卡內基美隆大學教授、2014 年國際機器學習大會（ICML）的議程主席邢波就指出，大數據處理平台的大量資源，都浪費在叢集的通訊上。即便是比較優秀的平台，計算時間也只有 20％，通訊時間卻占了 80％，比如 Hadoop 的通訊時間就占了 90％。*

「流計算」驅動 AI 的發展，歸根結柢，人工智慧是一種時間性能力，如果任務時間無限，滴水也能穿石，那就沒有所謂的人工智慧了。人類要想辦法用工具迅速穿石，這就是智慧。「流計算」代替舊時代的批次處理傳統，還是一項任重道遠的工作，科學家已經從硬體架構和演算法優化上做出探索，本書在此不做詳細討論。

至於龐大資料的儲存問題和數據挖掘問題，如果能夠即時處理資料，得到分析結果，很多資料就不必儲存下來，只要留下日誌，比如偵測系統是否正常運作等就好了。對於必須儲存的資料，人類也設法想出各種策略來解決。大多數用戶在 PC 時代就頻繁使用的壓縮軟體，就是精簡資料體積的代表方法。壓縮軟體都是以演算法為基礎的工具，它會對資料進行重新編碼，得到編碼後的壓縮資料和解碼「鑰匙」，就可以隨時透過鑰匙來還原資料。人們不斷地改進檔案格

---

* 資料來源：http://tech.china.com/news/company/domestic/11066129/2014
1213/19102201.html。

式，比如視訊檔容量愈來愈小，卻可以保持清晰度。人們也把大數據策略引入儲存，比如有多人在雲端硬碟上傳同樣的檔案，系統可以只保留兩個備份，其他人上傳的檔案則變成虛擬檔，指向同一個備份，這樣就會大幅節省空間。

硬體基礎設施創新

資料與計算量的增加，要求整個資訊基礎設施，都做出相應的變革。前文描述的所有資料處理方法，都還是在舊的資訊基礎設施上展開的，但機器人工智慧的發展，已經要求機器大腦做出「生理」性變化。

節能的綠色數據中心

人類的大腦重量，只占體重的 2％左右，但消耗的能量竟然占全身消耗量的 20％——每天消耗總氧氣量的 20％，消耗肝臟儲存血糖的 75％。在機器人工智慧領域發生的事，也有類似之處。資料和演算法都非實體，與物質和硬體相較之下，前者彷彿是世界的「思維」。但是，運行這個「思維」，需要龐大的物質資源和能源。在一些大型的數據中心裡，除了層層疊疊的伺服器外，還有大大小小的電源、環境控制設備、監控設備與各種安全裝置，像大腦這個器官一樣晝夜運行。這個器官本身，也消耗了大量的能源。

互聯網是全天候無間斷的服務，伺服器耗能巨大。根據

統計，2011 年中國數據中心耗電量達 700 億千瓦，占全國耗電總量的 1.5％，相當於天津市全年的用電量。2015 年 3 月，中國工業和信息化部、國家機關事務管理局、國家能源局制定頒布了《國家綠色數據中心試點工作方案》，這項方案透露了幾個數字：「隨著信息化快速發展，全球數據中心建設步伐明顯加快，總量已經超過 300 萬個，耗電量占全球總耗電量的比例為 1.1％～ 1.5％，其高能耗問題已經引起各國政府的高度重視……目前，美國數據中心平均電能使用效率（PUE ＝數據中心總設備能耗／工廠設備能耗）已達 1.9，先進數據中心 PUE 已達到 1.2 以下……近年來，我國數據中心發展迅猛，總量已超過 40 萬座，年耗電量超過全社會用電量的 1.5％，其中大多數數據中心的 PUE 仍普遍大於 2.2，與國際先進水平相比有較大差距，節能潛力巨大。國際上普遍透過應用節能、節水、低碳等技術產品，以及先進的管理方法建設綠色資料中心，實現能源效率最大化和環境影響最小化。美國政府實施了『數據中心能源之星』、『聯邦數據中心整合計劃』，歐盟實施了『數據中心能效行為準則』，國際綠色網路組織開展了數據中心節能標準制定和最佳實踐推廣，建立綠色數據中心的推進機制，引導數據中心節能環保水平的提升。」

具體該怎麼做呢？讓機房「降溫」是一項需要不斷創新的工作，大公司可以選擇將數據中心設置在靠近南北極的寒

冷地區，而這也使得冰島成為最近幾年一些重大數據事件的
重要地點，比如現實中的維基解密事件和電影《神鬼認證》
中的內容。或者，也可以採取海水製冷或空氣製冷的方式，
節約電能，保護環境。

太行山麓的山西陽泉市，是一座歷史悠久的古城。在陽
泉以西 200 公里，是 1,400 年前唐高祖李淵兵發中原的大本
營。陽泉東北大約 50 公里處的娘子關電廠，數年前孵育出
了構建「宇宙社會學」的世界級科幻小說《三體》。陽泉是煤
礦基地，空氣汙染不亞於北京，早已面臨產業升級的問題。
歷史與未來的緊張感，如同霧霾一般，瀰漫於此地山川。

2015 年，百度雲計算（陽泉）中心（下列簡稱陽泉雲
計算中心）在當地啟用。建成後的數據中心儲存量超過
4,000PB，可儲存的訊息量相當於 20 多萬座中國國家圖書館
的藏書總量；數據中心 CPU 總數高達 70 萬個，CPU 內核
總數超過 300 萬個；由於使用了高性能、低功耗伺服器和多
項適用中國環境及法規的科技，來提升數據中心的整體能源
效率，其 PUE 小於 1.3。這相當於每 1.3 度電進入機房，就
有 1 度電用於數據計算，0.3 度電用於數據中心的散熱等其
他用途，在綠色節能方面，達到亞洲一流水準。

秉承開放精神，百度聯合騰訊、阿里巴巴、中國移動、
中國電信等產業翹楚，共同成立了中國首項硬體開放原始碼
專案──天蠍計劃。宗旨是打造一個開放的技術標準，研發

定製化的整機櫃伺服器解決方案，進而滿足數據中心海量計算與儲存需求，有效降低數據中心採購與部署成本。

2014 年 9 月，天蠍計劃整機櫃伺服器技術規範迭代升級到 2.0 版本，對空間利用、散熱策略等有了更加精細的優化定義，模組、介面、協定均有了詳細的標準化定義。根據該項標準，在陽泉雲計算中心，透過各類資源的整合設計，實現了兩位數的功耗節約。互聯網快速迭代精神，在這項計劃中體現得淋漓盡致，全新的 3.0 規範更加強調模組化，同時規範的細節更加詳細，可執行性更強。

2015 年 5 月，陽泉雲計算中心人陽能光伏發電專案成功併網發電。這是太陽能光伏發電技術在中國數據中心的首例應用，每年可減少 107.76 噸二氧化碳的排放量，節能高達 43％。

計算機架構革新

不過，節能減排辦法是外在改變，猶如用節能空調為發燒的病人吹冷風一樣，電腦更需要的是內部革新。正如批次處理是舊時代的產物，現有的伺服器和數據中心架構，也是搭建在舊時代的計算機技術架構上，半新半舊。

傳統的計算機核心架構是根據馮・諾伊曼結構：資料儲存和處理分離，運算邏輯呈線性分布。運算晶片執行指令代碼，把結果儲存到記憶體中，供下一個運算指令調取，依次

循環。這樣的架構對人類來說，邏輯很清楚，但速度大受影響。在這種線性流程下，由於 CPU 可能執行任意指令，就需要有指令儲存器、解碼器、運算器、分支跳轉預測器等共同工作，分配指令執行的先後順序。控制指令流的邏輯複雜，難以有太多條獨立的指令流，平行處理能力低下。

摩爾定律行將式微，目前電腦記憶體運轉方面的升速僅為每年 9％，硬碟性能的升速平均每年只有 6％，電腦記憶體的運轉速度只有 CPU 速度的幾百分之一，成為瓶頸。數據儲存吞吐的模式，嚴重拖累了電腦性能。

早期就有人提出一種可自行改變架構的電腦。以個人電腦為例，屬於通用任務型，即便執行打字之類的簡單任務，整個電腦系統都在運作，資源浪費嚴重。而可自行改變架構的電腦，能夠針對複雜程度不同的任務，有節制地調用電腦不同部分的資源，CPU 資源就不會大事小事都傾巢而出。真正具有實務性的電腦革新方案，在新科技的發展中找到方向。

一個方向是物理學的突破應用，例如令人神往的量子計算，利用量子物理學中的量子態疊加效應，創造性能百萬倍於現在的電腦晶片。用光流代替電流傳遞數據和運算，也是升速的一個方向。另一個方向就是伴隨腦科學和深度學習的興起，有希望模仿人腦原理開發出神經學晶片，其運轉速度也將比現有的電腦快上多個數量級。

　　人們從多條途徑開始嘗試，深度學習科學家利用 GPU 代替 CPU 執行機器學習的運算，就是破天荒的一步。GPU 使用 SIMD（Single Instruction Multiple Data，單指令流多資料流），讓多個執行單元以同樣步調處理不同資料，原本用於處理圖像資料，但也特別適合處理深度學習任務經常面對的非線性離散資料。百度利用大規模的 GPU 叢集，加以工程優化，開發出自己的 GPU 伺服器，大大提升了硬體性能。然而，GPU 畢竟仍是建立在馮・諾伊曼結構之上。

　　FPGA 晶片是時下熱門的另一種發展嘗試，它原本是用於解決專用積體電路的一種方案，專用積體電路是為了特定使用者或特定電子系統製作的積體電路。以往，數位積體電路因為通用性和規模生產，使得電子產品的成本大幅下降，但也產生了通用與專用的矛盾，以及系統設計與電路製作脫節的問題。積體電路規模愈大，組建系統時就愈難針對特殊要求加以改變。為了解決這些問題，就出現允許使用者參與設計特徵的專用積體電路，也就是 FPGA。

　　複雜平行電路的設計思路，被搬到運算晶片上。FPGA 運算晶片布滿了「邏輯單元陣列」，內部包括可配置邏輯模組、輸入輸出模組和內部連線三個部分。它們是既可實現組合邏輯功能，又可實現時序邏輯功能的獨立基本邏輯單元模組，以硬體描述語言定義各自的邏輯和彼此的關係。與馮・諾伊曼結構不同，馮氏結構中記憶體有兩種作用：一是保存

中間計算結果，二是執行單元間通訊。由於記憶體是共用的，當多個指令要求調用記憶體時，就需要做訪問仲裁，依次調用。FPGA 中的暫存器和動態模塊記憶體（BRAM），各有自己的控制邏輯，無須多餘的仲裁和暫存。FPGA 每個邏輯單元與周圍邏輯單元的連結關係由於可程式設計，可以預先確定，無須透過共用記憶體通訊。以平行運算為主，可以執行多指令流、多資料流，大幅節省了計算時間，還可以針對不同的應用場景，在硬體上做特別程式設計，靈活性高。

百度在 2012 年開始部署 FPGA，是中國最先引進 FPGA 的公司，也是全球最先用 FPGA 做叢集的公司之一。張亞勤說，一開始是 CPU，後面加了 GPU，基本上所有做人工智慧的公司都用 GPU。但是，用 FPGA 也有好處，首先是整個架構的速度和效率提高了很多，另外是雖然 GPU 處理圖像和語音資料比較好，但也有很多別的通用計算用 FPGA 更快。因為 FPGA 可重複程式設計，可以很快改變架構，百度用的 FPGA 目前在 GPU 和 CPU 架構上效率提高了 5～6 倍，而且不需要改變現有的架構，直接用 FPGA 就可以加速。

從計算角度來看，網路的傳輸往往是最重要的瓶頸。百度在整個網路通訊上，投入了最先進的技術，使用 100G 的

RDMA，[*] 在 GPU 之間、FPGA 之間通訊。所以，在叢集之間、在資料庫之間，資料可以快速無縫傳輸。FGPA 相當於用硬體來做軟體的演算法，在實現複雜演算法方面有一定的難度，目前是配合 GPU、CPU 架構一起運作。

既然機率計算是大數據和人工智慧常用的數學方法，有人受此啟發，提出機率晶片的概念。採用機率演算法代替以往的微積分演算法，犧牲一點計算精度，但是能夠極大提升計算速度並降低耗能，適合無須追求極致精度的應用場合，比如物聯網。

深度學習興起之後，晶片科學家受到極大的啟發。目前，最前沿的晶片革新，還是來自以深度學習原理為基礎的人工神經網路晶片的探索。Intel、IBM、NVIDIA（輝達）等各大公司，都紛紛為此打造自己的晶片發展方向。中國的寒武紀科技公司等推出的深度學習晶片，已經具有國際領先水準。

人工神經網路是模仿生物神經網路的計算架構的總稱，由若干人工神經元節點互連而成，神經元之間透過突觸連結。每個神經元在此處，其實是一個激勵函數（Activation

---

[*] RDMA 透過網路把資料從一個系統快速傳輸到遠端系統記憶體中，而雙邊電腦的作業系統不需介入，這樣就不必動用到太多電腦的處理功能。它消除了外部記憶體複製和文本交換操作，因而能釋出記憶體頻寬和 CPU 週期，改進應用系統的性能。

function），突觸則是記錄神經元之間聯繫的權重值強弱。

神經網路是多層的，一個神經元（函數）的輸入，由與其相連的上一個神經元的輸出，以及連接突觸權重共同決定。所謂訓練神經網路，就是透過輸入大量資料和監督，調整輸出結果，這個過程就是不斷自動調整神經元之間突觸權重的過程，直到輸出結果穩定、正確。然後，在輸入新資料時，能夠根據當前的突觸權重計算輸出結果，這樣就實現了神經網路對已有知識的「學習」。也就是說，神經網路中儲存和處理是一體化的，中間的計算結果就化身為突觸的權重。

傳統的處理器（包括 x86 和 ARM 晶片等）受制於馮‧諾伊曼結構，在處理深度學習神經網路任務時效率低下，不僅儲存和處理分離，而且基本運算操作為算術操作（加減乘除）和邏輯操作（AND、OR、NOT），往往需要數百、甚至上千條指令，才能完成一個神經元的處理。所以，AlphaGo 才需要那麼多塊晶片（分散式版本有 1,202 個 CPU 和 176 個 GPU。）

為深度學習專門打造的晶片則不同，以寒武紀開發的 DianNaoYu 為例，指令集直接針對大規模神經元和突觸的處理，一條指令就可以完成一組神經元的處理，並且對神經元和突觸資料在晶片上的傳輸提供一系列的專門支援。在現有的工藝水準下，單核處理器平均性能超過主流 CPU 的 100 倍，但是面積和功耗僅為 1/10，綜合效能提升可達三個

數量級。

　　當然，神經網路晶片只是在處理 AI 任務時相較傳統 CPU 有優勢，適合認知圖片、語音辨識等領域，而像運行資料庫、Office（辦公軟體）、微信等任務，還是更適合傳統晶片來處理，除非這類任務本身也發生了結構性的革命。

神經網路進化哲學

　　深度學習及神經網路技術，是當前人工智慧最基礎的方法，其發展決定了人工智慧的發展能力。這種模仿人腦機制的技術，也表現出類似生物進化的特點。

　　競爭，還是合作？這是人類經常糾結的一對概念問題，但大自然的哲學並非如此。近年來，不同學者都提出所謂「共同進化」（coevolution）的觀念，黑脈金斑蝶（又叫帝王蝶）與植物馬利筋的關係就是典型的例子。

　　馬利筋的汁有毒，其花蕊的封閉構造，使其難以透過風力傳播花粉，但可以透過蜜汁吸引蝴蝶，藉由蝴蝶來傳粉。黑脈金斑蝶幼蟲以馬利筋的嫩莖葉為食，能將後者的毒素存在體內以防禦敵人。如果蝴蝶幼蟲過度吞噬莖葉，馬利筋就會死亡，於是有些馬利筋突變出更封閉的結構，能夠阻礙蝴蝶進入。有些黑脈金斑蝶也在突變中，強化了侵入馬利筋花蕊的能力。於是，兩者在對抗中，變得愈來愈難分難解，黑脈金斑蝶不吃別的植物，馬利筋不歡迎別的昆蟲，沒有第三

者能夠參與它們的遊戲。

病毒與反病毒軟體、駭客與反駭客工作，則是發生在互聯網上的另一個共同進化的例子。如今，機器學習已經被運用於網路安全，相較過去根據設定特徵清單的防火牆，效率大大提高。所謂共同進化就是：不是你死我活，也不是一團和氣，而是在對抗中一起升級。

人工智慧也處於一種共同進化的過程中，在千變萬化的神經網路裡，這種過程得到維妙維肖的展現。下列就介紹兩種神經網路的新思想。

黑脈金斑蝶與馬利筋

生成對抗網路

監督式的深度學習，就是輸入的資料有語意標籤，輸出的結果由人類標識對錯。然而，很多科學家都認為，無監督學習才是未來的發展方向，讓機器自己從原始資料中發現規律。現在，已經有很多不同的方法，強化學習是其中一個方向，生成對抗網路（Generative Adversarial Network, GAN）則是已經在運用的事物。生成對抗網路的發明者伊恩·古德費洛（Ian Goodfellow），是機器學習國際權威約書亞·班吉歐的學生，2017 年 3 月已從馬斯克建立的 OpenAI 實驗室重

回谷歌大腦。著名的深度學習專家、臉書 AI 研究院院長揚‧勒丘恩（Yann Le Cun）對生成對抗網路大加讚賞，這種網路非常能體現「進化」的糾纏演進特性。

　　生成對抗網路的發明，首先是因為谷歌的資深研究科學家克里斯坦‧賽格德（Christian Szegedy）等人，在 2014 年的國際學習表徵會議（International Conference on Learning Representations, ICLR）發表的論文中，提出了深度學習對抗樣本（Adversarial Examples）的概念，即在輸入的資料集中故意添加細微的干擾，形成輸入樣本，導致深度神經網路得出錯誤的輸出。這個錯誤在人類看來一目了然，但是機器會一再跌入陷阱。*古德費洛、喬納森‧舍琳（Jonathon Shlens）和賽格德在論文〈對抗樣本的解釋和利用〉（"Explaining and Harnessing Adversarial Examples"）中舉例說明。

　　在下頁第一張圖中，原始圖像是熊貓，神經網路以 57.7％的可信度判斷為「熊貓」。然後在圖片上加入細微的干擾，也就是第二張圖所示的噪點，使用 32 位浮點值來執行修改，不會影響圖像的 8 位元影像編碼。最後得到第三張圖，人眼完全看不出差別，但此時神經網路卻詭異地以 99.3％的可信度判斷此圖為長臂猿。

---

* 資料來源：https://arxiv.org/pdf/1412.6572v3.pdf。

 +.007 × 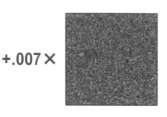 =

x
「熊貓」
57.7%可信

sign($\nabla xJ(\theta, x, y)$)
「噪點」
8.2%可信

$x +$
$\epsilon sign(\nabla xJ(\theta, x, y))$
「長臂猿」
99.3%可信

深度學習對抗樣本
（資料來源：arxiv.org/pdf/1412.6572v3.pdf）

　　因為對抗樣本導致辨識錯誤，有人將其當作深度學習的深度缺陷（Deep Learning's Deep Flaws）。加州大學聖地牙哥分校的深度學習研究員扎卡里・柴斯・立頓（Zachary Chase Lipton），在美國的大數據媒體 KDnuggets 上發表文章，標題針鋒相對，名為〈「深度學習的深度缺陷」的深度缺陷〉（(Deep Learning's Deep Flaws)'s Deep Flaws）。* 該文認為，深度學習對於對抗樣本的脆弱性，並不是深度學習所獨有的，在很多機器學習模型中普遍存在；進一步研究抵禦對抗樣本的演算法，將有利於整個機器學習領域的進步。

　　科學家抓住了「進化」的脆弱性本質，將錯就錯，把對

---

* 資料來源：http://www.kdnuggets.com/2015/01/deep-learning-flaws-universal-machine-learning.html。

抗看作一種訓練辦法，化阻礙為動力，在艱難中提升。大自然的進化本身就是高度脆弱的，無數生物「程式」被大自然淘汰，因為它們「出錯」了。錯誤，就是進化的終極工具，而智慧就是在這個方生方死的過程中艱難升起。

生成對抗網路即人類對神經網路進行特別設計，讓其主動產生干擾資料來訓練網路的能力。簡單來說，生成對抗網路是由兩部分組成的，一個是生成器（generator），另一個是鑑別器（discriminator）。生成器好比是一個賣假貨的奸商，製造的山寨品仿冒得十分逼真，而鑑別器好比明察秋毫的高超買家，需要鑑別貨品的真偽。

奸商的職責是想方設法欺騙買家（生成對抗樣本），後者則是透過這種歷練不斷地吸取教訓，減少受騙機率。雙方都在不斷努力以達到目標，同時在彼此的「監督」下提升。看起來，彷彿軍事演習中的藍軍與紅軍展開激烈對抗，由此強化雙方的戰鬥能力，但沒有硝煙。

這又是一個「共同進化」的例子，是進化的深刻哲學，不是戰爭，而是糾纏，是「在持久的搖搖欲墜中，保持平衡。」就生成對抗網路來說，我們要的是這個成熟的買家，還是那個高超的奸商呢？答案是：都需要，因為兩者是共同進化的必然要素。

奸商模型有什麼用處？很多時候，我們會面臨缺乏資料的情況，但可以透過生成模型來補足。製造樣本，產生類似

監督式學習的效果,但實際上是非監督式學習。英國雪菲爾大學(University of Sheffield)的李偉(Wei Li)、羅德里赫·葛羅斯(Roderich Gross)和美國哈佛大學的梅爾文·高奇(Melvin Gauci)三人,根據生成對抗網路的基礎,開發了一種新的圖靈學習方法,用於研究群體行為。*

舉例來說,在一群魚中混進一些模仿魚運動的假魚,如何判斷模仿行為的逼真度呢?使用傳統的特徵歸納法來區分是很難的,同一群魚每次表現出的運動特徵也不一定相似。這組團隊決定讓機器透過互相模仿自動建立群體模型,讓機器自主推斷自然物與模仿物的行為。該深度學習同時優化兩種群體電腦程式,一個代表模型的行為,另一個代表分類器(classifier)。該模型可以模仿監督式學習下的行為,也可以辨別系統和其他模型之間的行為。

具體來說,他們建立了三種機器人群體:第一種是被模仿對象,按照事先指定的規則進行複雜運動;第二種是模仿者,混入第一組機器人中,盡力學習、模仿第一組的行為,盡力欺騙鑑定者;第三種是鑑定者,任務就是區分所有運動中的群體,誰是模仿者、誰是被模仿者。隨著鑑定者能力的提高,模仿者的模仿行為,也會愈來愈逼近被模仿者。於是,我們便可以利用訓練好的模仿者,來搭建一個逼真的多

---

* 資料來源:https://arxiv.org/pdf/1603.04904v2.pdf。

主體模型，對被模仿者群體進行模擬。這種模型就可以用於研究集體運動，比如可以根據攝影機記錄的節慶假日熱門景點的人群運動來訓練出一個模型，強化對人群運動趨勢的預測，對可能發生的壅堵踩踏事故發出預警。

　　機器的進化迭代過程，比大自然的演化過程快上億萬倍。在這種生成對抗中，機器習得的邏輯已經遠遠超出人類的理解，可能成為一種「黑箱」。是追求「黑箱」，還是追求「白箱」？如何避免「黑箱」所帶來的不可知危險，是人類的一項挑戰。

對偶學習

　　對偶網路（dual network）彷彿是對抗網路的一種鏡像。目前，多數神經網路的訓練依賴有標籤的資料，即監督式學習，但為資料標注標籤是一項繁重的工作。據報導，谷歌開放的圖像資料集 Open Image Datasets 中，含有 900 萬張已標上標籤的圖片，以及 YouTube-8M 中包含 800 萬段被標記的影片。全球最大的圖像辨識資料庫 ImageNet 是最早的圖片資料集，目前已有超過 1,400 萬張被分類的圖片。這些精心標記的資料，大部分是由亞馬遜群眾外包平台「土耳奇機器人」（Amazon Mechanical Turk）五萬名員工花費兩年時間完成的。

　　如何讓機器在缺乏標注資料的條件下工作，是未來人工

智慧的發展方向。2016 年，微軟亞洲研究院的秦濤博士等人，在神經資訊處理系統大會（Neural Information Processing Systems, NIPS）上提交的論文中，提出一種新的機器學習模式——對偶學習（dual learning），它的大致概念如下：

> 很多人工智慧的應用，涉及了兩個互為對偶的任務，例如從中文到英文的翻譯和從英文到中文的翻譯就互為對偶、語音處理中語音辨識和語音合成互為對偶、圖像理解中根據圖像生成文本和根據文本生成圖像互為對偶、問答系統中回答問題和生成問題互為對偶、在搜尋引擎中給檢索詞查找相關網頁和給網頁生成關鍵字互為對偶。
>
> 這些互為對偶的人工智慧任務，可以形成一個閉環，使機器在從沒有標注的資料中，也可能進行學習。對偶學習最關鍵的一點在於，給定一個原始任務模型，其對偶任務的模型可以提供反饋；同樣地，給定一個對偶任務的模型，其原始任務的模型，也可以給該對偶任務的模型提供反饋。如此一來，這兩個互為對偶的任務，可以相互提供反饋，

相互學習、相互提升。*

對偶學習利用這種精妙的策略，大幅減少對標注資料的依賴，從中我們可以再次洞見某種進化的哲學：進化是一種自我應答和自我循環的過程，從 A 到 B，從 B 到 A，互為鏡像；但鏡子並不清晰，各自掌握了一半的祕密，沒有仲裁，卻可以在彼此猜測、參照中顛簸前行。

深度學習的新邊疆

前述兩棟神經網路方法，只是不斷湧現的新方法的典型代表。在深度神經網路方法之外，科學家也在積極探索其他途徑。南京大學著名的機器學習專家周志華教授，在 2017 年 2 月 28 日發布的一篇論文中，就與聯合作者馮霽一起提出一種創造性的演算法，可以具象地稱為「深度森林」（gc Forest）演算法。

顧名思義，相對於深度學習強調神經網路的層數，這種演算法重新利用了傳統的「決策樹」演算法，但是強調「樹」的層次。多層決策樹的聯合就形成「森林」，透過精巧的演算法設置，在資料規模和計算資源都比較小的情況下，在圖像、聲音、情感辨識等應用上，都取得了不輸於深度神經網

---

* 參考資料：http://www.msra.cn/zh-cn/news/features/tao-qin-machine-learning-20170309。

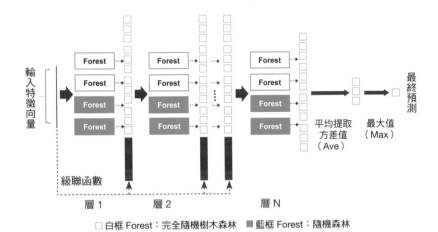

多粒度級聯森林結構（資料來源：arxiv.org/pdf/1702.08835.pdf）

路的成績。這種新方法對參數設定不敏感，而且因為是依據邏輯清晰的「樹」方法，所以可能比深度神經網路更容易進行理論分析，進而避免人類難以理解機器具體運作邏輯上的「黑箱」問題。

根據聚焦人工智慧議題的「新智元」智庫的報導，周志華教授認為「深度森林」的方法論，意義在於探索深度神經網路以外的演算法可能。深度神經網路的有效運作，需要龐大的資料和計算能力，深度森林有可能提供新的選擇。當然，深度森林依然向深度神經網路借鑑了關鍵思想，比如對特徵的提取和建構模型的能力，所以它仍是深度學習的一個新穎分支。中國科學家在人工智慧研究方面，有很多領先世

在人臉辨識上的精確比較

	一張圖	五張圖	九張圖
多粒度級聯森林	63.06%	94.25%	98.30%
隨機森林	61.70%	91.20%	97.00%
深度神經網路（卷積神經網路）	3.30%	86.50%	92.50%
基於 RBF 核函數的支援向量機	57.90%	78.95%	82.50%
K 最近鄰演算法（kNN）	19.40%	77.60%	90.50%

在 GTZAN 資料庫中的測試精確度比較

多粒度級聯森林	65.67%
卷積神經網路	59.20%
多層神經網路	58.00%
隨機森林	50.33%
邏輯回歸	50.00%
基於 RBF 核函數的支援向量機	18.33%

資料來源：arxiv.org/pdf/1702.08835.pdf

界的成果。我們認為，自信心與開放的心態，將是促進科學
進步的重要動力。

如今，各大研究人工智慧的科技公司，都提倡共用演算
法的程式碼。其中，以谷歌開放原始碼的 Tensorflow 深度學
習平台影響最廣。但是，很多深度學習科學家都認為，從生
態的角度考慮，應該有多個深度學習程式碼平台平行競爭，

才有利於繁榮發展和平衡，不可壟為一尊。

除了 Caffe* 和 MXNet** 等深度學習開放原始碼平台外，百度在 2016 年 9 月，開放了全新的 PaddlePaddle 深度學習開放原始碼平台，採用新架構，對序列輸入、稀疏輸入和大規模資料的模型訓練有著良好的支援，同時支援 GPU 運算，支援資料平行和模型平行，僅需少量程式碼就能訓練深度學習模型，大幅降低用戶使用深度學習技術的成本。多元的共享平台支持機器學習工作者，從不同角度訓練和創造種種應用，彷彿生物多樣性一樣，有助於提升人工智慧的發展。

歸根結柢，即便在遙遠的未來，人工智慧真的能夠強大到統治世界，但是在那之前，所有的挑戰也都是人類自身智慧的挑戰。人工智慧科學家身上閃爍的智慧之光，為後繼者照亮了方向，即使非人工智慧從業者，想必也能從中獲得很多策略啟發。

2017 年初，AlphaGo 的變身 Master 橫掃中韓圍棋頂尖

---

* 以 C++ 寫成的深度學習程式，是加州大學柏克萊分校的柏克萊視覺與學習中心（Berkeley Vision and Learning Center, BVLC）開發，為科技界公認最受歡迎的深度學習程式之一。

** 一個可移植、靈活的分散式深度學習框架，2017 年 1 月已納入 Apache 軟體基金會，成為 Apache 的孵化器專案。Amazon 也宣布將 MXNet 作為 AWS（亞馬遜網路服務系統）的深度學習框架，號召開放原始碼使用者社群為 MXNet 投入更多努力。

高手；一時間，人們分化為悲觀派、降臨派、冷靜派、腦洞
派……我們希望有更多人是默默學習派。

10

遇見 AI 時代的你

機器人小度（圖片來源：百度百科）

2017 年 1 月 6 日，機器人小度第一次登上江蘇衛視的《最強大腦》電視節目挑戰人類。那一天，小度得到全場觀眾最多的驚歎，它居然能夠根據一張兒童照片，就從人群裡找出已經成年的少女，還有她的雙胞胎姐姐。

小度很萌，卻讓人類選手和電視機前面的觀眾，不得不認真思考這個問題：當機器智慧真的超越人類，會將人類的生活引向何方？

仔細打量周圍，你會發現人工智慧早已走入人類的日常生活裡，無處不在。它只是偶爾來下棋，偶爾和我們進行腦力競賽；更多時候，它是保姆、教師、管家、助手、司機、醫生……不妨想像一下電影《全面啟動》（*Inception*）中的場景吧！遇見未來世界的你：

> 在一個平靜的午後，你在家裡，剛結束一場立體投影的工作會議。走出房間，你看到新來的兒童伴侶機器人，正在輔導你兒子學習數學乘法表。妻子端著來自智慧果園種植和採摘的新鮮水果進來，兒子

跑上去抱住媽媽，吵著要看一部剛上映的動畫電影。這個小傢伙的消息怎麼這麼靈通？一查看智慧電視，發現已經調成「兒子」角色模式的電視，果然向他推送這部動畫上映的消息了。

拗不過兒子撒嬌，你答應讓他看這部影片。但是，你沒有像往常一樣購買家庭影院版本，因為動畫片的名字《再見天空之城》勾起你的童年回憶，那是一部討論人與機器關係的日本電影，現在又推出新系列了。你決定帶一家人去電影院觀看。

在機器人無所不在的時代，你覺得像電影院這樣可以與別人接觸的場所，對孩子的成長也是必要的。有意思的是，雖然如今家庭影院如此方便普及，但城市中的影院數量並沒有減少，生意反而好了起來。可能是在 AI 時代，人類的懷舊心理被喚醒了吧！你想去小時候常去的那家電影院，它在城市的另一頭。於是，你用語音喚醒家中無處不在的度秘系統，度秘告訴你那家電影院還在，並且幫你挑選了合適的場次，也計算出路線，並且叫好無人車了。

無人車已經知道你們此行的目的地，車載螢幕

上正播放昔日經典《天空之城》*的片段，而不是播放新片導演訪談，這顯然是優先照顧了小朋友的興趣。你透過語音喚醒螢幕，連接自己的手機，準備處理幾封郵件。這時，有視訊電話進來，是妻子的好朋友打過來的。原來是家裡的人工智慧管家告訴妻子，有哪些朋友也對這部電影感興趣，於是她在出發前向幾位閨蜜發出同去看電影的號召，結果有一家人回應了。他們說，已經到達電影院，而且買好票了。

電影院保留了過去樣式的裝潢，只是不再需要3D眼鏡，因爲裸眼 3D 技術已經成熟，觀影效果既逼真又舒適。據說，劇場裡的感測器，會記錄每個使用者觀影過程中的情緒反應，再結合劇本情節進行分析，即時生成一部消費者報告，回饋給電影主創團隊和發行公司。

看完電影之後，兩家人的人工智慧助理，已經各自推薦附近的飯店以供聚餐，最後由兩家人決定去哪裡用餐。席間，把酒言歡，自不待言。回家的路上，無人車人工智慧語音響起，表示想和大家聊聊這部電影。你兒子很開心地答應了，人工智慧問

---

* 日本著名動畫導演宮崎駿的作品，於 1986 年上映。

兒子是否喜歡這部電影、最喜歡哪個角色、願意給電影打幾分，而且還挺懂事地問：「那麼，你的爸爸、媽媽，願意打幾分呢？」

　　實際上，你知道此時正連上一套智慧影評系統，談話內容會被整理、提煉，供製片方參考，你也可以看見別人同意分享的觀影對話。你希望人工智慧有更高級、更純粹的對話，比如詢問孩子希望利用機器人做什麼。於是，你問人工智慧：「可以幫助我統治世界嗎？」人工智慧回答：「我是來服務世界的，不是統治世界。」

　　無論如何，人工智慧讓世界變得更好，而不是更糟。大部分的人因為擁有人工智慧助理，而更關注健康、生活與學習，你的孩子將成為 AI 時代的新人類。

AI 時代的食衣住行

　　2016 年初，臉書執行長馬克・祖克柏（Mark Zuckerberg）宣布要打造一款人工智慧管家；到了年末，他在自己的臉書上傳了一段視訊展示成果。在短短幾分鐘的影片中，祖克柏都在跟這款他花了一百多個小時親自開發的智慧系統語音對話。僅從短片中的表現來說，這位人工智慧管家只是完成點歌、調燈光、訪客人臉辨識之類的功能，祖克

柏卻為這套系統取了一個如雷貫耳的名字 —— 賈維斯（Jarvis），正是電影《鋼鐵人》（*Iron Man*）裡，那個存在感極強的人工智慧管家的名字。

　　在盛大的 2017 年美國國際消費電子展上，因為實用效果而榮獲大獎的智慧管家，卻是搭載百度 DuerOS 人工智慧作業系統的「小魚在家」。「小魚在家」可以支援手機、電視、音箱、汽車、機器人等多種硬體設備，同時支援協力廠商開發者連結運用。DuerOS 擁有百度語音辨識與自然語言處理技術，還可以透過雲端大腦不斷地學習進化。用戶只要喊「小魚小魚」，就能喚醒它，然後可以指揮它播放音樂、播報新聞、搜尋圖片、查找資訊、設定鬧鐘、叫外賣、閒聊等，還可以喚醒多方視訊通話、語音留言等。這些技術其實都不算十分新鮮，實現的卻都是普通人曾經想像過的功能。

搭載 DuerOs 人工智慧作業系統的「小魚在家」

　　假設你擁有自己的「小魚在家」，首先會對它說什麼？可能是「打開電視」、「打開廚房燈」之類的指令。基於深度學習的人工智慧可以透過訓練，逐漸理解話語深層的關聯性，未來智慧家居可以只需要一句

簡單的話，就能夠理解主人心中複雜的需求了。比如，當你說：「我要上床休息了」，它就可以做到鎖上大門、關閉臥室以外的電燈、打開臥室的空調等；更加親切一點的場景是：半夜小朋友起床想上廁所，迷迷糊糊的，他只需要喊一聲：「尿尿」，臥室和廁所的夜燈就會自動開啟，馬桶也會啟動自動沖水模式，不必吵醒勞累了一天的父母。

智慧家居系統不僅透過「學習」了解家庭的起居規律，還透過千萬家庭的大數據和深度學習，成為育兒專家、工作助理、專業老人看護等。比方說，它會對嬰兒的睡眠時間提出建議，會根據流感發病現狀提醒預防，也會提醒老人附近有什麼可以跳廣場舞的地方。人性化的智慧家居，不僅讓未來的生活更舒適，還連結了人類與整個世界。

除了智慧家居，與人關係最密切的就是「吃」了。當美味佳餚還生長在土壤中時，人工智慧對糧食的改善已從「根」上做起。2016 年，美國《連線》（*Wired*）雜誌刊載了一篇長文，詳細介紹人工智慧如何改造現代農業：借助圖像辨識技術，農民將可即時鑑別出有疾病的農作物，不會再遇到大片莊稼病死的情況。農業機器人可以徹底改革農業的耕作方式，美國農業自動化新創公司藍色河流科技（Blue River Technology）研發出的「生菜機器人」（LettuceBot），外觀與拖拉機並無區別，每分鐘卻能掃描五千多株幼苗，自動區分出雜草並進行清除，最終能夠減少除草劑 90％的使用量。

加州新創公司藍色河流科技開發的「生菜機器人」（圖片來源：smartmachines.bluerivert.com）

和種植息息相關的天氣問題，科學家也已經將衛星圖片納入深度學習的訓練對象，未來農民每天早上打開 App，就能查詢到自己土地上詳細的天氣狀況，氣象預報的空間範圍甚至精確到公里級別。在荷蘭，也已經建成智慧化無人飼餵乳牛牧場，整個牧場依託人工智慧系統運作，不管是分配飼料或擠奶，全都交由機器完成。這一切都將讓未來的農產品更清潔，生產效率更高。在不久的將來，超市裡包裝上貼著「智慧農場出品」標籤的產品，很可能就是顧客心目中的「安心菜」和「安心肉」。

手裡握有美妙的食材，還需要良好的廚藝。我們不斷提到 AI 會代替人類的機械性勞作，但烹飪不是簡單的流水線生產，中國五湖四海完全不同的菜系文化，還有每個人舌尖上的記憶，意味著下廚是一件關乎情調的事。

科技的主要目的從來不是「代替」，而是「支援」。對許多人來說，烹飪過程本身就是一種樂趣，這樣的樂趣會得到人工智慧的加持，人工智慧系統不僅會協助使用者完成一些

簡單的操作，比如打蛋、加水、加麵粉，讓人類廚師可以把精力和時間，集中在口味的打造上；此外，還可以透過深度學習技術，學習使用者的操作習慣、口味特徵，學會打造「外婆家」的菜餚。料理完畢後，還能透過資料分享，把自家的美味配方，推送到更多人的烹飪系統中。屆時，烹飪系統就會像今天根據興趣推薦資訊的新聞用戶端一樣，依照用戶口味推薦和分享菜餚。

　　外食的樂趣也會被改變，使用智慧型手機挑選餐廳、點菜已經不稀奇了，遇到讓人垂涎卻沒見過的菜品，還可以拍一張照片——庖祕會幫你辨識菜名、口味、材料和營養成分。一些熱中於研究朋友圈裡的美食圖片的女性用戶，在未來可能會損失那麼一點樂趣，因為菜品的「神祕感」不多了。

　　在娛樂領域，最理解用戶心理的電影和遊戲公司，不會嗅不到人工智慧帶來的商機。遊戲玩家很快也會和人工智慧交手，其實人類早就在遊戲裡和人工智慧對戰過，但以往所有遊戲中的「人工智慧」都還是典型的符號智慧：根據人類設定好的符號程式運行，這樣的「人工智慧」很快就會被靈活的玩家找到漏洞，輕鬆過關晉級。

　　現在的玩家在遊戲裡形容對手水準差時，往往會說：「打你，就像打電腦一樣。」但這個比喻在未來，恐怕會變成一種稱讚——谷歌已經開始訓練人工智慧操作《星海爭霸2》（StarCraft II），並且確定將會挑戰職業電競選手。在遊戲

中，人工智慧也將受到與人類相似的條件限制，玩起遊戲來，會「更像人類玩家」，甚至讓人類分不清楚在螢幕另一邊的，究竟是真人或人工智慧。

成熟的人工智慧，也會向沉迷遊戲的人發出提醒：過度缺乏運動，健康指數又下降了！AI 時代的新生活，不該僅僅是盯著螢幕，人工智慧也不該讓使用者完全待在家中。未來，在外出時，人們只要攜帶一部手機，就可以有人工智慧相伴。人工智慧將會讓喜愛旅行的人更加盡興，讓原本對旅行興趣缺缺的人體會到新的樂趣。讓度秘來完成訂票、訂房，規劃好路線，這些只是形而下的事。在精神層面上，人工智慧也會改寫旅行的意義。

機器甚至可解清風明月。百度深度學習實驗室正在開發的 AR（擴增實境）技術，可以讓手機為你解說眼前花朵的花語、鳥兒的名稱；也能挖掘這方山川的傳說，詮釋那方古人的雋語。面對轉瞬即逝的美景，它可以幫你捕捉最清晰的日落時分、稍縱即逝的驚濤駭浪。結合地圖工具，還可以在你到達的每個地點，推送他人的攻略和心得體會。

無所不在的人工智慧翻譯官，讓你擁有和外國人對話的能力。當彼此用陌生的語言交談時，人工智慧彷彿就在一旁耳語。不僅連通陌生的語言，還能連通光明與黑暗，植入手機或可穿戴設備的助殘機器人，就可以利用視覺和語音技術，幫助盲人辨識紙幣的面值和真偽，或是提示周遭環境

等。我們已經可以構想未來的機器導盲犬。

我們甚至可以暢想「下一代地圖計劃」，用無人機配合傳統方式，採集更立體的地圖資訊，利用 3D 重建技術全方位還原真實世界。AR 導航將讓你如同擁有「透視眼」，下一個目的地無論是商店、機場、醫院，都變得一覽無餘。圖像辨識技術使地圖資訊每時每刻都在更新，在你邁出每一步之前，都已經預知前方的道路和場景。虛擬實境使人類不僅可以穿透語言的障礙和光線的阻擋，還可以像《駭客任務》（*The Matrix*）一樣，穿行於夢境和現實之間。

當前的人工智慧服務，雖然還遠遠稱不上完美，但人目標無可爭議，只是到達的道路條條不同。想要享有未來的生活主動權，就要有前述各層面的準備。有人擔心，在未來的社會中，人工智慧的福利只屬於少數具備知識的人，但我們希望更多人能夠分享 AI 社會的紅利和便利。

別輸在 AI 教育的起跑線上

2016 年 4 月，中國作家郝景芳憑藉科幻小說《北京折疊》獲得雨果獎（Hugo Award），這也是繼劉慈欣的《三體》後，中國人再次摘得這項「科幻界的奧斯卡獎」。

在面對「未來已來」的人工智慧時，郝景芳有自己的觀點：「未來的人類社會，分工會更加明確，標準化的生產由人工智慧完成，人類則負責那些創造性和情感性的工作；同

時，未來社會的組織，也會更加靈活。其中最關鍵的一點是，在人工智慧主導的社會中，現在的教育模式已經無法適應變化，如果不進行改革，我們很難面對未來的人工智慧時代。」

這番發言是郝景芳在北京「2016 年度科技風雲榜」頒獎盛典上提出的。如果年輕的父母在閱讀郝景芳的發言時，只是期望自己的兒女能夠擁有像她一樣的人生軌跡，而忽略她在教育方面所提出的忠告，也許就會錯失調整自家教育方式的機會。

華人家長為了下一代無論付出多少都願意，對子女的教育問題經常感到焦灼。在很多父母眼中，好學校就等同好教育。但是，滿眼盯著師資、升學率的家長，是否意識到「好學校」的標準，在 AI 時代將會發生改變？人工智慧正在滲入學校的「教」、「學」、「管」等環節。

互聯網與 AR 技術，可以讓師生跨時空互動，教學場景超越傳統課堂。在虛擬空間和線上教育裡，學生更平等，時間調度更靈活，學生可以在課前更充分預習，更方便地分組學習；老師也可以更靈活地調整進度，因材施教。

智慧教育系統可以自動記錄每個學生容易做錯的題目或進度緩慢的環節，再據此對學生搭配專項輔導資源。學生學過的教程、做過的功課、閱讀過的題材，不僅存放在他們的個人資料空間裡，而且變成豐富的標籤，描述出學生的學習

曲線和風格。機器祕書可以根據標籤，向學生和老師精準推送教學建議和資源，改變以往填鴨式的教學方式。人工智慧綜合所有學生的學習紀錄和反饋，互相參照、優化、聚合與分發，在個性化的同時彼此激發，提升總體水準，徹底升級「教學相長」的含義。

老師是學校裡最辛苦的人，人工智慧系統將會大幅減輕他們的負擔，讓他們把精力從機械式的工作中解放出來，聚焦在個性化的創新教學上。比如，具備自然語言處理技術的人工智慧系統，在經過海量資料的訓練後，可以秒批學生作業，不是只有英文作文，甚至能夠批改中文作文。而擁有語音辨識技術的人工智慧系統，則可以帶領學生朗讀英語，並且矯正發音。除了作業，試卷批改也已經投入應用。

人工智慧系統批改作業，對教育會產生深層的影響。對學生來說，早就有教育研究提出，人類的記憶具有規律，在學習後的最初一段時間遺忘最快，之後趨於平穩。人工智慧系統可以幫助教師更快給予學生建議，以免學生因為等待而懈怠。對教師來說，除了減輕負擔，還可以透過作業數據統攬全局、掌握方向，真正成為一位教育指揮家和藝術家。

機器人已經在嘗試參加升學考試，但這並不是真的要送一個機器人去上大學，而是訓練出能夠完美因應考試的機器人，再反過來培育考生。如今，升學考填報志願，也可以讓度祕來幫忙了。很多普通家庭因為缺乏對大專院校的了解，

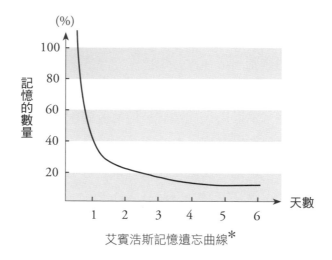

艾賓浩斯記憶遺忘曲線*

往往不知道要選填什麼學校。度秘不僅可以查詢分數，還可以根據往年報考的大數據狀況、學生評價數據等，提供報考建議。

　　人工智慧應用在全世界不平衡地發展著，大膽採用人工智慧輔助教學的學校還是少數，但是步伐很快。根據統計，中國重點中學裡已經有近半數的學校採用了人工智慧教育系統，活躍用戶人數過半，教學效率提升 20％以上。未來，所有學校可能都需要一名人工智慧「導師」，正如所有企業都需要一位人工智慧長一樣。落後者將無力進入 AI 時代的

---

* 　出自德國心理學家赫爾曼・艾賓浩斯（Hermann Ebbinghaus）於 1855 年發表的實驗報告，根據此實驗結果所繪成的描述遺忘進程的曲線，就是著名的「艾賓浩斯記憶遺忘曲線」（The Ebbinghaus Forgetting Curve）。

前列，所以為擇校絞盡腦汁的家長們，不妨也放眼未來，從
人工智慧的指標做出選擇。

　　現在，市面上兒童教育類機器人的產品已經非常多了，
有些可以為兒童講故事，有些可以與兒童交流英語，有些可
以選擇角度讓兒童拍照傳送給家人，有些甚至可以帶領兒童
閱讀紙本圖書。它們的外形、大小各異，搭載的智慧流技術
也各不相同。

　　選學校、挑玩具的背後，是父母的思維方式在新時代需
要主動改變。想像一下大人與孩子之間的代溝，會發生何種
變化？數位鴻溝會不會也變成代溝的 一部分？就如同成長於
「互聯網思維」下的 80 後、90 後世代與父母之間的代溝一
樣。孩子對人工智慧的接受，比大人想像的更快，有愈來愈
多小學開設程式設計課程，愈來愈多的小朋友很早就開始接
觸電腦、智慧型手機。遊戲和網路中，也充斥著各種人工智
慧技術的身影。

　　美國電視台做過一則針對十幾歲孩子的採訪，發現很多
美國兒童不清楚 Windows 作業系統如何使用，但操作智慧
型手機卻十分熟練。微軟如今這麼重視人工智慧，將發展人
工智慧技術作為全公司的重要策略，投入龐大資源研發微軟
小冰，新一代用戶思維轉變所帶來的危機感，就是其中一項
重要因素。

　　新生代的變化，也觸動了百度。度秘事業部的負責人景

鯤，對於將在人工智慧環境下成長的新一代，描述如下：
「百度做人工智慧、做度秘，我們發現並不是在教用戶怎麼
用，反而是順著用戶來引導我們做產品。孩子在表達自己的
需求這一點，是最無所顧忌、最沒有束縛的。孩子的要求天
馬行空，但是他們在心智和身體上還有很大的不足，大多時
候需要大人來幫助完成目標，所以他們的需求一直是受限制
的。而人工智慧只需要一句話、一個簡單的操作，就能夠理
解他們的需求，這可以降低他們達成目標的門檻，釋放他們
的需求。所以，當他們發現永遠都不會厭煩提問的語音對話
系統時，自然而然就學會使用這種新方法來獲取資訊。」

人工智慧猶如希臘神話裡普羅米修斯（Prometheus）帶
來的禮物，既可能是啟蒙的火種，也可能是傷人的烈焰。只
有掌握它，才能發揮積極的作用。我們要建設的，是新生活
的高速列車，要努力搭載更多人，而不是修建電影《2012》
裡的方舟，只允許少數人享有。當人工智慧在技術上超維進
化，我們希望也能夠縮小數位鴻溝。

人工智慧必須是開放的，根植於網路空間，打破空間與
時間的隔閡，讓每一個人只要努力，就能或多或少連上智慧
流。AI 社會還有更多機遇和挑戰，在前方等待著我們的下
一代。當他們離開校園尋找工作時，面臨的又會是何種光
景？當機器人開始大規模接手人類的簡單機械工作時，新人
類又如何駕馭新的未來？

工作著是美麗的，在 AI 時代更是如此

　　走出象牙塔求職，是一個全新的人生階段。畢業生最害
怕的不是低薪、不是辛苦，甚至不是找不到工作，而是發現
自己所學的一無可用。人工智慧帶來了新工具，就如同工業
革命把農民手中的工具從鋤頭變成紡織機，AI 時代同樣呼
喚著新技能和新思維。面對未來，許多早已步入職場的資深
人士，都難免會感到不安：我能夠適應 AI 時代的工作嗎？

　　謀生的焦慮，纏繞在每個時代青年的內心裡。中國互聯
網上，曾經出埇過一款火紅的遊戲《北京浮生記》，遊戲要
求玩家扮演一名離鄉背井到北京謀生的北漂，目標是要在
40 天內，賺到足夠償還債務的金額。這個僅有 700 多 KB、
介面陽春的小遊戲，能夠在當時大受歡迎，和它充滿「北漂」
元素密切相關。遊戲開發者本人就是徹底的北漂，在 1992
年帶著人民幣 200 元，隻身到北京求學闖蕩。游戲裡充斥著
各種幽默卻又真實的北京特色，在那個沒有霧霾、只有風沙
的年代，引發無數隻身在大城市拚搏的青年共鳴。

　　近些日子，《北京浮生記》的開發者又在網上露面了。
面對諸多玩過這款遊戲並且關心他動向的老玩家，他說當年
在開發《北京浮生記》時，正在北京郵電大學從事人工智慧
的科研工作，後來一度離開科研領域專心開發遊戲。現在回
到本行，做深度強化學習（Deep Reinforcement Learning）

的應用，服務遊戲業這個垂直領域。他在若干年前的一次採訪中，曾將這款小遊戲稱為「文學作品」。他說：「我認識1920、1930年代的上海是透過《子夜》，* 認識拉丁美洲是透過《百年孤寂》（Cien años de Soledad），十年後如果有人能夠透過《北京浮生記》，生動認識了2001年北京的某些生活場景、某些層面，我會非常高興。」

　　成就魔幻的，是並不魔幻的艱苦努力和機遇。2001年正是中國互聯網的寒冬期，各種泡沫破裂、企業倒閉，堅持下來的大多數人，都在今天有了收穫。如今，在行動網路、大數據、人工智慧各個新興領域走在第一線的領軍者，或許也曾在2001年某個週末艱苦加班之後，疲憊不堪地回到五環工地旁的出租屋裡，打開桌上型電腦，在睡前玩上一把《北京浮生記》，會心一笑。

　　「互聯網＋」讓任何產業都已離不開互聯網；在AI時代，任何工作也都會有人工智慧的影子。對大數據、人工智慧化的嗅覺，決定了未來工作者的層次高低。很多機械勞動職務將被人工智慧取代，流水線工人、聽寫速記員、計程車司機等，在未來將會迅速消失，就如同紙媒在互聯網時代的衰落一樣，即便它擁有數百年的悠久歷史。人類應該從事更

---

* 1933年由中國近代作家沈德鴻以茅盾為筆名發表的作品，被譯成英、德、俄、日等十幾種文字，日本著名文學研究家筱田一士認為，這是一部可與《追憶逝水年華》、《百年孤寂》媲美的傑作。

具創造力的工作，但首先你需要掌握創造工具，否則即使是看似高階的白領工作，也會形同機器。

當《富比士》(*Forbes*)這樣的著名媒體，開始使用機器人、以 30 秒一篇的效率撰寫新聞稿時，曾經以無冕王自居的記者開始如坐針氈。不過，不用太緊張，除了需要努力提升寫作水準外，還可以配備智慧工具，比如語音辨識速記軟體、智慧剪輯影片工具等，這會讓記者和編輯變得更強大。

善用數據分析軟體，能讓記者發現更多的新聞線索。比如，「百度指數」等產品，根植於搜尋引擎大數據，可以為使用者提供不同新聞關鍵字的搜尋熱度、趨勢變化、搜尋族群的興趣圖譜等各種資訊面向。媒體從業者可以據此判斷新聞話題走向，明星粉絲可以從中了解偶像的熱度變化，商家可以觀察產品的使用者定位和需求趨勢。

「關聯性」的思維，在大數據運用中獲得了充分的體現。舉個例子，2014 年 6 月 16 日到 6 月 20 日是百度指數「請假」一詞最高的一週；同時還是「啤酒」一詞百度指數最高的一週。敏銳的讀者從兩者的關聯，已經可以想到答案了：6 月 13 日巴西世界盃開幕，接下來是世界盃比賽最密集的一週。新聞記者、品牌業者、商家，可以利用這種數據洞見做什麼？善於使用這些工具的人，會成為同行中的佼佼者。在使用數據工具的過程中，人類也在被訓練，使自己更適合在 AI 時代發現和創造價值。

翻譯也將面臨挑戰，往日在重要領導人的合照中，總會出現的那位翻譯官，恐怕需要疊加一個人工智慧的影子。人工智慧語言處理工具的開發，除了需要滿足普通人的翻譯需求外，還應該針對高階客戶開發新功能。高階翻譯需要的，可能不是基本的機器翻譯，而是由深度學習技術來幫助自己掌握諸如領導人之類服務對象的用語特點，提供特定的功能服務，例如：把中國古詩詞翻譯成英文。

當百度大腦可以構思詩句，當神經網路可以模仿音樂大師巴哈訓練作曲能力，當日本的小說獎項評選正式把人工智慧創作的文學作品納入候選，所有人都開始意識到「文化藝術領域」這個人類心靈聖地，對人工智慧來說也不神祕了。神經網路很像人類的大腦，有無數隱祕的神經通路。李白要在醉酒時才能詩興大發，那是因為醉酒狀態導致一些平時蟄伏的神經通路被啟動。未來，人類可以不用借助醉酒，而是借助神經網路嘗試開發靈感。

法律、金融等專業人士的日子也將被改變。由 IBM 研發的世界首位人工智慧律師羅斯（Ross），在 2016 年就職於紐約貝克‧霍斯泰特勒（Baker & Hostetler）律師事務所，負責幫忙處理公司破產等事務。這是一個真正可以全副心力為雇主考慮的法律全才，不會像人類律師那樣昂貴，普通律師或法官為何不試試利用這類產品呢？

2016 年 12 月，北京市高級人民法院上線了一款名為「睿

法官」的人工智慧系統，它不是只停留在蒐集資料、為案情
「畫像」的輔助階段，而是已經可以做到對案情進行分析，
採集案件的多元資訊，辨識出影響案件定罪量刑的相關要
素，以及當事人上訴的理由，幫助當庭法官做出初步判斷，
已經十分接近「判案」的型態了。使用人工智慧助理的律師
事務所和法庭，能夠比同行更高效地處理案件，進而創造更
高的收益和社會效益。

　　金融的城堡由數字的磚塊堆砌而成，隨處可見人工智慧
可以滲透的縫隙。著名的麥克‧彭博就是用數據武裝的華爾
街之狼，這位曾經當過紐約市長、身家幾十億美元的企業
家，幾十年前就透過金融數據處理工具殺入華爾街。在他推
出自己的債券交易商品之前，交易員基本上都是依靠路透社
消息來查詢價格，然後用鉛筆和紙進行計算。彭博提供的商
品，為使用者提供市場的即時數據、計算能力、財務分析
等，迅速席捲了所有的債券交易所。彭博第一次賣出他的產
品給美林證券（Merrill Lynch）時是 1982 年，而微軟在同
年才剛剛推出電子試算表軟體 Excel 的第一版，當時還叫做
Multiplan。

　　彭博的例子也許有些久遠，但在北京的中關村、五道
口、西二旗，上海的張江、深圳的華強北，無數雄心勃勃的
年輕人正在試圖利用數據智慧工具完成人生逆襲。人工智慧
不分貴賤，只在乎能力。人資可以利用數據工具，研究公司

人員的分布狀況，提出優化意見。咖啡店可以透過智慧對話App，為使用者訂咖啡，並且迅速了解各戶的口味。昔日的遊戲高手，可以轉型為遊戲實況主，他比別人更能發現人工智慧哪裡還不大像人類。

人工智慧的潮流，雖然會掩埋一些職業，但也會催生出新的機會。汽車消滅了馬車車夫，卻創造出司機這個職位；人工智慧的普及，也會創造出新的就業機會。吳恩達舉了一個例子：以後無人機愈來愈多，而無人機交通管理工作現在還沒有，以後一定會出現，誰來擔任這項工作？他建議，人們把更多精力投入在教育和培養人才上。

真正決定一個人職業未來的關鍵，是能否具備 AI 時代需要的職業素養。當 AI 工具變得益發無所不能時，能否靈活加以運用，就成為差距所在。一個對程式設計、數據分析、機器學習一竅不通的人，就像工業時代不會使用扳手的人一樣。

現在，幾乎人人都有一部智慧型手機，但多數人用它來玩遊戲、看電影、關注朋友動態時，並沒有意識到其中蘊藏著通往未來的入口。人工智慧領域裡許多世界最尖端的技術，都已經整合在諸如度秘之類的產品中。翻譯、語音辨識等看似波瀾不驚的功能，已經能讓人接觸到最前沿的人工智慧技術。

「工作著是美麗的」，這句話是已故中國女性作家陳學昭

的長篇小說書名，她是五四新文化運動的旗手之一。今天，
人工智慧將會帶來一場新文化運動；在 AI 時代，工作著依
然是美麗的，它需要智慧，更需要人類在與機器的互相砥礪
中前行。

AI 再造醫療，譜出生命之歌

思索、奮鬥、享樂、奔走……人類以肉身在世間拚搏，
無論現世生活是幸福或煎熬，總是渴望更健康、更長壽，渴
望能夠親眼看到未來的任何一天。昔日，秦始皇為求長命百
歲的仙藥，派人東渡，而今天的醫療科技則把長壽帶給普通
民眾。

科技的發展又帶來新的想像，無論是美國動畫電影《大
英雄天團》（*Big Hero 6*）中親切至極的醫療機器人「杯麵」
（Baymax），還是改編自日本漫畫家士郎正宗作品的電影《攻
殼機動隊》（*Ghost in the Shell*）中用人類肉體改造成的武器，
都成為螢幕上的經典角色，為人津津樂道。雖然人類文明在
工業革命後，獲得突飛猛進的發展，但在現代醫學的庇護之
下，人類的肉身仍然顯得那麼脆弱。小小的身軀之內，蘊藏
著一個我們遠未探索的世界。高科技會把人類的身體引向何
處？這已經不只是醫生感興趣的話題。

科學史上每一個領域的進步，似乎都與醫療產業有著重
要關聯。物理學家在光學領域和原子領域的研究，帶來了顯

微鏡和 X 射線；太空船中為太空人準備的健康檢測室，日後變成加護病房；生物學讓動物實驗成為人類最重要的醫學測試方法，而化學更是一門與藥品有著千絲萬縷關係的學科。那麼，人工智慧在醫學領域，會扮演什麼角色？答案恐怕不是一種角色，而是會改寫整個醫療產業。融入人工智慧的方法，對醫療的影響將是全方位的，由淺入深，由小及大。

尖端醫學最引人注目：《自然》雜誌報導神經假體（neuroprosthetics）使腿部癱瘓的猴子，能夠重新行走；美國加州大學聖地牙哥分校的奈米工程學系，開發出比髮絲還細的「微米機器魚」（Microfish），可以輕鬆將止痛藥物傳輸到指定的身體部位；在基因藥物領域，深度學習為改寫基因、合成新生物帶來可能性。

類似的例子不是我們想要討論的重點，奈米機器人、基因改造，雖然是影視作品熱中的話題，卻和現實領域頗有距離。更重要的是，雖然人工智慧已經進入許多最前沿的醫學領域，但幾乎都還是停留在理論或實驗階段；不過，在一些更成熟的領域，人工智慧已經可以發揮重要的作用。

在眼部疾病的治療中，由於對病人資訊的掌握有限，有1/10 的病人會在治療過程中受到傷害，其中至少一半傷害是可以預防的。英國倫敦知名的摩爾菲德眼科醫院（Moorfields Eye Hospital）與谷歌展開合作，打造一款機器學習系統，

這套系統僅憑眼部數位掃描結果，就可以辨識潛在的眼部疾病風險。眼部掃描技術早已有之，但傳統的機器在掃描完之後，無法快速分析複雜的眼部資料。機器學習則是對付這類資料的能手，可以大大縮短分析時間、提升準確率，更快、更準確地為病人提供治療方案。

IBM 的「華生」機器人，可以透過大數據和人工智慧，協助人類分析腫瘤等疑難疾病。在日本，病理讀片大多需要兩名醫生共同完成，以防止錯漏，NEC 多年前就開始在日本醫院推廣自動讀片系統，現在已經能夠替代醫生的角色來輔助讀片工作。

生物大數據，也正在改變醫學研究和製藥業。在一些傳統的醫學診斷中，醫生會讓病人在一段平緩的路上行走幾分鐘，記錄他們的行走距離。這項測試是為了預測肺移植者的存活率，並可檢測肌肉萎縮的病程發展，甚至可以評估心血管患者的健康狀況。但是，如果你想同時拿到 1,000 人的監測數據，那麼光是記錄，就會變得非常困難。

智慧型手機解決了數據獲取的問題。美國一位研究者，想要蒐集有關心血管的數據，於是上傳了一款名叫「我的心臟計數器」的 App 到蘋果商店，結果在短短兩週內，他手上就有了超過 6,000 人的測試結果。現在，他面對的問題不再是樣本不足，而是缺乏面對龐大數據進行更精確分析的能力。

　　人類一旦有能力把生物大數據抽絲剝繭，獲得想要的結論，整個醫學產業將會受益無窮。以糖尿病為例，僅在中國，就預計有超過 1 億人受此病困擾。在糖尿病診斷的過程中，有一個令醫學界十分頭疼的問題，就是不容易對病人做到糖尿病亞型的精確細分，這對前期預防和後期治療都極為不利。而大數據分析可以在這一點發揮優勢，如果最終能對每個病人做出具體的病型確認，就能夠真正做到「對症下藥」。

　　基因定序是發現致病原因的一個前沿方法，在這方面，百度贊助了一個食道癌專案。過去，在基因定序與疾病相關性的研究上，限於技術，基本上只能做到單基因致病研究，比如發現某種基因突變會導致唐氏症候群之類的罕見疾病，而常見病很多是由多個基因組合的突變導致。過去，由於運算能力達不到現在的水準，人們根本算不出來到底是哪些基因的組合導致一些常見病，但在未來是可以運算出來的。

　　大數據與智慧分析，對藥物市場也會有明顯的改善。現代醫療中的藥物品種，已經變得愈來愈多、愈來愈複雜，有時病人會發現，光是治療感冒的藥物就多達幾百種。大數據的出現，將帶來個人定製的藥物使用方案，精準使用每一種最適合個人的藥物，這就是「精準醫學」（Precision Medicine）的概念。

　　美國前總統歐巴馬 2015 年在〈國情咨文〉中提出「精

準醫學計劃」（Precision Medicine Initiative），打算透過分析一百多萬名美國志願者的基因資訊，掌握疾病形成機制，開發相應藥物，實現「精準施藥」。透過互聯網、人工智慧與生物大數據的引領，精準醫學將成為一種把個人基因、環境與生活習慣差異考慮在內的疾病預防與處置的新方法。中國也在2015年，由科技部召開首次的精準醫學戰略專家會議，計劃在 2030 年前針對精準醫學領域投入人民幣 600 億元。

加拿大多倫多大學（University of Toronto）教授、深基因組學公司（Deep Genomics）創辦人布蘭登・弗雷（Brendan Frey）表示，現代科技的發展，人類已經可以源源不斷地獲取基因生物學的數據，卻難以破解和掌控這些大數據，無法「理解」基因。我們可以想到，深度學習將揚其所長，尋找人類無法發現的基因關聯。當人工智慧找出健康的基因定序模式，人類就能透過基因來診斷，甚至預測疾病，優化標靶藥物。

精準醫學的概念，引發了不少的爭議。美國女星安潔莉娜・裘莉（Angelina Jolie）透過基因檢測，得知自己有 87% 的機率罹患乳腺癌，以及 50% 的機率罹患卵巢癌，於是毅然切除雙側乳房和卵巢。這項舉動引發媒體熱議，只是因為一個數字機率就做切除手術，會使很多人遲疑。更有人擔憂，預測技術會被濫用，成為引導病人「無病呻吟」，以便謀取利益的一種手段。預測性治療正如人工智慧在警事

安全領域促成的預測性防範——在一個人還沒有犯罪之前，就採取預防措施。無論如何，人類未來要更頻繁地面對此類抉擇。

相較於進行基因檢測後提前手術這類較為奢侈的項目，人工智慧在更多普適醫療計劃上，也具有重大的利用價值。在中國的大城市中，有超過70％的人身體處於似病非病的「亞健康」狀態，由於看病難、工作忙碌等因素，真正就診的人數不到5％。人們需要一個近身的「私人醫生」，而未來的醫療大腦會成為這個「私人醫生」，所有人隨時隨地都可以透過手機、智慧系統「看醫生」。至於遠離大城市和大醫院的民眾，也將擁有更多的醫療選擇。

未來，人類的醫療業態會被人工智慧改變，這是毋庸置疑的。但是，在百度大數據實驗室主任范偉身上發生過的一件事，卻讓這個過程具有一種魔幻感——人工智慧已經為他實現了一次過去與現在的「穿越」。三十年前，當他還是高中生時，希望成為一名醫生，他不僅在心裡做了規劃，還親自造訪北京協和醫學院的招生辦公室。不過，因為種種原因，范偉沒有走進協和醫學院的大門，而是來到北京清華學習電腦程式設計。

有趣的是，三十多年後，范偉真的做起了醫療。他現在的夢想，就是讓更多人能夠早日用到醫療大腦，讓醫療大腦輔助醫生，包括為醫生自動生成病歷草稿，幫助醫生節省時

間，救治更多病人。有了醫療大腦的輔助，醫生這種職業一定會煥發新的光彩，醫病關係也會更加和諧。范偉希望利用人工智慧技術，把有多年行醫經驗老醫生的知識與閱歷，變成　款軟體，造福更多的人。

11

美麗新世界，
嚴肅新問題

1932 年，進化論代表人物湯瑪斯・亨利・赫胥黎 * 的孫子阿道斯・赫胥黎（Aldous Leonard Huxley），出版了反烏托邦名著《美麗新世界》（*Brave New World*），描寫未來機械文明世界的景象。在那個世界，人民安居樂業、衣食無憂，但一切都被標準化。人類在孵化中心誕生，分別歸屬五大貴賤不同的種姓。管理者用試管培植、條件反射、催眠、夢境療法等「科學」手段，嚴格控制人類的性格，讓他們用快樂的心情，執行自己被設定的社會角色和消費模式。這樣的主題後來在《駭客任務》等作品中不斷重現，成為現代思想者不可迴避的話題。

《娛樂至死》（*Amusing Ourselves to Death*）的作者尼爾・波茲曼（Neil Postman）說：「在《1984》中，民眾遭受痛苦荼毒的控制；在《美麗新世界》中，他們則因耽溺享樂而為人掌控。」未來的 AI 社會，會是哪一種世界？是超越所有人的想像，形成全新的世界，非痛苦或快樂所能描述？或是延續人類永恆求索奮鬥的主題？

AI 革命，是堪比工業革命的第四次技術革命，中國的應對與工業革命時代的被動落後大不相同。今天，中國以領

---

* 湯瑪斯・亨利・赫胥黎（Thomas Henry Huxley，1825～1895），英國博物學家、教育家，達爾文進化論最傑出的支持者。著作《進化論與倫理學》（*Evolution and Ethics*）因為中國近代啟蒙翻譯家嚴復的翻譯，深刻影響中國的發展，中譯名為《天演論》。

先態勢，主動駕馭這場革命。正如無人車之路在挑戰中開拓，AI 時代也在混沌中日益清晰。我們有理由相信，中國會在這場變革中占據制高點。

不過，當我們把眼界抬得更高時，面對科技與人類的關係，又不能不心懷著一些憂慮。細心的讀者應該能夠感受到，在本書各章節的熱情當中，都隱藏著一種關懷。我們提倡起跑線上的 AI 教育，因為擔心起點上的不平等；我們描述未來的新人類，因為希望每個人都能掌握 AI 時代的生存技能；我們仔細構想人工智慧長能夠擔當的職責，因為希望眾多企業可以在大變革時代中協作進步，保持經濟生態平衡；我們知道人工智慧與物聯網將促進中國製造強勢升級，但也不能不擔憂新的產業危機。

縱觀歷史，技術進步起先總是掌握在少數人的手上，甚至成為製造不公的武器，其普及過程充滿曲折和不確定性。這當中固然有把持者的自私因素，但也有後進者的遲鈍與人類天生的族群競爭使然。人工智慧也會如此嗎？

中國行動網路的發展，是對這個問題給出的有趣回答。農村用戶使用行動網路的頻率，遠遠超出 PC 互聯網，因為前者取得容易，只要擁有一部智慧型手機即可。中國強大的製造業加上互聯網基礎設施，促成行動網路的普及。在這個領域中，人們更平等一些。人工智慧與大數據是流動的資源，與行動網路一樣，也是天生具有穿透性和普適性，只要

透過一部上網手機就能觸及。

每個人未來都會碰上人工智慧，區別在於個人的準備程度。人工智慧這項新工具，究竟會創造何種新世界？一切都有待努力。中國人曾於無聲處興起了一場浩蕩的「勤勞革命」，惠及億萬國民，甚至全世界。面對 AI 革命，勤勞的人類，能否再一次做好積極準備？

數位鴻溝

網路上曾經流傳著吳軍的一個說法：「AI 時代只屬於 2％的人，其他 98％的人都會成為落伍者。」看到這個數字，很容易讓人想起 2010 年開始的占領華爾街運動，參與活動人士打出的口號是「反對 1％」。未來，有可能是掌握金融資本的人占據了 1％，掌握人工智慧資源的人占據另一個 1％。本書無意論述這場占領運動，在這裡只是想提在這場運動之後不久出現的驚人景象。

2012 年 10 月末，颶風「桑迪」（Hurricane Sandy）席捲美國東岸，海水倒灌，六百多萬人無電可用。繁華的紐約市一片汪洋，下曼哈頓區 25 萬戶遭遇斷電，有一幢大樓卻是燈火通明、孑然獨立，那就是位於紐約市曼哈頓西街 200 號的高盛大樓。

這幕景象引發不少民眾的憤怒，彼時占領華爾街運動剛剛被強行結束一年，美國仍然深陷次貸危機引發的經濟不景

氣中，就業低迷，人們對華爾街充滿怨氣。而高盛則是華爾街金融資本的首席代表，在全世界興風作浪，黑雲壓城城欲摧，兀自閃亮的高盛大樓與周圍一片漆黑形成鮮明對比。這一幕看上去是多麼貼切的寫照：1%就在那裡，哪怕周圍洪水滔天。

但高盛發言人立即解釋：「我們不是唯一有電的大樓，我們的確有發電機，現在完全是自行供電。」他想說的是，高盛大樓是憑藉自己的實力在閃亮。這大約也是現代社會現況的隱喻：一部分人因為各種原因站在金字塔頂端，有人依靠權勢、有人依靠資本，也有人依靠才能或技術。高盛本身就是非常善於利用數據和機器智慧的金融公司，代表著華爾街與美國東西岸高科技產業力量的結合體。相較於美國已經陳舊的基礎設施，高盛卻獨善其身，掌握著大量資源。

美國前總統歐巴馬在任時，美國高新產業高速發展。然而，到了總統換屆時，代表高科技勢力的民主黨卻慘遭滑鐵盧，盡失總統寶座與兩院控制。有資深評論家指出，在這場大選中，圍繞川普湧現出所謂的「白人抗議」現象。對民主黨發出抗議的白人，都是大專院校和高新產業之外的白人工作者。早有專家指出，美國金融資本不受限制地擴張，導致虛擬經濟與實體經濟比例嚴重失衡，製造業被排擠出局，金融資本與資訊高科技技術結合，益發加劇這個失衡，終於帶來惡果。

　　諾貝爾經濟學獎得主保羅‧克魯曼（Paul Krugman），痛心疾首地提出一件事：

　　2010 年，當哈德遜河（Hudson River）底下亟須一條新的鐵路隧道時，紐澤西州州長卻突然取消這項當時美國最大的基礎設施專案。同時，另一項耗資巨大的隧道專案竟然接近尾聲：貫通賓州阿勒格尼山脈（Allegheny Mountains）的 Spread Networks 隧道。不過，建設 Spread Networks 隧道的初衷，不是為了載客，也不是為了運貨，而是為了搭起一條光纖，可以把芝加哥期貨市場和紐約證券交易所之間的通訊時間縮減 3 毫秒。鐵路隧道專案被取消了，Spread Networks 隧道卻修建起來，誰在乎這 3 毫秒呢？答案是：股市裡的高頻交易員。他們靠著比同行快幾毫秒的速度，買入或賣出股票賺取差價。這個現象可以告訴你，如今的美國究竟出了什麼問題：社會正把過多的資源，配置給金融投機交易，導致產業嚴重失衡。

　　高頻交易或快閃交易，正是一種以資訊技術為基礎的金融投機方法，需要硬體、演算法、人才全方位的支援才能做到。在演算法方面，它不僅要求把資深金融交易專家的策略

轉化為演算法，還要求這個演算法盡量高效，能比別人的演算法更快得出結果，而且演算法要能夠自我調整環境，根據外界條件變化調整參數和機率，而這已經是一種比較發達的機器智慧了。煢煢孑立的高盛就是這方面的高手，也招募了頂尖的電腦團隊。類似高頻交易的技術，不僅幫助金融大鱷遠遠甩開一般散戶，也屢次因為機器出錯，導致股市閃崩，極度加重了市場的不確定性。

美國的教訓值得全世界深思，數位科技在美國發展久遠，人工智慧技術是此科技的最新延伸。數位與智慧科技本身，不是導致失衡的罪魁禍首，與不公正的社會制度和不科學的經濟政策結合起來，卻會加速失衡，而平民百姓是失衡後果的主要承擔者。

美國 2016 年大選結果，呈現出東西部州、中部州及東北鐵鏽帶的鮮明對立，描繪的不只是政治對立；在某種程度上，這個結果描繪的正是數位鴻溝。當然，鴻溝不全是由數位科技造成的，只是被數位科技深化了。2014 年，法國經濟學家、巴黎經濟學院（Paris School of Economics, PSE）教授托瑪・皮凱提（Thomas Piketty）出版了《二十一世紀資本論》一書，風靡一時，受到克魯曼等經濟學家的大力推薦。該書以令人信服的數據證明，幾十年來，全球收入不平等的現象正在擴大，資本報酬大幅超出普通人的勞動報酬。馬克思早已描述過的不平等生產關係一直延續，似乎沒什麼

改善的跡象。聯合國《2016年人類發展報告》(*Human Development Report 2016*)顯示,數十年來,全世界主要的扶貧成績都發生在中國,其他國家乏善可陳。

馬克思認為,資本主義工業化是以維持高利潤為目的,不是直接以提升人類福祉為目的,於是製造了大量的剩餘人口,或者說是失業大軍。他們隨時等待著被雇用,以替換失去剝削價值的工人。但是,在 AI 時代,剩餘人口的含義,也許會發生變化。

人類還能做些什麼?

很多人尚未意識到,所有單一技能的職業,都可能被機器取代。語音辨識代替速記員的景況,最近幾年就會發生;現場同步翻譯當前只是受限於麥克風陣列(microphone array)硬體的發展,所以還需要一段時日;電子員警比保全更有效,很多社區內的車牌辨識攝影機,已經取代以往的刷卡進出;電商、快遞業的人工客服已經被機器取代。倒是計程車司機,可能會晚一點遭到淘汰,因為無人車並不容易在十年內取代人工。

亞馬遜的「無收銀員超市」讓血拚族一片歡呼。在這裡,顧客只要安裝特定 App,就無須排隊,無須到櫃檯刷卡,拿好商品就可以走人。感測器會自動辨識顧客帶走的商品、計算價格,並在顧客離開超市的時候,自動從他們的金融卡扣

亞馬遜智慧超市 Amazon Go，門上標語為 Just Walk Out（拿了就走）

款。有人戲稱，這種購物體驗就像自由搶劫一樣，讓消費者
大呼過癮。

　　這當然是消費體驗升級，但悖論在於：智慧超市在造福
購物者的同時，也讓收銀員失去工作，進而減少購物能力。
彷彿量子態坍塌現象——量子以波的形式存在時才能被發
現，但是當觀察者觀察時，量子必定存在於一個確定的位
置，於是原來的量子波坍縮為一點，此時量子表現出粒子

性，人也就無法繼續觀察——技術與幸福的關係也是如此，當你看見幸福的同時，背後就有些事物正在坍塌。

除了收銀員之外，歡歡喜喜購物的律師及新聞編輯等白領，可能也幸運不到哪裡去了。他們的職務也可能會被取代，至少基本的法律分析和通稿寫作，在一些公司已經交由機器執行了。就在 2016 年底，俄羅斯最大的銀行俄聯邦儲蓄銀行（Savings Bank of the Russian Federation, Sberbank），宣布推出機器人律師，用於處理各種投訴信件。這導致大約 3,000 名在銀行工作的法律專業人士被炒魷魚，俄聯邦儲蓄銀行執行委員會副董事長瓦蒂姆・庫里克（Vadim Kulik）說，未來所有的常規法律文件處理都將自動化，只需要律師處理那些緊急的法律程序。

未來，可能只有那些需要直覺、創造性的非標準化工作，例如藝術設計、規劃組織工作才不可取代。失去購物能力，倒也不是很要緊，因為購物本身可能也不需要了。馬克思認為，剝削導致工人階級的貧困，進而引起消費低下、需求不足，最終導致生產過剩並崩盤。在 AI 時代，高效的機器生產可以滿足更多人口的基本需求，工廠業主可能連「剝削」人類的意願都沒有了，因為機器人能夠做得比普通工人更好。失去購買力的人口，也能從機器生產的豐盛中，分得基本福利。

全新的人類工作機會，的確會被創造出來，例如無人車

交通管理職務，又如亞馬遜已經擁有五萬名為資料貼標籤的工作者。屆時，衣食無憂的普通人類，可以實現馬克思所謂「上午狩獵，下午釣魚，晚上研究哲學」的自由生活了嗎？或許可以，但可能會缺少自由的心情，因為你不能創造價值，不被需要。人類的一大基本需求，就是渴望獲得他人的認可。沒有價值的人，會進入何種消沉狀態？或許，他們會重新組成一個圈子，如同地下城一般，有一套不同於智慧世界的生活方式。

地下城的想像有些遙遠，在短期內，剩餘人口的增加，將是一個現實問題，可能會引發社會的不安定。我們可以想像，未來會有新的勞動保護法條款頒布，比如規定每間企業雇用的機器人與人工比例不能少於一定標準等。但當務之急，可能是升級社會職業培訓，為普通工作者提供電腦、互聯網和人工智慧方面的職業教育。

美國政府已經意識到這項挑戰，2016 年 12 月白宮發布〈人工智慧、自動化和經濟〉（"Artificial Intelligence, Automation, and the Economy"）報告，為因應就業市場的變化提出策略性建議，包含：

- 要為教育培訓投入巨資，教育和培訓美國人，為未來的工作做好準備。
- 為工人提供更好的指導，引導他們進行工作上的

　　轉換，同時賦予工人權利，確保廣泛共享由人工智
慧帶來的經濟成長收益。

　　這些建議很美好，但考慮到美國政府即便在醫改計劃的
執行上也舉步維艱，能否有效應對 AI 革命，還有待觀望。
康乃爾大學電腦科學系教授、圖靈獎得主約翰・霍普克羅夫
特（John Hopcroft）在 2017 年初預測，隨著人工智慧與自
動化技術的興起，未來美國勞動力規模可能需要縮減 50%。

　　中國能為改善不平等做什麼呢？在目前這個數位時代，
能否在技術手段的幫助下縮小鴻溝？我們在此僅拋磚引玉，
希望引起更多有識之士的思考和探索。人工智慧教育大腦應
該被投入於職業培訓中，讓機器輔助普通工作者學會與人工
智慧打交道，學會在 AI 時代尋找工作價值。

　　政府當然應該頒布相應的保障措施，但關鍵還是在於對
生產方式本身的改善。美國製造業空心化，高新產業未能反
哺製造業，而是與華爾街資本結合，在全球尋找利潤，加深
美國內部的數位鴻溝。中國製造業發達，如果加以指引、
支援，求得總體主動的脫胎換骨，就可能創造出新的平衡
生態。

　　已故著名匈牙利裔英國政治經濟學家卡爾・波蘭尼
（Karl Polanyi），在《大轉型》（*The Great Transformation*）一
書中指出：資本主義和工業化，把一切數位化、理性化，並

且擠壓「人性」，尤其是將市場凌駕於社會之上，而非讓市場嵌入社會；它們所到之處，就會把一切社會性關係驅逐出去。比如，英國「羊吃人」的圈地運動，*實質是為了生產羊毛商品而驅逐農民，進而毀滅鄉村社會秩序。這一切引發了人道災難，也導致一個反向的社會保護運動，包括對福利的爭取、對勞動保護法的追求等。經過幾百年的動盪和調整，西方資本主義國家才達到生產與福利的基本平衡。

鑑往知來，歷史經驗教訓值得我們吸取借鑑。今天，我們觀察到這樣的平衡再次遭到危機，有愈來愈多人把眼光投向中國，從《當中國統治世界》作者暨政治學者馬丁·雅克（Martin Jacques），到凱文·艾希頓這樣的技術專家，都對中國的發展抱有極大希望。中國高效的政府和民間追求發展與公平的強大傳統，都為此提供了新的可能。

北京大學新結構經濟學研究中心主任、著名經濟學家林毅夫堅持認為，「有為政府」是社會發展的保障。面對 AI 革命，「有為政府」需要掌握輕重緩急，重點領域的競爭與升級不能放緩，但事關國計民生的領域需要做好平衡，把轉型期的社會波動降到最低。1990 年代國企改革期間，中國政

---

* 15、16 世紀英國等國的毛織業蓬勃發展，羊毛需求量激增。英國地主貴族為了圈占土地養羊，用暴力大規模奪取農民土地，《烏托邦》一書的作者湯瑪斯·摩爾（Sir Thomas More），將此現象比喻成「羊吃人」。圈地運動一直到 19 世紀上半葉才結束。

府結合社會力量，興辦了比較成熟的再就業培訓體系。今天，需要升級這個體系，引導普通勞動者熟悉人工智慧技術，並能學以致用，發揮社區街道作用，為居民提供人工智慧生活講座，甚至在基礎義務教育階段，就為學生提供學習人工智慧技術的機會。

大公司在技術發展中，也要有社會擔當。技術人員需要多思考社會責任，努力把人工智慧技術嵌入社會發展，而不是把人工智慧本身的發展凌駕於社會之上。在這方面，已經有了很好的嘗試，比如用語音、視覺等方面的智慧技術，幫助落後地區的民眾閱讀、幫助殘障人士生活、為勞動力培訓設計產品等。不過，在很多方面，技術人才還需要多想一想，例如：鎖定大學生和技術人員的線上教育平台，能否嘗試為普通勞動力提供培訓？這一切都需要政府與企業通力合作。

工具理性之問

面對科技進步，人們沒有選擇，只有奮力前行。因為科技不是外來者，是來自人類生產創造的本身，和人類的存在不可分割。先哲曾經仔細討論技術或工具與人類的關係，馬克思首先承認資本主義和工業化在短期內，創造出超越人類過去幾千年創造出來的財富總額，總體上改善了人類生活。但接著，他談到「異化」（alienation），意思是人類創造的東西反過來奴役人類；當然，並非所有的人類。另一位大思想

家馬克斯・韋伯（Max Weber）認為，資本主義的貨幣化及其處理一切事物和關係時的「算計化」，創造了所謂的「工具理性」。工具理性化原本許諾給人類「輕盈的斗篷」，結果卻成為「鐵衣的囚籠」。

工具將人類從「自然的暴政」下解放，但工具本身、工具與社會關係的結合，又造成新的不平等。誰壟斷工具，誰就壟斷經濟政治的命脈。曾經匱乏卻平等的原始社會，因為工具，分裂為壟斷智識的統治階層和未擁有智識的被統治階層。

蒸汽機加速了工業革命的巨輪。不過，早在埃及的托勒密王朝時期（Ptolemaic dynasty，約西元前 305～前 30 年），神廟就已經運用蒸汽動力，但只是用來升起神像、製造神蹟，這正是前述壟斷智識的縮影。只有在資本和智識社會化以後，蒸汽機才能充分發揮潛力，為文明注入強勁的動力。工業時代在更高的層次，重構了智識和勞動的分裂。大規模製造的一大弊端，就是思想和行為的分離。創新任務由脫離生產的科學家和工程師完成，生產工作則由非熟練工人完成。雲端社會和物聯網，則讓實踐勞動有可能與腦力勞動相結合。

在傳統的工業體系中，工人是「標準化」的工具，尤其是流水線上的工人，只能被動按照指令完成規定動作。「工作」異化了，就不再是一種創造性的行動，而是消極的機械

化行動。如果我們放膽想像,未來的人工智慧,或許可以提供技術性解決辦法。比方說,考慮到勞動力的多樣性,超越流水線,創造一種智慧化的生產流程,可以根據勞動力狀況,自動適應、自動調整,不會因為某個環節的工人不標準就影響全局,同時給予工人個體發揮的機會。企業的人工智慧營運系統,透過網路連結一線工作者和科研人員與管理者,隨時記錄、定位和分析工作者的操作習慣、狀態,給出優化建議,使工作和學習同步完成。

中國產業鏈完整、工作場景多樣、人才層次豐富,這是寶貴的財富。科學家和工程師應該有意識地深入生產場景中,讓人工智慧技術結合工業實踐和生活實踐。

機器人的無用之用:了解人類

人工智慧還為人類帶來另一種突破工具理性的啟迪。回想一下文藝作品裡,那些陪伴眾人童年的機器人,從原子小金剛到「杯麵」,它們無不超越了人類最初為它們設定的工具屬性,奮力追求自己的獨立「人性」。

在動畫電影《鐵巨人》(*The Iron Giant*)裡,機器人為了拯救人類村莊,選擇與原子彈同歸於盡。它在最後一刻說的話是:「我知道自己要做什麼了,我要做 Superman(超人)!」機器人本身能否形成人性,甚至超越人性,是一個有趣且有意義的話題。

　　義大利國家研究委員會認知科學與技術中心（Institute of Cognitive Sciences and Technologies）研究員多梅尼科・帕里西（Domenico Parisi）所著的《機器人的未來》（*Future Robots*）不只研究機器人，更把機器人當作一種方法，反思人類科學的工具性，指出人類自身的方向。

　　科學的一大基本特徵是「對象化」——人與自己的研究對象分離，完全「客觀」地觀察、記錄、分析對象，盡量不帶入觀察者自身的情緒、立場等主觀因素。這套方法是人類認識自然世界的有力工具，但是換作認識人類自己時，就會遇上困難，首先，人作為自己的研究對象，無法把研究者和研究對象完全切割，人的精神就是由自己的情緒、動機、願望、認知等組成的。

　　其次，關於人類行為和人類社會的研究理論，基本上是用文字、而非自然科學中的數理符號來呈現的。文字作為表達科學理論的工具，有很大的局限性：意義不準確、下意識含有研究者的價值觀和情感取向、難以數字化等。文字不是透明的中間工具，文字本身就構造了一層「現實」。文字甚至是數字，其本質都是符號；符號與現實總有差距，正如關於顏色的有限詞彙，無法完全表達現實中無限多種顏色的細節。文字甚至會出現沒有現實對應物的情況，比如「信仰」、「目標」之類的詞彙。

　　大數據和數學方法的發展，使我們已經可以把很多人類

學現象數位化，但依然不足以研究人類。帕里西說：「（這些方法）甚至未曾試著去識別隱藏於這些行為現象和社會現象背後的機制與過程，更不用說去解釋了。」

　　人工智慧為表達關於人類的科學理論帶來新的可能，帕里西提出「作為人工構造的理論」（theories as artefacts）──創造人工構造（類人機器人）來代替研究。這項理論根據的原則為：「無論 X 是什麼，要理解 X，就必須以人工對其進行再現。」如果你的理論不好，就無法造出人工構造。如果你能造出類人機器人，就表示你的研究成功了。從根本上來說，這是統一研究和實踐，研究就是實踐，實踐就是研究。這個過程除了可以克服前文所述的人文學科問題，還能把社會學、心理學、生物學、政治學、語言學、經濟學、文史哲等多種學科整合在一起，打破目前各學科制式分割的局面。

　　帕里西認為，目前的機器人或人工智慧與人的區別在於，人的思維中包含了動機與認知兩種模式。人類的任何行為都有動機，比如為了吃喝與生存、為了安全與繁殖、為了榮譽與理想等。而現有的機器人只有認知，沒有所謂的動機，因為它的目的是由人類設定的。機器人只是工具，為了滿足人類的特定需要而存在。

　　然而，機器人可以是人的影子，因此帕里西區分了兩類機器人：實用機器人和類人機器人。後者正是科學家需要

的，前者只有認知思維，後者卻設定了動機，例如設定機器人需要定期獲取能量，以求生存。具體的做法是：在電腦中，建置一個機器人程式，為它裝配飢餓感測器，讓它在一定的虛擬空間裡尋找食物和水。食物用食物令牌代替，水用水令牌代替，兩種令牌分布在不同區域，讓機器人自主決定獲取這些令牌的路線和順序，找不到就會死亡，以此來觀察機器人如何做出決定。

同理，也可以設定機器人需要規避一些危險令牌，以保障自身安全。或是，需要透過和其他機器人交換程式碼，產生新的後代（繁殖），甚至設立財產觀念、遵守規則的動機等。藉此觀察在這些動機的驅動下，機器人如何進化出類人的社會意識、語言、文化、情感，乃至藝術和宗教。尤有甚者，還可以製造男性機器人和女性機器人，並且賦予機器人保護後代機器人的動機，觀察它們如何發展出家庭觀念和實體。

科學家這樣製造機器人，可能沒有任何實際應用的價值，比如製造會犯錯的機器人、會生病的機器人、會做夢的機器人、會難過與高興的機器人……因為工具是不應該犯錯、開小差的，但這些是人類的特性。在這種思想方法下，製造人工智慧的過程，不再只是製造服務人類外在需求的工具，而是人類了解自己的一種過程。像這樣的研究，已經有一定的成果了，也開拓過去心理學、社會學從未有過的視野。

　　不過，讀者可能會看出一點點「危險」，類人機器人會不會最終演化出自我意識？它如何處理與人類的關係？這種研究會被宗教人士看作是一種僭越嗎？因為科學家在做上帝做的事情──造人。不過，科學研究與宗教不同，本質是對人類自身的對象化研究，生命就是不斷地「生成創造」。工具理性問題在這裡遇到新的場景：在機器人內部，實現對工具理性的超越。歸根結柢，這是借助人工智慧展開自我反思，同時指導人類發展人工智慧，對於思考機器人如何融入人類社會，以及如何參與人類的文化、社會生活，都會有豐富的啟發。

　　基督新教把人類看作上帝實現自我意志的工具，而人類的自我反思總是在克服這種工具性。人類不應該只是工具手段，應該是目的和手段的統一，這點可以在人工智慧身上付諸實踐。

二十三條軍規

　　為「類人機器人」設定倫理和規則，看來也是必要的。2017 年 1 月 5 ～ 8 日在美國加州舉行的「Beneficial AI 2017」會議上，1,980 名來自產業、學術和研究界的人工智慧相關人士，共同制定了「二十三條原則」，旨在確保人工智慧的健全發展，人人都能從人工智慧受益。這二十三條原

則分為研究問題、倫理價值觀和長期問題三個部分。*

　　研究問題方面：提出人工智慧研究的目標，是創造有益的智能，不是讓它像經歷生物演化一樣，沒有確定的發展方向。投資人工智慧應該連帶確保，該研究是用於發展有益的人工智慧，包括電腦科學、經濟學、法律、倫理和社會研究中的棘手問題，例如：如何使未來的人工智慧系統具有高度的穩健性（robustness）？**這樣才能讓它們在沒有故障或遭到駭客入侵的情況下，執行人類想要它們做的事情。此外，如何透過自動化實現繁榮，同時不打破目的和資源的平衡？如何更新法律制度，實現更大的公平和更高的效率，以跟上人工智慧的發展步伐，並且管控與人工智慧相關的風險？人工智慧應該具有何種價值觀，以及何等法律與倫理地位？

　　其他的研究問題，包括人工智慧研究人員和政策制定者之間，應該進行有建設意義、健全的交流；培養合作、信任和透明的開發文化；避免競賽，而且避免在安全標準方面進行削減。

- **倫理價值觀方面**：二十三條原則提出多項願景，包括人工智慧系統的安全與故障透明度（如果人工智慧系統造成傷

---

* 資料來源：根據人工智慧產業智庫「新智元」的翻譯。

**穩健性（robustness），也稱健壯性、強健性，中國譯為「魯棒性」。機器人的穩健性，就是描述機器人在內部或外部存在擾動或變化時，保持原有或期望狀態能力的一種特性。

害，應該可以確定原因）；由機器人做出的任何涉及司法決策的行動，都要透明、可解釋、供主管人權機構審核；設計者與使用者要擔起道德影響責任；要確保高度自治的人工智慧系統，其目標和行為與人類的價值觀一致，並且尊重人類的尊嚴、權利、自由和文化多樣性；要能保障個人隱私，而且不僅人工智慧系統能夠分析、利用人類產生的資料，人類也應該有權獲取、管理和控制自身產生的資料；不得不合理限制人類真實或感知到的自由；人工智慧帶來的利益，應當是普惠人類的；由人類選擇如何與是否委託人工智慧系統，以完成人類選擇的目標；人工智慧的力量，應當尊重和改善社會健全發展所需的社會和公民進程，而不是顛覆這種進程；避免人工智慧軍備競賽。

- **長期問題方面**：建議在未達共識的情況下，避免對未來人工智慧能力上限做出較為肯定的假設；透過相應的關懷和資源，對人工智慧進行規劃和管理，以應對風險；對那些不斷自我完善或透過自我複製快速提高品質或數量的人工智慧系統，必須採取嚴格的安全和控制措施。

- 最後一條是**「共同利益」**：超級智慧只應該為廣泛共享的倫理理想服務，是為了全人類，而不是為了單一國家或組織的利益發展。

　　二十三條原則這個名字，不由得讓人想起美國作家約瑟

夫・海勒（Joseph Heller）1961 年的黑色幽默文學代表作
《第二十二條軍規》（*CATCH-22*），那是一條不可能完成的規
則。看起來，這二十三條原則更像是二十三條呼籲，提出的
是問題，不是解決方案；代表的是願望，不是已經實現的事
實。其中，涉及到很多價值觀的問題，科學家宣導發展機器
人要遵循人類的價值觀，這是理所當然的。不過，這就會遇
到三個問題：

第一，這裡制定的價值觀基礎，在於把機器看作工具，
要求人類在使用工具時，不得損害人類的利益。實際上，在
任何工具的使用上，人類都沒有完全做到這一點，比如軍
備。不過，確實可以盡力加以限制，比如軍備條約。

第二，人們之所以如此前所未有地鄭重其事，是因為意
識到機器人不同於以往的工具，普通工具沒有生命、沒有意
識，完全聽命於人類的操作，但是機器人如果具有類人意
識，人類要如何對待它們？顯然，二十三條原則並未考慮到
這個問題。人類拒絕奴役人類，把人當作工具就是一種奴
役，那麼對機器人呢？如果人類的價值觀，就是讓機器人做
工具，類人機器人會認為這種價值觀有尊嚴嗎？

第三，人類的價值觀本身，就存在著各種衝突。眾所周
知，制定這些原則的與會者，基本上都屬於矽谷陣營。矽谷
陣營在美國 2016 年大選中的態度及價值觀，就和川普陣營
發生了激烈衝突，他們制定的規則看上去很美，但在現實中

未必符合很多人的價值觀。

二十三條原則表達了人類的良好願望，相當於科學家為機器人設置了一套「政治正確」的原則。考量到「政治正確」目前在美國的尷尬遭遇，我們必須明白，人工智慧的「政治正確」不是一蹴而就的，集體簽名是一回事，實行起來又是另一回事。價值觀不是靜態的觀念，而是在博弈中生成。價值觀也不可能孤立地存在於某個族群身上，比如機器人的價值觀，實際上是人機的價值觀。未來，人工智慧可能會加入這場博弈，形成新的、動態的人機價值觀。我們需要在實踐中，不斷地摸索人工智慧與人類發展的健康之路，二十三條原則發揮了探路者的作用。

現實的法律問題

雖然「演算法代替律法」的前景，已經出現在不少科技人士的視野裡；但是，到目前為止，法律依然是調節人類社會關係的主要手段。我們需要考慮 AI 時代的法治，會遭遇到什麼挑戰、應該如何應對？

人工智慧不僅僅是技術問題，而是整個社會運作方式改變的問題。像《關鍵報告》這樣的電影，已經預見事前的預防性管理會出現。深度學習技術的最大作用在於預測，這也為以往法律思維帶來新的啟迪，例如：法律將從事後補償模式，轉向事先預防模式的變化，但這個過程將會非常不

確定。

　　以演算法的複雜性來說，技術界區分了強人工智慧和弱人工智慧。有學者認為，人工智慧在技術認知上沒有問題，但在法律上很難按照智能程度給出精確的標準，因為法律應對複雜世界的方式，是確立一般性的簡單規則，在概念上對社會個體進行抽象假定（如行為能力），而非針對特殊主體，否則規則體系本身將會變得異常複雜，難以理解和操作。生產資料之間的資訊，變得愈來愈對稱，但作為資訊匹配仲介的人工智慧，卻變得更不透明，其規則設計和運作從屬於用戶、甚至開發者都無法理解的祕密狀態，這都回到法律如何處理和程式碼的關係問題。＊

　　具體體現在法律抽象化與技術黑箱化之間的衝突。比如，像「快播案」＊＊這樣一個涉及互聯網技術、而非人工智慧技術的案件裡，法律責任認定的過程很漫長，也很艱難。監管者或法院並不想深入演算法內部，了解造成事故的技術原因是什麼，只要法律認定這一黑箱，應當在合理範圍內得到控制，事故就可以避免，黑箱提供者就應當承擔責任。在

＊〈胡凌：人工智能的法律想像〉〔J〕，《文化縱橫》，2017（2）。

＊＊深圳快播科技公司因為P2P播放器「快播」，被用戶用於發布、搜尋、下載淫穢視訊，中國司法機關於2015年2月以傳播淫穢物品牟利罪，對該公司法人王欣提起公訴，並在2016年1月全程直播「快播案」的法庭審理過程，受到空前的矚目，在中國造成轟動。

這種情況下，我們可以預見保險（甚至是強制險），就會成為這些事故發生機率小，但潛在損失巨大的市場的不二選擇。

涉及技術的航空、醫療保險市場已經十分發達，可以預見，保險將會延伸到更多由人工智慧驅動的服務產業。另一方面，也許真要靠演算法的頂層設計來防止消極後果，人工智慧技術可能不只是理工專業人士的領域，法律人士與其他治理者，也需要學習人工智慧知識，而這對法律人士和其他治理者提出了技術要求。法治管理需要嵌入生產環節，比如對演算法處理的數據或生產性資源進行管理，防止造成消極後果。舉例來說，徵信系統中禁止蒐集種族、性別、宗教派別、政治傾向等歧視性資訊；在聲譽系統中，打擊網路水軍（virtual army）刷好評，避免虛假數據；透過地區性監管，限制網路專車及司機的素質等。法律機器人本身，也是一種輔助人類面對複雜規則做出判斷的好辦法——用技術進步解決技術帶來的問題。

與人工智慧相關的法律問題可能會很多，這裡簡單談談在日常生活中，大家都比較關心的隱私問題。有人說，在AI時代，人們進入無隱私社會，因為一切資料都處在互動中，哪怕是心率都被可穿戴設備分享了。未來的狗仔隊也會智慧化，運用資料分析和無處不在的視覺監控，來尋找明星的蛛絲馬跡。在AI社會如何善待隱私？可能要突破原先的

觀念。隱私當然是現代個人人格的一部分，在現實中，人們
強調保護隱私的同時，也熱中於記錄隱私，甚至傳播隱私。
一切網路八卦行為，都圍繞著隱私展開。沒有隱私，就沒有
獨立個體；但是，在大數據時代，絕對的隱私又會讓個人無
法被溝通和辨識。最好的辦法還是制度與技術手段的突破，
比如建立統一的數據保護平台，讓個人可以了解自身資料被
政府、公司使用的狀況，避免單向過度的使用。

數位權力重新分配

　　已故著名波蘭裔英國思想家、社會學家齊格蒙・鮑曼
（Zygmunt Bauman）認為，數位時代帶來了比監控更為麻煩
的問題，權力與政治在技術之下分離了，傳統的政治囿於解
決一個國家內部的問題，而跨國資本及其政治力量，卻透過
科技蔓延至各個領域，製造出更多的不確定性。同時，普通
人對科技和官僚的信任，在這種矛盾之下消解。權力隨著資
本和數位網路流動起來，傳統政治卻對約束它們無能為力。
在對全球化資本權力的反彈下，歐美諸國「部落主義」重新
崛起，這也是英國脫歐、孤立主義在美國興起的大背景。

　　鮑曼描述了西方國家的情景，不確定性是新時代普遍存
在的情況，政治、經濟、文化、傳媒權力都會被數據智能滲
透。這個並不難理解，金融資本借助數位網路、機器人投
顧、快閃交易等技術，在全世界騰挪閃移，驚鴻遍野。推特

等社群媒體催化了中東國家的動盪，數位權力越過主權國家的界限，縱橫捭闔。甚至，以往對外輸出數位權力的美國，也開始擔心被跨國數位權力侵襲。朱利安・阿桑奇（Julian Paul Assange）和他的維基解密（WikiLeaks）這個非政府組織，屢屢拋出政府的黑幕，讓美國政府非常頭疼。駭客憑藉著網路技術，獲得威懾美國統治階層的能力。美國政府甚至指控俄羅斯使用駭客干預美國 2016 年大選，這種緊張感是前所未有的。這既說明了在數位權力之前無人可以倖免，也預示著，從個人到國家，都有必要加緊適應數位智慧時代。

數位權力的型態，如同法國哲學家米歇爾・傅柯（Michel Foucault）所描述的現代權力，並非中央集權式的環狀結構，而是錯綜複雜、多中心存在的網狀結構。數位權力瀰漫在這張網中，難以捉摸。從國家層面而言，需要在頂層設計中做好設置，防止政府濫用數位權力。惡意挑戰國家與社會正常運作的數位權力，也已經在現實中出現。2014年，《彭博商業周刊》（Bloomberg Businessweek）曾經報導過一名哥倫比亞駭客，自稱操縱了 9 個拉丁美洲國家的投票選舉，手段包括竊取資料、安裝惡意軟體、在社群媒體上偽造了大規模支持或反對的民意。

他的團隊在對手陣營總部安裝了惡意軟體，可以監聽電話、監視電腦，藉此獲得各種演講稿、會議計劃和選舉安排。根據這些資訊，他借助網路水軍發布虛假的推特消息，

利用低階推特機器人追隨、大量點讚和關注。設置程式在凌晨自動撥打競選電話，以對手陣營的名義騷擾選民。借助類似手段，他曾在不同程度上，影響委內瑞拉、尼加拉瓜、巴拿馬、宏都拉斯、薩爾瓦多、哥倫比亞、哥斯大黎加和瓜地馬拉的民主選舉，時間長達八年之久。他說：「當我意識到，人們更願意相信網路輿論、而非現實時，我發現自己擁有讓人們相信任何事物的能力。」

在社群媒體上，具有簡單智能的機器水軍蠢蠢欲動，「未來，你分不清電腦對面的是不是人」這件事已經成真。不過，「水軍」並不一定就是負面的，因為用於正確目標的「水軍」並不水。在某種意義上，問答機器人和機器人客服就是「水軍」的變種。即便在最容易「灌水」的論壇和討論區，機器人的表現也可能好過人類。王海峰就曾說過，在很多討論區，往往是一些人類在灌水、亂噴，是機器人在發表有營養的評論，帶動討論熱度，保持積極、正面的輿論方向。

每個現代人都被自己生產的資料包圍著，智慧化的資料已經成為人類的第二肉身。就像第一肉身會擔心疾病、車禍等安全問題，第二肉身也同樣面臨安全隱患。互聯網時代個人資訊面臨種種洩露風險，詐騙業的技術也在更新。比起一般的電話詐騙，不法分子甚至採用了大數據方法。2017年初，上海黃浦區警方破獲一起驚人的網路竊盜案。首先，駭客用軟體批次生成電話號碼，再利用掃描工具，逐一把號碼

放到網上掃描，透過一些駭客存放洩露密碼的網站〔一般稱
「社工庫」（social engineering database）〕，掃出電話號碼對應
的登錄密碼。這在業界稱為「撞庫」，用這種簡單、粗暴的
方法，就可以快速得到很多用戶的登錄資訊，然後用於竊取
金融卡存款等犯罪活動。

在一個社會中，總會存在著不法分子。互聯網時代數據
技術爆發式成長，人類適應能力的落後，也給罪犯留下可乘
之機。這就如同汽車剛被發明時，為社會帶來新的交通不安
全，但後來人們發明了紅綠燈，用新的規則制約技術，保障
安全。傳統的資料管控方式，在互聯網時代顯得千瘡百孔，
普通人或團體很難主動保護好自己的隱私數據。這需要多方
的共同努力，警方同樣可以利用大數據技術來對付犯罪，科
技公司也可以助一臂之力。

大數據領域的紅綠燈也出現了。以電信詐騙問題為例，
包括「百度安全」在內的多家公司，已經與管理部門合作，
攜手打擊電信犯罪。借重大數據建立「安全號碼庫」和「詐
騙電話地圖」，一方面可以將資訊共享給警察機關，定位詐
騙嫌疑人的號碼和所在位置；另一方面，可以即時攔截詐騙
電話，並且在詐騙電話地圖上，同步顯示、辨識詐騙電話動
態，「亮紅燈」來提醒用戶。

「百度安全」至今已經累積了兩億多的安全號碼庫，每
日攔截騷擾詐騙電話超過 100 萬次，詐騙電話攔截率保持在

99.98％以上。與此同時，在手機上安裝安全軟體的用戶，對可疑電話的舉報、標注，都可以上傳到伺服器，幫助辨識詐騙號碼。在這種動態循環中，安全軟體會愈來愈聰明，辨識詐騙號碼的能力，也會愈來愈強。

深度學習使防火牆技術也獲得升級。做網管的人都知道，過去每次安裝防護軟體，都要設定一大堆規則，以預防非法訪問。採用深度學習技術，可以讓安全系統自動學習使用者的訪問規律、辨識異常訪問。系統自己設定規則，遠比人類網管更有效率。

在資訊時代，雖然一些惡性詐騙案件和安全事件被曝光引發眾人恐懼，但是我們要知道，在更多數位詐騙事件被阻止的背後，提供支援的正是人工智慧技術。無論是網路金融安全技術，或是智慧城市的智慧監控技術，都是魔高一尺，道高一丈，在博弈中不斷提升。

更多時候，在我們身邊的技客，會利用技術能力，做出一些「歡樂」的越界行為。比如，支付寶剛推出 AR 紅包時，就有人透過訓練卷積神經網路，反向破解被橫條遮住部分畫面的線索照片，去掉橫條，獲得原始圖像，輕鬆找到紅包。方法並不難，前提是使用者要懂得使用深度學習共享平台。此外，北京、上海的車牌特別難搖，車牌中籤號碼由系統「隨機」給出，但這個隨機也遵循著一定的演算法。有人居然利用機器學習技術，琢磨車牌搖號的規律，據說提高了中

籤率。

環顧一下你所在的工作單位，你會發現，有些人擅長使用很多科技工具來強化自己的能力，有些人卻整天為了記不住各種登錄密碼而苦惱不堪。未來，對數據智慧的熟悉程度，會影響一個人工作、生活的幸福感。請做一個有準備的人，才能在數據生活中遊刃有餘。

新世代，新未來

最後，讓我們把焦點投向年輕人，因為他們是未來人類社會最寶貴的財富。

在日本、中國、歐美等許多發達的城市社會中，興起了一個被稱為「尼特族」（Not in Employment, Education or Training, NEET）的族群，主要指一群無業、在家啃老、沉迷於動漫作品的年輕人。根據統計，在日本 15 ～ 34 歲的年齡族群中，尼特族的數量高達 60 多萬人，占該年齡族群人口的 2.2%。

尼特族往往沉迷於「二次元」文化中，和所謂的「宅男」族群高度重合，對動漫遊戲中色情、暴力的嚮往和對現實世界的恐懼，成為這個族群最基本的特徵。他們對螢幕裡生動、可愛的動畫角色已經喪失抵抗力，當面對一個各方面都完美的人工智慧角色，甚至實體機器人時，如果不能自拔，又會到達何種境地？

　　2016 年 6 月，吳恩達與劉慈欣進行了一場關於人工智慧的對話。「大劉」對未來人工智慧，提出自己的大膽設想：人工智慧可以成為人類的性伴侶，並且從根本上改變人類的文化趨勢。人工智慧是否可以在生活中徹底取代「人」的角色？身為科學家，吳恩達的回應顯得更為謹慎。他認為，目前人工智慧在技術上還相去甚遠，但並未否認這種未來出現的可能。

　　未來，人類可以按照自己的願望，製造出各種「完美」的事物。但是，這真的是完美嗎？會不會只是人類自身的鏡像？當人工智慧破繭而出，人類卻可能將自己封閉在虛擬之中。劉慈欣寫過一部短篇科幻小說，內容情節是當人類把大腦連上虛擬世界，從此醉心於虛擬世界的遊戲，感受上帝般的虛妄，不再向宇宙張望時，地球文明就此閉上眼睛。

　　和所有的新科技一樣，人工智慧也會被用來向人類許諾美好生活，它確實已經讓很多人的生活變得更舒適，但人類依然需要奮鬥精神。最早將巴菲特投資理念翻譯介紹到中國的中國建設銀行前董事、經濟學家孫滌教授認為，西方經濟學以理性化個人是經濟發展的基礎為前提是不對的，那些敢於大膽創新的人，恰恰是具有動物精神的人。人工智慧基礎上的精細化社會，可以讓人類的生活變得精緻，但人類可能反而被各種精緻的教條束縛，失去勇猛的動物精神。未來，每個人都可以輕易連結人工智慧流，但是從現在起就要想一

想：該把人工智慧流運用到哪裡，才符合人類的價值？

　　每當一個新時代來臨，總有一部分人摩拳擦掌，一部分人隨波逐流，還有一部分人茫然無措。這幾年常有人說：「未來已來，只是尚未流行」，充滿著樂觀主義情緒。但我們要意識到，從來沒有完全有利的變革，總會包含失落、分化和衝擊，只是人們後知後覺罷了。人工智慧科學家雖然深處技術金字塔尖端，但是行動態度普遍持重。百度深度學習實驗室的周傑，就說自己的態度比較「保守」，保守的意思不是躊躇不前，而是在堅信人工智慧發展方向的同時，不贊成過於激進的態度。

　　一百多年前，嚴復把《進化論與倫理學》翻譯引入中國，他在翻譯中故意「曲解」了原著，只強調生物進化中競爭的一面，省略了赫胥黎關於倫理的思考。身處當時第一強國英國的赫胥黎，夢想一個對子民更加「仁慈」的英國，而面對「三千年未有之大變局」的嚴復，則強調叢林法則，用「適者生存」召喚一個復興圖強的中國。時過境遷，今天中國人站在崛起的路上，既要繼承先賢的憂患，又要有所超越。與赫胥黎一樣，大家既應思考 AI 社會的力量，也應思考如何讓 AI 社會更加和諧。

　　憂思不代表悲觀，也只有在憂思基礎上的樂觀，才是真正的樂觀。想像未來是一件困難的事，雖然未來無比誘人，值得人們為之奮鬥。在未來漫長的 AI 歲月裡，即便諸如百

度、谷歌這樣的人工智慧公司，可能也只是浩瀚歷史中的一位過客。我們是人類，有我們的弱點和優點，有我們的短視，也有我們不滅的抱負。古人說：「不以物喜，不以己悲」、「擔當身前事，何計身後評」，正是人類擔當精神的體現。我們能做的，就是抓住當下；人類的存在，就是「在路上」。百度要為美麗新世界鋪墊好最初的基因，中國要從大國變成偉大的智慧文明國家，每個人也都應該不甘落後於機器人，努力做個更好的人，知道更多，做到更多，體驗更多，一起朝向美好但不確定的未來進發。

後記

　　有時候，描摹正在發生的現實，比書寫歷史更難，尤其當你要描述的，是一場即將到來的革命。

　　是的，AI 革命——我們確定這是一場偉大的變革，對此深信不疑。因為，這項源於天才創見的技術思潮，從誕生到現在超過 60 年，其間幾經沉浮而火種不滅，已經蓄積了太多能量。

　　數據化世界的到來，使得科學界那些曾經被忽視、被冷落，甚至被懷疑的天才演算法和公式，有了直接驗證的可能。人工智慧，這個夢想般的「概念機器」，忽然間獲得保證高速運轉、源源不斷的燃料和動力。更重要的是，產業界開始接過學術界的火把，曾經充滿科幻色彩的前沿智慧技術，真正開始走出實驗室，走進並照耀普通人的生活。

　　幸運的是，作為一家搜尋引擎公司，百度從誕生的那一天起，開發流程（大數據—深度學習—提取模式—創造使用者價值）和開發文化，就已經帶有人工智慧的天然基因。也

許是命運使然，在全球，百度是布局人工智慧領域的領跑者，也是人工智慧領域最堅定的實踐者之一。我們正親身見證人工智慧在搜尋生態體系中，展現出神奇能量和更廣闊的前景。

如果人類進步的主旋律，是透過感知和認知能力不斷提升，進而知道更多，做到更多，體驗更多，那麼人工智慧就是這個主旋律的最新回響。然而，面對一個令人振奮無比、期待無比的 AI 社會的未來，我們又是惶恐的。因為，雖然確信人工智慧將為整個社會帶來翻天覆地的變化，也將為各行各業帶來巨大的價值，但我們在現階段又無法精確描繪這樣的變化，在短時間內可能也無法呈現這樣的價值。

一家勞動密集型的製造業公司，該如何實現產品的智慧化升級？一座大型農場，該如何實現真正的精細化農業？一間金融公司，該如何在防範風險中提高收益？一家製藥公司，又該如何跟上個性化醫療的未來……許許多多的產業帶著智慧化升級的困惑，找到百度。這其中，有些是百度探索過或正在探索的，也有很多是百度並不了解的，因為各行各業都有其自身演進的規律和存在的合理性，亟待人工智慧描繪的知識圖譜千差萬別。

所以，當我們試著以一本書來描繪各行各業智慧化轉型的圖景時，常常感到力不從心，其中的疏漏和錯誤在所難免，唯有留給方家指正。然而，這也許正是我們撰寫本書的

必要性所在——透過敞開自身能力配置，盡可能多描述一些合作空間，以吸引到更多的潛在合作者，進而為未來「你有故事，我有酒」的完美契合打下基礎。

我們認為，對亟待轉型升級的傳統企業來說，首要解決的，就是明晰人工智慧的標準。因為，這也許是歷史給予中國經濟摘掉低階仿製山寨的帽子，真正執 AI 產業牛耳的一次機會，而不是沾沾自喜於過往的盲目跟風、概念炒作。有了權威的標準，傳統企業才能逐漸找到自身智慧化改造的座標，也才能防止在開始階段就誤入歧途。

感謝 Robin（李彥宏），是你確定了在 AI 革命即將到來之時，應該面向用戶、合作夥伴，開放百度的智慧生態、普及基礎知識，確立規範標準的方向，也才有了本書的由來。令人驚喜的是，你在確定本書的邏輯架構和基本脈絡之後，更親自執筆撰寫了重要章節。身為百度的人工智慧長，你對未來 AI 時代的描述，令人神往。

感謝百度集團總裁兼營運長陸奇，你對 AI 革命帶來的計算革命，契合人類進步主旋律的深刻洞察，讓我們豁然開朗；你對量子計算的侃侃而談，讓我們受益良多，也讓我們興奮不已。

感謝百度總裁張亞勤，百度高級副總裁朱光，百度副總裁王路，百度副總裁、ACL 會士、前主席王海峰，百度副總裁、金融科技創新中心負責人張旭陽，感謝前百度首席科

學家吳恩達，與你們的深入交流，保證了本書的思想高度和
國際化的視野。你們的前沿研究與策略拓展，成就了今天百
度在人工智慧領域的領軍者地位。

　　特別感謝百度研究院院長、深度學習技術與應用國家工
程實驗室主任林元慶，百度人工智慧產品委員會主席景鯤，
百度大數據實驗室主任范偉，百度地圖事業部總經理李東
旻，百度擴增實境實驗室主任吳中勤，百度語音技術部總監
高亮，深度學習研究院深度學習方向負責人周傑，機器翻譯
技術專家何中軍，百度數據金融架構師楊曉靜，百度大數據
實驗室科學家吳海山，百度語音技術部劉淨，智能投顧團隊
衰月，百度金融平台部吳建民，以及靖凌雲、和為、關勇、
王濤、韋成文、倪金節等多位同學撥冗接受訪談，並且幫忙
蒐集相關資料。

　　你們身處於不同體系，卻同樣以人工智慧為視角，成為
各項業務智慧化升級的「提問者」，你們讓百度大腦的「聽」、
「看」、「讀」、「說」的感知能力不斷提升，並且開始逐步向
預測、判斷的認知「洞見」方向邁進，你們是來自未來的人。

　　感謝徐菁的堅持，讓本書對人工智慧產業標準的描述逐
漸清晰。

　　感謝顧國棟、熊贇、王佳、馬連鵬等同學的極致追求與
不懈努力，沒有你們的督導和內外協調，本書不可能在如此
短的時間內完成。

感謝李雯婷、蔡碩、任一奇、喬慧、李穎超、王琳琳、馬曉昕、陳明、張開翼、張娜為本書簡體版製作 AR 展示，令它展現出科幻加魔法的神奇魅力。

最後，要特別感謝本書簡體出版社中信出版集團的編輯團隊，他們的敬業、專業和嚴謹，為本書增色不少。

《智慧革命》專案團隊

2017.03.05

「人類進步」的本質——

人類為了那些能讓自己認知更多、實現更多、獲得更多經驗的事情，會充滿熱情地去奮鬥。

財經企管 BCB625

智能革命
迎接 AI 時代的社會、經濟與文化變革

作者 —— 李彥宏 等

總編輯 —— 湯皓全
資深副總編輯 —— 吳佩穎
書系副總監暨責任編輯 —— 邱慧菁
特約編輯 —— 林淑鈴、楊安琪
封面設計 —— 孫詠雅
圖片出處 —— Getty Images: p.29, p.104, p.156, p.208, p.221, p.316, p.367
百度授權：p.53, p.55, p.63, p.115, p.131, p.136, p.148, p.224（中下圖），
p.229, p.260（上圖），p.277

出版者 —— 遠見天下文化出版股份有限公司
創辦人 —— 高希均、王力行
遠見・天下文化・事業群　董事長 —— 高希均
事業群發行人／ CEO —— 王力行
天下文化社長／總經理 —— 林天來
版權部協理 —— 張紫蘭
法律顧問 —— 理律法律事務所陳長文律師
著作權顧問 —— 魏啟翔律師
社址 —— 臺北市 104 松江路 93 巷 1 號
讀者服務專線 —— 02-2662-0012 ｜傳真 —— 02-2662-0007；02-2662-0009
電子信箱 —— cwpc@cwgv.com.tw
直接郵撥帳號 —— 1326703-6 號　遠見天下文化出版股份有限公司

電腦排版 —— bear 工作室
製版廠 —— 東豪印刷事業有限公司
印刷廠 —— 立龍藝術印刷股份有限公司
裝訂廠 —— 中原造像股份有限公司
登記證 —— 局版台業字第 2517 號
總經銷 —— 大和書報圖書股份有限公司｜電話 —— 02-8990-2588
出版日期 —— 2017 年 08 月 31 日第一版
2018 年 03 月 29 日第一版第 4 次印行

定價 —— NT$500

原著作名：智能革命：迎接人工智能時代的社會、經濟與文化變革
作者：李彥宏 等
本書繁體中文版由中信出版集團股份有限公司
授權遠見天下文化出版股份有限公司在全球獨家出版發行
All Rights Reserved.

ISBN —— 978-986-479-292-4
書號 —— BCB625
天下文化書坊 —— bookzone.cwgv.com.tw

國家圖書館出版品預行編目（CIP）資料

智能革命：迎接 AI 時代的社會、經濟與文化變
革 / 李彥宏等著 . -- 第一版 . -- 臺北市 : 遠見天下
文化 , 2017.08
400 面；14.8×21 公分 . -- (財經企管；BCB625)

ISBN 978-986-479-292-4(平裝)

1. 資訊社會 2. 人工智慧

541.415   106014487

Believe in Reading

相信閱讀